DE ASSIMILATIE

**Rock Machine Wordt Bandidos:
Bikers Verenigd Tegen De Hells Angels**

Edward Winterhalder
&
Wil De Clercq

BLOCKHEAD CITY
Jenison, Michigan

Gepubliceerd door Blockhead City, PO Box 145, Jenison MI 49429.

Catalogisering-in-publicatiegegevens van de uitgever

Namen: Winterhalder, Edward, 1955-, auteur | De Clercq, Wil, 1948-, auteur
Titel: De assimilatie: Rock machine wordt bandidos – bikers verenigd tegen de hells angels / Edward Winterhalder & Wil De Clercq
Beschrijving: Jenison, MI: Blockhead City, 2022.
Onderwerpen: LCSH Winterhalder, Edward, 1955- en De Clercq, Wil, 1948-. | Motorclubs-USE-Motorclubs-Biografie. | Bikers-USE-Motorrijders-Biografie. | Crimineel gedrag-BT-Criminele psychologie-Biografie. | Crimineel gedrag-BT-Afwijkend gedrag-Biografie. | Criminelen-RT-Criminologie-Biografie. | Criminelen-NT-Outlaws-Biografie. | Criminelen-Psychologie-USE-Criminele psychologie-Biografie. | Criminelen-Rehabilitatie-UF-Hervorming van criminelen-Biografie. | Volkenkunde-UF-Etnografie-Biografie. | Volkenkunde-UF-Sociale antropologie-Biografie. | Volkenkunde-NT-Outcasts-Biografie. | Motorclubs-UF-Motorclubs-Biografie. | Motorclubs-BT-Motorfietsen-Verenigingen, etc.-Biografie. | Motorbendes-UF-Bendes, Motorbiografie. | Motorbendes-BT-Motorfietsen – Verenigingen, enz.-Biografie. | Outlaws-BT-Criminals-Biografie. | Outlaws in de populaire cultuur-BT-Populaire cultuur-Biografie. | Populaire cultuur-UF-Popcultuur-Biografie. | Populaire cultuur-NT-Antropologie in de populaire cultuur-Biografie. | Populaire cultuur-NT-Outlaws in populaire cultuur-Biografie. | BISAC BIOGRAFIE & AUTOBIOGRAFIE / Criminelen en bandieten | BIOGRAFIE & AUTOBIOGRAFIE / Persoonlijke memoires
Classificatie: LCC HS101-330.7 .W56 2022 | HM811-821 .W56 2022 | GN301-674 .W56 2022

ISBN: 979-8-8626852-0-6

Paperbackboeke: September 2023   1e editie

Edward Winterhalder Boeken

Tous Les Chemins Menent A Sturgis: Une Histoire De Motard (Livre 1 de la Serie) by Edward Winterhalder & James Richard Larson (2023)

Le Miroir: Une Histoire De Motard (Livre 2 De La Serie) by Edward Winterhalder & James Richard Larson (2023)

Un Lumière Venant: Une Histoire De Motard (Livre 3 De La Serie) by Edward Winterhalder & Marc Teatum (2023)

La Lune À L'étage: Une Histoire De Motard (Livre 4 De La Serie) by Edward Winterhalder & Marc Teatum (2023)

Le Requin Bleu Et Argent: Une Histoire De Motard (Livre 5 De La Serie) by Edward Winterhalder & Marc Teatum (2023)

Alle Wege Führen Nach Sturgis: Die Geschichte Eines Bikers (Buch 1 Der Reihe) by Edward Winterhalder & James Richard Larson (2023)

Der Spiegel: Die Geschichte Eines Bikers (Buch 2 Der Reihe) by Edward Winterhalder & James Richard Larson (2023)

Ein Licht Kommt: Die Geschichte Eines Bikers (Buch 3 Der Reihe) by Edward Winterhalder & Marc Teatum (2023)

Der Mond Nach Oben: Die Geschichte Eines Bikers (Buch 4 Der Reihe) by Edward Winterhalder & Marc Teatum (2023)

Der Blau Und Silber Hai: Die Geschichte Eines Bikers (Buch 5 Der Reihe) by Edward Winterhalder & Marc Teatum (2023)

Todos Los Caminos Llevan A Sturgis: La Historia De Un Motorista (Libro 1 de la Serie) by Edward Winterhalder & James Richard Larson (2023)

El Espejo: La Historia De Un Motorista (Libro 2 de la Serie) by Edward Winterhalder & James Richard Larson (2023)

Uno Ligero Que Viene: La Historia De Un Motorista (Libro 3 de la Serie) by Edward Winterhalder & Marc Teatum (2023)

La Luna Arriba: La Historia De Un Motorista (Libro 4 de la Serie) by Edward Winterhalder & Marc Teatum (2023)

El Tiburón Azul Y Plata: La Historia De Un Motorista (Libro 5 de la Serie) by Edward Winterhalder & Marc Teatum (2023)

Searching For My Identity (Vol 1): The Chronological Evolution Of A Troubled Adolescent To Outlaw Biker by Edward Winterhalder (2022)

Searching For My Identity (Vol 2): The Chronological Evolution Of An Outlaw Biker On The Road To Redemption by Edward Winterhalder (2022)

Recherche De Mon Identité (Vol 1): L'évolution Chronologique D'un Adolescent Troublé Au Motard Hors-la-loi by Edward Winterhalder (2022)

Recherche De Mon Identité (Vol 2): L'évolution Chronologique D'un Motard Hors-la-loi Sur La Route De La Rédemption by Edward Winterhalder (2022)

Auf Der Suche Nach Meiner Identität (Band 1): Die Chronologische Entwicklung Eines Schwierigen Jugendlichen Zum Outlaw Biker by Edward Winterhalder (2022)

Auf Der Suche Nach Meiner Identität (Band 2): Die Chronologische Entwicklung Eines Outlaw Biker Auf Dem Weg Zur Vergebung by Edward Winterhalder (2022)

Buscando Mi Identidad (Vol 1): La Evolución Cronológica De Un Adolescente Con Problemas A Un Motociclista Fuera De La Ley by Edward Winterhalder (2022)

Buscando Mi Identidad (Vol 2): La Evolución Cronológica De Un Motociclista Fuera De La Ley En El Camino Hacia La Redención by Edward Winterhalder (2022)

L'Assimilation: Rock Machine Devient Bandidos - Bikers United Contre Les Hells Angels by Edward Winterhalder & Wil De Clercq (2021)

Die Übernahme: Von Der Rock Machine Zu Den Bandidos Der Bikerkrieg In Kanada by Edward Winterhalder & Wil De Clercq (2021)

La Asimilación: Rock Machine Volverse Bandidos – Motociclistas Unidos Contra Los Hells Angels by Edward Winterhalder & Wil De Clercq (2021)

Motarde Femmes: L'Attirance Des Femmes Pour Les Motos Et Les Motards Hors-La-Loi by Edward Winterhalder & Wil De Clercq (2021)

Biker Frauen: Die Anziehungskraft Von Frauen Auf Motorräder Und Outlaw-Bikers by Edward Winterhalder & Wil De Clercq (2021)

Mujeres Motociclistas: La Atracción De Las Mujeres Por Las Motocicletas Y Los Motociclistas Fuera De La Ley by Edward Winterhalder & Wil De Clercq (2021)

L'Ultime Anthologie Biker: Une Introduction Aux Livres Sur Les Clubs De Motards Et Les Motards Hors-La-Loi by Edward Winterhalder & Iain Parke (2021)

Die Ultimativ Biker-Anthologie: Eine Einführung in Bücher über Motorradclubs & Outlaw Biker by Edward Winterhalder & Iain Parke (2021)

El Último Antologia Biker: Introducción A Los Libros Sobre Clubes De Motociclistas Y Motociclistas Fuera De La Ley by Edward Winterhalder & Iain Parke (2021)

Biker Chicz D'Amérique Du Nord by Edward Winterhalder & Wil De Clercq (2021)

Biker Chicz Von Nordamerika by Edward Winterhalder & Wil De Clercq (2021)

Biker Chicz De América Del Norte by Edward Winterhalder & Wil De Clercq (2021)

The Blue and Silver Shark: A Biker's Story (Book 5 in the Series) by Edward Winterhalder & Marc Teatum (2015)

Biker Chicz: The Attraction of Women To Motorcycles And Outlaw Bikers by Edward Winterhalder & Wil De Clercq (2014)

The Ultimate Biker Anthology: An Introduction to Books About Motorcycle Clubs And Outlaw Bikers by Edward Winterhalder & Iain Parke (2013)

The Moon Upstairs: A Biker's Story (Book 4 in the Series) by Edward Winterhalder & Marc Teatum (2012). Based on an original concept by Wil De Clercq

One Light Coming: A Biker's Story (Book 3 in the Series) by Edward Winterhalder & Marc Teatum (2011)

Biker Chicz of North America by Edward Winterhalder & Wil De Clercq (2010)

The Mirror: A Biker's Story (Book 2 in the Series) by Edward Winterhalder & James Richard Larson (2010)

Die Ubernahme: Von Der Rock Machine Zu Den Bandidos – Der Bikerkrieg In Kanada by Edward Winterhalder & Wil De Clercq (2010)

L'Assimilation: Rock Machine & Bandidos Contre Hells Angels by Edward Winterhalder & Wil De Clercq (2009)

Biker Chicks: The Magnetic Attraction of Women to Bad Boys and Motorbikes by Edward Winterhalder, Wil De Clercq & Arthur Veno (2009)

All Roads Lead to Sturgis: A Biker's Story (Book 1 in the Series) by Edward Winterhalder & James Richard Larson (2009)

The Assimilation: Rock Machine Become Bandidos – Bikers United Against the Hells Angels by Edward Winterhalder & Wil De Clercq (2008)

Out in Bad Standings: Inside the Bandidos Motorcycle Club – The Making of a Worldwide Dynasty by Edward Winterhalder (2005)

Edward Winterhalder Website En Sociale Media

Website:

http://www.blockheadcity.com

Wikipedia:

http://en.wikipedia.org/wiki/Edward_Winterhalder

IMDB:

http://www.imdb.com/name/nm3034980

YouTube:

http://www.youtube.com/c/BlockheadCity

LinkedIn:

http://www.linkedin.com/in/edwardwinterhalder

Instagram:

https://www.instagram.com/blockheadcity

Twitter:

https://twitter.com/BlockheadCity

Edward Winterhalder Muziek

AT LONG LAST
Warren Winters Band
Vinyl LP Record (1980)

AS I WAS
Warren Winters Band
Vinyl LP Record (1984)

CROSSBAR HOTEL
Warren Winters Band
Vinyl LP Record/Cassette (1988)

THE BEST OF WARREN WINTERS
Warren Winters Band
CD (1995)

THEN & NOW
Warren Winters Band
Digital Album (2020)

THE NAME OF THE GAME
Warren Winters Band
Music Video/Digital Song (2020)

Dit boek is opgedragen aan de nagedachtenis van Barry Mason.
Ga met God, mijn vriend…

DE ASSIMILATIE

Het is een ruige plek, zoon. Sterker nog, je moet twee keer kotsen en je scheermes laten zien om binnen te komen. Je kunt beter wat snorharen laten groeien als je naar Canada wilt gaan. ~ *Ronnie Hawkins*

We richten ons op motorbendes omdat zij niet de vrijgevochten, easy-rider romantici zijn die ze je willen laten geloven. Het zijn criminelen. ~ *Jim Flaherty*

Er is een bepaald ras dat de behoefte voelt om mensen op hun plaats te zetten. Geen slecht stel jongens, vertel ze geen leugens, blijf gewoon van hun zaak af. Mensen met hoeken mogen nooit in aanraking komen met de jongens die met woorden doden. Je maakt geen schijn van kans, je verliest je broek. ~ *Phantom, Rocker & Slick*

DE ASSIMILATIE

Inhoudsopgave

Dankbetuigingen		i
Invoering		ii
Proloog		iv
1.	Welkom In het Grote Witte Noorden	01
2.	Reflecties	28
3.	Een Kwestie Van Het Lot	54
4.	Sturgis Hoog…..Montreal Laag	71
5.	Geboorte Van Een Motorrijder	92
6.	Leven Op Geleende Tijd	131
7.	Dwazen Die Zich Voordoen Als Meesterbreinen	138
8.	Weer Onderweg	159
9.	De Hamer Valt Op De Quebec Bandidos	176
10.	Wees Voorzichtig Met Wat Je Wenst	196
11.	Québec Justitie	212
12.	Canada Rood En Wit Schilderen Van Kust Tot Kust	222
13.	Problemen In Het Paradijs Van De Hel	230
14.	Ontgoocheling	241
15.	Het Bloedbad Van Shedden	252
Epiloog		262
Verklarende Woordenlijst		268
Bijlage A – Hangaround En Prospectinformatie		273
Bijlage B – Statuten Van De Bandidos Motorcycle Club		284
Bijlage C – Projecten & Opdrachten Voor El Secretarios		289
Bijlage D – Nationale Chapter Opdrachten Van CT Ed		291
Bijlage E – Bandidos Actieve Hoofdstukken		292
Bijlage F – Bandidos Steunclubs Hoofdstukken		296
Bijlage G – Bandidos Inactieve Hoofdstukken		301
Bijlage H – Krantenartikelen		303
Over De Auteurs		304

DE ASSIMILATIE

Dankbetuigingen

Hartelijk dank aan mijn vrouw Caroline en dochter Taylor, die achter mij staan en van mij houden zoals jij. Zoals ik al eerder heb gezegd, zou ik niet zijn wie ik ben zonder jullie beiden aan mijn zijde.

Dank ook aan de crew van ECW Press, vooral Jack David, Simon Ware en Emily Schultz voor hun steun en geloof in The Assimilation.

Tenslotte wil ik Wil De Clercq bedanken voor het feit dat hij zes maanden van zijn leven heeft gewijd aan het omzetten van een belangrijke bladzijde uit de motorgeschiedenis in literaire realiteit. Het was een eer en een voorrecht om met u aan dit boek te mogen samenwerken. Je bent echt een inspiratie voor mij.

E.W.

DE ASSIMILATIE

Invoering

Als volledig gepatcht lid en nationaal officier, eerst bij de Rogues Motorcycle Club en daarna met de Bandidos Motorcycle Club reisde ik regelmatig door heel Noord-Amerika en Europa om zaken te regelen. Ik was een belangrijke speler in de assimilatie van de in Quebec, Canada gevestigde Rock Machine in de Bandidos Nation in 2001.

Ik heb tientallen fascinerende mensen ontmoet, zowel binnen als buiten de motorwereld, die, hoewel zwaar onder de loep genomen door de autoriteiten, de media en het publiek, zowel een exclusieve als een geheimzinnige wereld is. Een 1%-er worden is niet hetzelfde als lid worden van een bridgeclub... het is een lang en moeizaam proces bedoeld om degenen uit te roeien die het clubpatch niet waard zijn.

Sommige mensen die ik ontmoette, of het nu outlaw-motorrijders of onafhankelijke motorrijders waren, waren criminelen. De meesten waren echter gezagsgetrouwe mensen, zij het niet het gemiddelde tuintype. Er waren ook de posers en wannabes, het soort mensen dat je overal en in alle lagen van de bevolking tegenkomt.

Ik krijg vaak de vraag wat voor soort mensen zich aansluiten bij outlaw motorclubs, of "bends" zoals ze gewoonlijk worden genoemd door de politie en gewone burgers. Voor het grootste deel is iedereen die lid wordt van een motorclub van 1% een beetje psychiatrisch scheef; in de meeste gevallen het resultaat van een abnormale kindertijd. Het is iemand die nog op zoek is naar familiegevoel; iets dat ze tijdens hun kindertijd om de een of andere reden nooit hebben gevonden.

Bij motorclubs draait het in de eerste plaats om broederschap, één voor allen, allen voor één. Voor sommigen is het een machismo-ding, voortbewegen op een krachtige, opvallende motorfiets, gekleed in hun

DE ASSIMILATIE

clubkleuren, als een haan die door het boerenerf paradeert. Voor anderen gaat het vooral om fietsen met gelijkgestemden, samen rondhangen en een beetje plezier maken. Het lidmaatschap van een motorclub geeft velen een gevoel van empowerment: dit kan een goede zaak zijn, maar ook een slechte zaak.

Ik heb bijna dertig jaar een motorlevensstijl gehad, en het grootste deel daarvan had ik een betaalde baan. Tegelijkertijd leefde ik de meeste dagen van mijn leven alsof elke dag een feestdag was, want zo leven is verplicht in de traditionele levensstijl van motorrijders. En gedurende het grootste deel van deze tijd was ik lid van of nauw verbonden met veel outlaw-motorclubs.

Onderweg bracht ik tijd door in de gevangenis; kocht, verkocht en bouwde honderden Harleys; was eigenaar van een bouwmanagementbedrijf ter waarde van meerdere miljoenen dollars, trouwde drie keer en was een alleenstaande ouder van een jonge dochter. Soms was het een beproeving die mij tot grenzen dreef waarvan ik nooit wist dat ik die zou kunnen bereiken. Als motorrijder heb ik veel geleerd over de menselijke natuur, het goede, het slechte en onverschilligheid, maar bovenal heb ik veel over mezelf geleerd. Dertig jaar motorrijder zijn heeft mij niet alleen gemaakt tot de man die ik ben, ik geloof dat ik daardoor ook een betere man ben geworden.

Edward Winterhalder
Tulsa, Oklahoma
Mei 2008

DE ASSIMILATIE

Proloog

Ik was elf jaar oud toen Donald Eugene Chambers de Bandidos Motorcycle Club oprichtte in San Leon, Texas. Het was het jaar 1966. Chambers, geboren in 1930 in Houston, Texas, was al op jonge leeftijd verslaafd aan de motorlevensstijl. Hoewel hij niet met motorfietsen racete, was hij een fervent fan van tweewielige competitie en behoorde hij tot een bij de American Motorcyclist Association (AMA) aangesloten motorclub genaamd de Eagles. De leden van de club gingen religieus op pad om AMA-races in het zuidoosten van Texas bij te wonen en te ondersteunen. Uiteindelijk migreerde Chambers van de Eagles naar een andere motorclub genaamd de Reapers, die, zoals hun naam doet vermoeden, een outlawclub was. Bij de Reapers bereikte hij de functie van nationaal secretaris, wat hem een solide basis gaf in de dynamiek van het succesvol runnen van een motorclub. Het was slechts een kwestie van tijd voordat Chambers, die de dingen graag op zijn eigen manier deed, zin kreeg om zijn eigen club op te richten – een club die hij de Bandidos zou noemen.

De oprichter van de Bandidos wordt door zowel journalisten als auteurs vaak gekarakteriseerd als een gedesillusioneerde veteraan van de Vietnamoorlog en het Korps Mariniers die motorrijder werd – net als zoveel andere dierenartsen – omdat hij een appeltje te schillen had met de Amerikaanse samenleving, een samenleving die overlevenden denigreerde. van die verschrikkelijke oorlog als verliezers en babymoordenaars; die op luchthavens naar hen spuugden; en dat hen in veel gevallen werk ontzegde. De waarheid staat echter haaks op de mythe: Don Chambers was, hoewel hij ooit lid was van het Korps Mariniers, allesbehalve een gedesillusioneerde Vietnamveteraan. Het dichtst bij Vietnam kwam het avondnieuws. Of hij gedesillusioneerd was of niet, is een betwistbaar punt:

iv

het klinkt goed in drukwerk en jells met de clichématige afbeeldingen van motorrijders. In het collectieve bewustzijn van de samenleving moet iedereen die een outlaw motorclub opricht of er lid van wordt, gedesillusioneerd, gestoord, asociaal zijn of ergens tegen in opstand komen – misschien wel al het bovenstaande.

Bandido Don was ongetwijfeld teleurgesteld in de Amerikaanse samenleving van de jaren zestig, net als miljoenen hippies, studenten en allerlei linkse mensen in dat turbulente decennium. Een andere misvatting, die door veel journalisten is verspreid, is dat Chambers de rode en gouden kleuren van de mariniers koos voor het Bandidos-embleem als eerbetoon aan het korps. Eigenlijk waren de originele patchkleuren die hij koos rood en geel, geïnspireerd door de koraalslang en een zuidelijke uitdrukking "rood en geel, dood een kerel". Rood en goud werden pas een aantal jaren na de oprichting van de Bandidos ingevoerd. En in tegenstelling tot wat vaak wordt gedacht, baseerde Chambers het centrale beeld van de patch van zijn club niet op het stripfiguur in de tv-commercial van Frito Lay Bandito. Hoewel het een interessant verhaal oplevert, mist het totale geloofwaardigheid, aangezien de commercial pas in 1967 werd uitgezonden, en alleen tijdens kinderprogramma's.

Een andere mythe rond de oprichting van de Bandidos is dat het de bedoeling van Chambers was om een intimiderende bende op te richten die de drugshandel in Texas zou controleren. Toen de Bandidos Motorcycle Club voor het eerst werd opgericht, was Chambers een betaalde havenarbeider in de haven van Galveston, en niet een soort drugsdealer, zoals wordt gesuggereerd. Hoewel niet kan worden ontkend dat Bandido Don betrokken raakte bij drugs – het staat vast dat hij betrokken was bij een drugsgerelateerde dubbele moord waarvoor hij een gevangenisstraf uitzat – net als de tientallen andere outlaw-motorclubs die zijn opgericht eind jaren vijftig en begin jaren zestig waren het rijden op Harley Davidsons, drinken, feesten en gepeupel het mandaat van de Bandidos.

De slogan die Chambers voor de club heeft aangenomen – *wij zijn de mensen waar onze ouders ons voor hebben gewaarschuwd* – is de sleutel tot de mentaliteit die hij koesterde: fuck de wereld! We volgen de lijn niet; wij zijn niet de geconditioneerde kleine marionetten die door het systeem zijn voortgebracht om de samenleving en de heersende elite te dienen die op de knoppen drukken; wij doen de dingen op onze eigen manier! Als outlaw-motorrijder waren de filosofie en gevoelens van Chambers ten opzichte van de reguliere samenleving goed gedefinieerd: *"Eén procent is de één procent van ons die de samenleving en de eenrichtingswet van de politicus heeft opgegeven. We zeggen dat we niet zoals jij willen zijn. Blijf dus uit ons gezicht. Het is één voor allen en allen voor één. Als je er niet zo over denkt, loop dan weg, want je bent een burger en hoort niet bij ons."*

Wat Chambers precies inspireerde om zijn club de Bandidos te noemen, en waar het "Fat Mexican" patchidee precies vandaan komt, is veel minder sensationeel dan de mythe. Mensen die een nauwe band met Chambers hadden, geven toe dat hij een levendige verbeeldingskracht bezat, een verbeeldingskracht die inspiratie vond in de Mexicaanse folklore en de nauwe banden ervan met de Tex-Mex-gemeenschap. Het was bekend dat Chambers gefascineerd was door Mexicaanse desperado's en hij bracht talloze uren door in zijn plaatselijke bibliotheek om over hen te lezen. Vanaf daar is het een korte weg naar de motorclub uit Texas die de naam Bandidos zou dragen.

Hoewel de oorspronkelijke Mexicaanse bandido's sjofele en gemene hombres waren die zich schuldig maakten aan schandelijke daden, variërend van verkrachting tot plundering tot het aanrichten van verwoestingen waar ze ook gingen, zouden ze nooit hun eigen steden vervuilen. Bandidos waren in ieder geval de beschermers en quasi-wetshandhavers van hun stad. Tijdens de Franse interventie in Mexico vochten ze zelfs samen met regeringstroepen, milities en huurlingen tegen de indringers. Het populaire beeld van de Mexicaanse bandido als een goed gevoed en opgefokt personage met een pistool en een kapmes, gekleed in een sombrero en bandoleer, bracht Chambers ertoe hem te adopteren voor het embleem van zijn club.

De karikatuur van de Dikke Mexicaan is tegelijkertijd humoristisch en dreigend, en geeft duidelijk een boodschap af: *knoei niet met mij, compadre*! Hoewel het idee voor het Fat Mexican-logo ongetwijfeld van Chambers was, werd het daadwerkelijke ontwerp uitgevoerd door een lokale kunstenaar uit Houston die ook verantwoordelijk was geweest voor het logo van de Reapers. Toen Chambers eenmaal een naam voor zijn club had, een patch en de geldende wetten en statuten had ingevoerd, begon hij potentiële leden te rekruteren, waaronder inderdaad Vietnamveteranen. Het was slechts een kwestie van tijd voordat de club zich begon te verspreiden over het zuiden, zuidwesten, middenwesten en noordwesten en de Dikke Mexicaanse patch zich in de hoofden van burgers overal ter wereld zou nestelen.

Ten tijde van de oprichting van Bandidos waren er talloze motorclubs in de Verenigde Staten. Hiertoe behoorden door AMA gecharterde clubs die zich uitsluitend bezighielden met de promotie van motorevenementen, waaronder toeren en racen. Dit waren vaak gezinsgerichte clubs en droegen een aura van respectabiliteit met zich mee. De eerste motorclub in Amerika, zo niet de wereld, werd in 1903 opgericht in Yonkers, NY en heette toepasselijk Yonkers MC. De club begon eind 19e eeuw feitelijk als een fietsclub. Het bezit van een fiets werd destijds als gedurfd en anders beschouwd. Maar met de komst van de gemotoriseerde

DE ASSIMILATIE

fietsen werd de Yonkers Bicycle Club in 1903 een bonafide motorclub. Ze is nog steeds actief en kan ondubbelzinnig beweren de voorloper te zijn van elke motorclub die volgde.

De belangrijkste activiteiten van de Yonkers MC waren onder meer recreatief rijden, het organiseren van race-evenementen en, belangrijker nog, extreem feesten! Een jaar nadat Yonkers MC aan de oostkust werd opgericht, kreeg de westkust zijn eerste motorclub. Het begon in San Francisco en werd toepasselijk de San Francisco Motorcycle Club genoemd. Net als de Yonkers is het nog steeds actief en werd het opgericht met hetzelfde mandaat in gedachten. Beide clubs behoorden tot de eerste gecharterde leden van de AMA, een organisatie die pas in 1924 werd opgericht. Hoewel de laatste tijd Yonkers- en SFMC-leden op bepaalde momenten actief zijn geweest in de outlaw-gemeenschap, heeft geen van beide clubs ooit de outlaw 1% gedragen. er-badge en worden nog steeds beschouwd als gezinsgerichte clubs.

In 1966 waren er ook tal van outlaw-clubs. In de perceptie van het publiek bestonden deze clubs uit gevaarlijke individuen die koste wat kost vermeden moesten worden. Dit is niet verwonderlijk gezien het vaste dieet van stoere Hollywood-motorfilms uit de jaren zestig, en de veelbesproken en overdreven, meestal geïsoleerde incidenten, die aan het reguliere Amerika werden gevoed. De hoeksteen van de moderne outlaw-motorclub ligt in Californië, waar al lang bekend om staat een magneet en broedplaats voor off-the-wall sociale bewegingen en radicale concepten. De oorsprong ervan kan worden gevonden bij de hard rijdende, harddrinkende en hardnekkige leden van twee clubs: de Boozefighters van Los Angeles en de Pissed Off Bastards van Fontana. Beide clubs kregen een kick-start in de nasleep van de Tweede Wereldoorlog, toen motorfietsen goedkoop waren en met duizenden werden verkocht als oorlogsoverschot.

DE ASSIMILATIE

Veel van degenen die fietsen kochten, vormden groepen om samen te rijden en te feesten. In een verhaal dat talloze keren is verteld en opnieuw verteld, heeft de luidruchtige aanwezigheid van de Boozefighters en Pissed Off Bastards tijdens de Gypsy Tour Rally van 1947 in het kleine stadje Hollister, Californië, het motorrijderimago van onruststoker en asociaal afwijkend leven doen ontstaan. Hun gebruikelijke high-jinx, harde feesten, zwaar drinken en gekke motorstunts, hoewel niet bepaald padvindersgedrag, werden totaal buiten proporties opgeblazen en sensationeel gemaakt in de nieuwsberichten. De meest schandalige episode die daadwerkelijk plaatsvond, was toen twee leden van de Boozefighters op hun fiets een plaatselijke bar binnen reden. Een geënsceneerde foto – gemaakt door een opportunistische fotograaf en gepubliceerd in Life Magazine – toonde een dronkaard op een motorfiets met een flesje bier in zijn hand. Ironisch genoeg was hij niet eens lid van een motorclub.

De foto en krantenkoppen als *Bikers Take Over Town* spraken tot de verbeelding van het Amerikaanse publiek. Zowel de angst als de fascinatie voor outlaw-motorrijders namen toe en er is tot op de dag van vandaag weinig veranderd: motorrijders, of ze nu onafhankelijk zijn of lid zijn van een club, worden gezien als een ras op zich. Ondertussen hield de AMA, geschokt door de negatieve publiciteit die werd gegenereerd, een persconferentie over schadebeheersing. Op dat moment verklaarden ze dat alle problemen werden veroorzaakt door de "één procent afwijking die het publieke imago van zowel motorfietsen als motorrijders aantast." Deze verklaring leidde er uiteindelijk toe dat de outlaw-motorgemeenschap de term "één procent" adopteerde om zich te onderscheiden van de rest van de motorgemeenschap en burgers in het algemeen. Het negatieve imago van de motorrijders werd voorgoed opgelost in 1954, toen de film *The Wild One* – geïnspireerd door de gebeurtenissen in Hollister – op het grote scherm

DE ASSIMILATIE

verscheen. Iedereen op een motorfiets werd nu gezien als een maatschappelijke outcast.

De eersten die profiteerden van de bekendheid en schande die aan motorrijders werd toegeschreven, waren de Hells Angels, opgericht in Californië in 1948 door ontevreden leden van de Pissed Off Bastards. Ze waren de eerste outlaw-club van 1% en kregen decennialang de meeste media-aandacht. De Hells Angels zouden de normen bepalen waar alle andere outlaw-clubs naar streefden. Slechts drie zouden echter opstaan om zich bij hen aan de top van de hiërarchie van de motorwereld te voegen: de Outlaws, Pagans en Bandidos. Terwijl de Outlaws hun afstamming terugvoeren tot de McCook Outlaws – opgericht in McCook, Illinois in 1935 – werden ze pas in 1963 een 1%er motorclub. De Pagans, die in 1959 in Maryland werden opgericht, kwamen niet in een stroomversnelling. tot 1968 en vandaag de dag zijn ze nog steeds beperkt tot de Verenigde Staten. Van een kleine regionale motorclub in Texas werden de Bandidos al snel een kracht waarmee rekening moest worden gehouden, en namen hun rechtmatige plaats in naast de Hells Angels, Outlaws en Pagans; gezamenlijk staan ze bekend als de "Big Four". Tegenwoordig genieten de Bandidos de eer om leiding te geven aan een wereldwijde dynastie met naar schatting 2.400 leden in 195 chapters in 14 landen.

***

Ik ontmoette mijn eerste Bandido pas in de zomer van 1979 in Mobile, Alabama. Destijds was ik lid van de Tulsa-afdeling van de Rogues Motorcycle Club, die begin jaren zestig in Chicago begon, maar later verhuisde naar Oklahoma, de zuidwestelijke staat die sinds 1975 mijn thuis is. De Bandido die ik ontmoette, Buddy Boykin was niet alleen een gewoon lid, maar ook een vice-president onder Bandidos El Presidente Ronnie Hodge. Ik maakte kennis met Buddy, die al ongeveer tien jaar bij de club zat, door een lid van de Outlaws Jacksonville-afdeling. Ik had een vriendschap opgebouwd met de Florida Outlaws en was een frequente bezoeker van hun clubhuis in Jacksonville.

Buddy, een sympathiek en populair personage, woonde dicht bij mijn reisroute naar het zuiden, dus zijn huis was een perfecte tussenstop voor een overnachting, ongeveer halverwege tussen Tulsa en Jacksonville. Het duurde niet lang voordat een bezoek aan de Mobile Bandidos een ritueel werd elke keer dat ik me naar Florida waagde. Ik was nog maar een paar jaar een Rogue en mijn ervaring in de wereld van outlaw-motorrijders beperkte zich vooral tot die club en de Outlaws. Bandidos Vice Presidente Buddy liet mij kennismaken met een totaal ander type motorclub: één die echt geloofde in het concept van "broederschap". Hoewel broederschap iets was dat alle motorclubs moesten vertegenwoordigen, voldeden ze naar mijn ervaring vaak niet aan de "één voor allen – allen voor één" waarden die door Don Chambers waren ingeprent.

Het duurde niet lang voordat ik begon na te denken over het idee om de hele Rogues Motorcycle Club te veranderen in een Bandidos Oklahoma-hoofdstuk. Omdat ik een nauwe band had met de Mobile Bandidos, dacht ik dat de mogelijkheid van een patch-over niets meer dan een formaliteit zou zijn. Ik wist niet hoe lang het proces eigenlijk zou duren. Ondanks intens lobbywerk, niet alleen door mij maar door een van mijn vrienden in de Rogue's Oklahoma City-afdeling die dicht bij een Texas Bandido stond, zouden er tot 1997 geen Oklahoma Bandidos zijn. Het was soms een frustrerende reis van ups en downs, maar vergeleken Na mijn betrokkenheid enkele jaren later bij Bandidos Canada en hun voorloper, de Rock Machine, leek het alsof het een wandeling in het park was geweest.

DE ASSIMILATIE

Hoofdstuk

-1-

Welkom In Het Grote Witte Noorden

Het was zaterdag 6 januari 2001, een dag die de geschiedenis van de Canadese en mondiale motorrijders zou ingaan als de dag dat de Rock Machine officieel ophield te bestaan: ze maakten nu deel uit van de Bandidos Nation. Ter gelegenheid van deze gelegenheid werd er een groot patchoverfeest gehouden in Kingston, Ontario. Kingston, dat zijn oorsprong vindt in een Franse nederzetting die in 1673 op het land van de Mississauga First Nations was gesticht, ligt aan de oostkant van Lake Ontario, waar het meer overgaat in de St. Lawrence River en de pittoreske Thousand Islands beginnen. De stad, bekend om zijn talloze, eeuwenoude kalkstenen gebouwen, werd voor het feest gekozen omdat het min of meer strategisch gelegen was in het geografische centrum van het grondgebied van de Rock Machine, dat zich uitstrekte van Quebec City, Quebec tot Toronto, Ontario. met leden die zo ver westelijk wonen als London, Ontario. Ironisch genoeg is Kingston ook de thuisbasis van een van de meest beruchte gevangenissen op het Noord-Amerikaanse continent, bekend als de "zwaarste tien hectare" in Ontario.

Het was voor mij van cruciaal belang om het patchoverfeest bij te wonen en mijn nieuwe Canadese broeders te ontmoeten. Ik had de taak gekregen om toezicht te houden op de nieuwe nationale afdeling van Bandidos Canada door George Wegers, die destijds nationaal president was van de Amerikaanse Bandidos en ook president van de Internationale Bandidos. In Bandidos-terminologie stond hij eenvoudigweg bekend als El Presidente George.

1

DE ASSIMILATIE

In wezen moest ik de Canadezen leren hoe ze zich moesten organiseren en functioneren als een Bandidos Motorcycle Club. Naast het opzetten van communicatielijnen, moest ik het volledige ledenbestand voor Bandidos Canada samenstellen en verifiëren, inclusief telefoonnummer- en e-mailadreslijsten, en hen adviseren over alle noodzakelijke kwesties. Hoewel dit op het eerste gezicht misschien een relatief gemakkelijke opdracht lijkt, en ik geloofde eigenlijk dat dit zo zou zijn, zou het allesbehalve blijken te zijn. Ik zou al snel ontdekken dat de Canadese Bandidos een ongeorganiseerde puinhoop hadden geërfd van hun voorloper, de Rock Machine. Ze hadden weinig interne gegevens, een duidelijk omschreven mandaat en wisten niet eens zeker wie er in de club zat.

De reden dat ik de opdracht had gekregen om toezicht te houden op de nieuwe toevoeging aan de Bandidos-natie had niets te maken met mijn knappe gezicht. Ik ben geboren met een talent voor diplomatie en verfijnde organisatorische en administratieve vaardigheden. Ik bezat ook een basiskennis van recht en legalese, die ik tijdens mijn gevangenschap begin jaren tachtig had verworven in de juridische bibliotheek van een gevangenis. Geen van mijn eigenschappen was Bandidos El Presidente George ontgaan, die mij had ingehuurd om allerlei managementtaken voor de nationale afdeling uit te voeren. Taken die ik regelmatig voor de club uitvoerde, waren onder meer het coördineren van de ontwikkeling van een wereldwijde website, het assisteren bij of samenstellen van de maandelijkse American Bandidos-nieuwsbrief, het regelen van vliegtuigvluchten voor nationale officieren, het voeren van public relations-campagnes en het beheren van de Amerikaanse telefoonlijst, e-maillijst en Bandidos ondersteunt clubhoofdstuk-/lidmaatschapslijsten. Het is niet zo dat ik nog meer clubverantwoordelijkheden nodig had, maar ik was een uitgesproken voorstander van de uitbreiding van de Bandidos naar Canada en ik voelde

DE ASSIMILATIE

dat het minste wat ik kon doen was helpen om het proces tot een succes te maken.

***

Ik was nog maar twee dagen in Canada en het leek alleen maar te sneeuwen – en het was verschrikkelijk koud! Maar wie bij zijn volle verstand is, gaat in januari naar Canada, tenzij het voor wintergerelateerde activiteiten is, iets wat ik als de pest vermijd. Ik hou niet van koud weer…Ik haat sneeuw! Ik ski niet; Ik skate niet; Ik sneeuwscooter niet; Ik vis niet op ijs. En nu leek het erop dat ik de lange reis vanuit Tulsa, Oklahoma voor niets had gemaakt. Na lang wikken en wegen had ik besloten om niet naar het patchoverfeest te gaan, ook al was dat de enige reden dat ik in het Grote Witte Noorden was.

Er was mij verteld dat er zo'n vijfenzeventig politieagenten rond het voormalige clubhuis van de Rock Machine stonden en dat ze zeker naar mij zouden zoeken. De mannen in het blauw waren bezig met hun favoriete tijdverdrijf voor outlaw-motorrijders: lastigvallen, foto's maken, videobeelden maken, identiteitsbewijzen controleren en wie ze maar konden arresteren of vasthouden.

Acht mede-Amerikaanse Bandidos waren al gearresteerd; wat hen zou redden van opsluitings- en deportatieprocedures was het feit dat ze legaal het land waren binnengelaten. De stempels van het punt van binnenkomst in hun paspoort waren voldoende bewijs. Maar mijn paspoort had geen stempel. Technisch gezien was ik illegaal in het land en op de een of andere manier kregen de autoriteiten er lucht van.

Een paar dagen eerder, op een sombere en stormachtige middag, was ik met succes Canada binnengekomen, vermomd als bouwvakker in een

3

auto bestuurd door mijn zus Kitty. Ik had een aantal verschillende grensoverschrijdingsscenario's overwogen en over land gaan leek de beste keuze. De afgelopen jaren werd ik Canada binnengelaten, maar vanwege mijn strafblad en lidmaatschap van de Bandidos werd mij ook wel eens de toegang ontzegd. Het was allemaal een kwestie van wie er in het douanehokje aan de grens zat en hoe ijverig ze hun plicht vervulden.

De meeste Amerikaanse Bandidos die naar het patchoverfeest gingen, hadden ervoor gekozen om naar de Pearson International Airport in Toronto te vliegen. Ik dacht dat het onder deze omstandigheden, nu Bandidos van over de hele wereld de stad binnenstroomden, veel moeilijker zou zijn om via het vliegveld binnen te komen. Ik had te veel verhalen gehoord over Immigration Canada die leden van welke motorclub dan ook op het vliegveld ronddraaide, ook al waren het geen veroordeelde misdadigers.

Ondanks het feit dat het bijna twintig jaar geleden was dat ik voor het laatst was veroordeeld, twijfelde ik er niet aan dat ik zou worden opgepakt en omgeleid als ik zou proberen Pearson binnen te komen. Ik besloot Canada binnen te komen via het controlepunt Detroit-Windsor; Kitty woonde in Michigan, niet ver van de grens, en maakte regelmatig de oversteek.

Windsor, de meest zuidelijke stad van Canada, is net als Detroit een autostad, maar op veel kleinere schaal. De twee steden worden gescheiden door de Detroit River en met elkaar verbonden door de Ambassador Bridge en de Detroit-Windsor Tunnel. Windsor is het westelijke eindpunt van Highway 401 – de drukste snelweg van Canada – en er stroomt veel verkeer over de brug en door de tunnel. Ik ging ervan uit dat als ik tijdens de spitsuren het land zou binnenkomen, de grensbeambten wat lakser zouden zijn bij het controleren van documenten. Mijn gedachtegang bleek juist: de

DE ASSIMILATIE

Canadese douanebeambte, die er verveeld en koud uitzag in zijn hokje, vroeg niet om onze identiteitsbewijzen. Ik had mijn paspoort in de hand, waar hij even naar keek, maar het enige wat hij deed was Kitty een paar vragen stellen over waar we heen gingen en hoe lang we van plan waren te blijven.

"We gaan gewoon een paar uurtjes naar het casino," zei Kitty tegen hem.

Zonder verder oponthoud kregen we te horen dat we verder moesten gaan en ik bevond me in Canada, vijfhonderdvijftig kilometer van Kingston, mijn uiteindelijke bestemming. Ik merkte dat de meeste voertuigen net zo snel Canada binnenreden als wij. Het leek allemaal te gemakkelijk en ik vroeg me af of het misschien niet te gemakkelijk was. Kitty zei dat het oversteken naar beide landen meestal een probleemloze procedure was.

In de dagen vóór 9/11 waren er geen paspoorten vereist. Als er überhaupt om een identiteitsbewijs werd gevraagd, volstond een rijbewijs. Nadat Kitty me had afgezet, ging ik van Windsor naar Kingston via Londen en Toronto, waar ik kort stopte bij respectievelijk de clubhuizen van de Outlaws Motorcycle Club en de Bandidos Motorcycle Club. Uiteindelijk kwam ik vrijdagmiddag laat in Kingston aan en vestigde me in een plaatselijk Travelodge Inn Motel, waar de andere Bandidos van buiten de stad logeerden als gasten van de Kingston Chapter.

Nadat ik zaterdagochtend in de Travelodge had ontbeten, pakte ik mijn laptop en ging online verschillende krantenartikelen van over de hele wereld bekijken. Eén artikel trok mijn onverdeelde aandacht en zette mijn gedachten echt op scherp. Er werd gedetailleerd beschreven hoe de politie bij Pearson International een paar Bandidos had opgepakt die probeerden het land binnen te komen voor het patchoverfeestje. Er werd verder vermeld dat enkele outlaw-motorrijders daadwerkelijk het land waren binnengekomen, *waaronder een Amerikaanse Bandido uit Oklahoma.*

Hoewel mijn naam niet genoemd was, sloeg dit bij mij in als een bom… Ik was de enige Bandido uit Oklahoma in Canada. Op de een of andere manier was ik "gemaakt" en de autoriteiten keken naar mij uit. De arrestatie van een Amerikaanse Bandido wegens illegale binnenkomst in het land bood hen de perfecte gelegenheid om wat punten te scoren en een media-velddag te hebben.

Uiteraard was ik behoorlijk bezorgd, want het betekende dat er ergens een "lek" zat. Ik had geen creditcards meer gebruikt sinds ik Canada binnenkwam; er zijn geen mobiele telefoongesprekken gevoerd; en ik had me niet bij het motel geregistreerd. Mijn geest begon te fragmenteren toen ik een mentale lijst opstelde van iedereen die wist dat ik het land had bereikt. Ik sloot mijn zuster onmiddellijk uit, want ik wist dat ze mij nooit zou verraden; hierdoor bleven een aantal Outlaws Motorcycle Club-leden achter met wie ik contact had nadat ik het land was binnengekomen, en natuurlijk mijn Bandidos-broers. Hoe moeilijk het ook was om te geloven dat iemand van die lijst mij bij de autoriteiten had aangegeven. Dat het de kranten had gehaald verbaasde mij enorm. Ik vroeg me af of dit de manier was waarop de autoriteiten met mijn gedachten speelden, door me te laten weten dat ze wisten dat ik op hun terrein zat.

Hoe erg ik het ook vond om niet naar het patchoverfeest te gaan, ik koos voor een rustig diner met Robert "Tout" Leger. Tout was een voormalige Montreal Rock Machine die nu lid was van de nieuwe Canadese Bandidos. Ik had hem eerder op de dag ontmoet en ontdekte dat we veel gemeen hadden. Ik had een aantal jaren eerder ook van zijn heldendaden gehoord, toen hij naar Texas was gegaan om namens de Rock Machine contact te leggen met de Amerikaanse Bandidos.

DE ASSIMILATIE

Bandido Tout had een dynamische persoonlijkheid waartoe men zich aangetrokken voelde. Net als ik werkte de Frans-Canadees graag aan Harleys en had hij jarenlang zijn eigen motorwinkel. Dit op zichzelf bracht meteen een gemeenschappelijke band voort. Als gevolg van een lopende rechtszaak stond Tout onder een juridisch bevel waardoor hij niet kon verbroederen met leden van de Rock Machine. Hoewel de meeste Rock Machine nu Bandidos waren en Tout technisch gezien het bevel niet zou hebben overtreden, vond hij dat het niet nodig was om zich in de semantiek te verdiepen en had hij besloten ook niet naar het clubhuis te gaan. Tijdens het diner in het motelrestaurant nodigde hij me uit in zijn huis in de buurt van Montreal, waar ik een dag rondhing en vervolgens met de trein via het noorden van Vermont terugkeerde naar de Verenigde Staten.

"Het zal waarschijnlijk de gemakkelijkste manier zijn om thuis te komen," zei hij in vloeiend Engels. "Ze zullen nooit van je verwachten dat je de grens met Quebec oversteekt."

Hoewel ik de politie nooit onderschat, was zijn suggestie logisch en stemde ik ermee in hem te vergezellen. Rondhangen in Kingston en mijn stappen uit het land volgen leek geen aantrekkelijk voorstel. We waren van plan om Kingston om 20.00 uur te verlaten voor de drie uur durende rit naar Montreal. Omstreeks 19.00 uur gingen Bandido Tout en ik terug naar onze kamers om in te pakken. Omdat we geen telefoon wilden gebruiken, stuurden we een loper naar het clubhuis om iedereen te laten weten dat we de stad verlieten. Ik gooide de weinige spullen die ik bij me had in mijn weekendtas en ging vervolgens online om te controleren of er e-mails waren. Zoals gewoonlijk waren er minstens een tiental zakelijke berichten, een paar van mijn toenmalige verloofde Caroline, en een stuk of zes van mede-Bandido-clubleden. Terwijl ik op Tout wachtte, beantwoordde ik snel de belangrijkste.

DE ASSIMILATIE

Tout kwam ongeveer vijf minuten later bij me en we bleven in de kamer rondhangen om de Bandidos in het clubhuis de tijd te geven om te reageren. Omdat het clubhuis slechts ongeveer vijf minuten met de motor van het motel verwijderd was, hadden we geen lang wachten verwacht. Vol verwachting zette ik de deur van de motelkamer een paar centimeter open, waarbij ik de nachtgrendel als steun gebruikte. Wat enkele ogenblikken later leek, vloog de deur open en werden Tout en ik geconfronteerd met leden van de politie van Kingston en de motorhandhavingseenheid van de provinciale politie van Ontario.

"Niemand beweegt, niemand raakt gewond", schreeuwde een van de agenten. "Leg je verdomde handen op je hoofd. Nu!"

We deden wat ons werd opgedragen en toen alles veilig werd geacht, slenterden twee agenten van Immigration Canada, die buiten de deur hadden gewacht, de kamer binnen als een stel katten die de kanarie aten.

"Zijn jullie lid van de Bandidos?" vroeg een van de agenten van Kingston.

Dit was een nogal zinloze vraag, aangezien Tout en ik Bandidos logos op zowel onze riemen als onze shirts droegen. We waren ook in een gedeelte van het motel dat volledig bezet was door Bandidos van buiten de stad. Toen we erkenden dat we inderdaad lid waren van de Bandidos, werd ons gevraagd onze naam en woonplaats te vermelden. Toen ik hen mijn volledige naam vertelde en dat ik in Oklahoma woonde, stapten de immigratieambtenaren naar voren – het was duidelijk hun moment om te schitteren.

"Is uw straatnaam Connecticut Ed?" vroeg een van hen. Ik vertelde hem dat het zo was.

DE ASSIMILATIE

"Als je uit Oklahoma komt, hoe komt het dan dat ze je Connecticut Ed noemen?" de andere immigratieambtenaar kwam tussenbeide alsof dit daadwerkelijk relevant was.

Ik legde uit dat ik oorspronkelijk uit Connecticut kwam en dat ik de bijnaam kreeg om mij te onderscheiden van andere Bandidos genaamd Ed. Er waren destijds wereldwijd nogal wat Bandido's met de naam Ed, elk met een bepaalde bijnaam.

Zodra ze naar mijn paspoort keken om mijn identiteit te verifiëren, kreeg ik te horen dat ik werd gearresteerd wegens het overtreden van de Canadese immigratiewetgeving, geboeid en naar de gang werd gesjouwd. De politie van Kingston sprak met Bandido Tout in de kamer en stelde al snel vast dat hij was wie hij zei dat hij was, dat hij zijn bandvoorwaarden niet schond door met mij om te gaan, en dat er geen illegale stoffen of wapens in de kamer waren. Tout was vrij om te gaan en ik was nu te gast bij de Canadese autoriteiten.

Niemand op het patchoverfeest was verrast toen hij hoorde dat ik was gearresteerd. Ze waren echter geschokt toen ze hoorden dat ik was gearresteerd door Immigration Canada. Lokale wetshandhavingsautoriteiten hadden zojuist een aantal andere Amerikaanse Bandidos vrijgelaten omdat de immigratieautoriteiten er niet in waren geslaagd hen te arriveren en in hechtenis te nemen. Toen ik hiervan hoorde, vroeg ik me af waarom Immigration Canada zoveel belangstelling voor mij had. Ik kon alleen maar vaststellen dat dit te wijten was aan het feit dat mijn mede-Amerikaanse Bandidos gewone leden waren, terwijl ik banden had met de nationale afdeling en daarom een persoon van extreem belang bleek te zijn. Hoe de immigratieambtenaren wisten wie ik was, ontging mij destijds echter nog volledig.

DE ASSIMILATIE

***

Vanuit Kingston werd ik ongeveer vijfenveertig kilometer oostwaarts vervoerd naar een cel van Immigration Canada in Lansdowne voor mijn eerste boeking. Dus hier zat ik, weer achter de tralies. Het was voor mij geen vreemde omgeving, maar ook niet een omgeving waar ik bijzonder graag in wilde verblijven, vooral niet in een vreemd land, waar ik de gevolgen van de wet niet kende – waar ik helemaal niet wist wat ik kon verwachten!

Ironisch genoeg ligt Lansdowne op minder dan een kwart mijl aan de overkant van de St. Lawrence-rivier vanuit de Verenigde Staten. Ik had een steen kunnen gooien en het Amerikaanse douanekantoor op Wellesley Island kunnen raken, dat deel uitmaakt van de Thousand Islands, een keten van eilanden die als zoveel sterren aan de hemel in de St. Lawrence liggen.

"Maak het je niet te gemakkelijk. Je zult hier niet lang blijven. Jij gaat naar Ottawa," zei een van de immigratieambtenaren terwijl ik in mijn cel ging zitten wachten tot de volgende schoen viel. Hij legde uit dat de hogere kringen om mijn overplaatsing naar de Canadese hoofdstad hadden verzocht, waar mijn zaak "de juiste" aandacht zou krijgen. Kennelijk was Immigratie Canada helemaal in rep en roer, ervan overtuigd dat ik een grote vis en een prijsvangst was, iets waar de media hen mee zouden helpen en aanmoedigen. Ik kwam er al snel achter dat Canadese kranten, net als hun tegenhangers overal elders, graag voorpaginaverhalen over outlaw motorrijders publiceerden, hoe sensationeler hoe beter.

Ik moet toegeven dat de immigratieambtenaren die mij moesten boeken buitengewoon respectvol waren. Ik was er niet helemaal aan gewend dat de autoriteiten zo waardig werden behandeld. Misschien kwam het omdat ze echt geloofden dat ik een grote speler was in de wereld van 1%-ers. Terwijl ik wachtte op mijn overplaatsing naar Ottawa, vroeg een andere immigratiebeambte mij of hij iets voor mij kon krijgen. Tot zijn verbazing vroeg ik de Canadese immigratiestatuten op.

"We hebben veel beter leesmateriaal dan dat," zei hij. Ik vertelde hem dat de statuten voldoende waren – zonder de moeite te nemen om uit te leggen dat ik een kennis van de wet had die die van een paralegal benaderde – en hij was zo vriendelijk om mij de volledige handleiding te bezorgen. Ik overwoog om af te zien van mijn deportatiehoorzitting, maar tegen de tijd dat ik de handleiding doorlas, besloot ik dat ik wilde blijven en vechten. Waarom ik voor deze route heb gekozen, die duidelijk niet de weg van de minste weerstand was, weet ik niet helemaal zeker. Misschien kwam het omdat het in mijn aard zit om nooit een confrontatie uit de weg te gaan. Misschien was het omdat ik terug wilde naar Canada, zodat ik mijn werk bij de Canadese Bandidos beter zou kunnen doen. Misschien moest mijn hoofd onderzocht worden.

***

Op maandag 8 januari werd ik overgebracht naar het Ottawa-Carleton Detention Center, een streng beveiligde gevangenis aan de rand van Ottawa. Om veiligheidsredenen werd ik onmiddellijk in eenzame opsluiting geplaatst. Blijkbaar zaten er in de gevangenis een aantal Hells Angels en ambtenaren vreesden voor mijn veiligheid. Ik kreeg te horen dat mijn uitzettingshoorzitting, gepland voor woensdag, een week werd uitgesteld tot 17 januari. Op dinsdagochtend 9 januari vond telefonisch een hoorzitting plaats.

Ik heb de hoorzitting zelf bepleit, en ondanks de bezwaren van de procureurs-generaal heb ik een immigratieadjudicator ervan overtuigd mij een borgsom van $ 20.000 te verlenen. Ik berekende het bedrag aan contant geld dat ik nodig zou hebben om vrij te geven op $ 2.000 (10% van $ 20.000), en dacht dat het heel gemakkelijk te verkrijgen zou zijn. Kunt u zich mijn verbazing voorstellen toen ik erachter kwam dat er in Canada geen systeem van borgtocht van 10% bestond, zoals in de Verenigde Staten. Als ik mijn vrijlating wilde krijgen, moest ik $ 20.000 contant betalen.

Ik werd vastgehouden op grond van een administratieve aanklacht, niet op grond van een strafrechtelijke aanklacht. Ik was niet gearresteerd wegens het plegen van een misdrijf en ik zou ook niet formeel worden aangeklaagd voor enige vorm van strafrechtelijke overtreding. Zelfs als ik schuldig zou worden bevonden aan de administratieve aanklacht, was opsluiting geen optie. De enige straf die mij kon worden opgelegd was deportatie terug naar de Verenigde Staten. Maar dat is precies waar ik wilde zijn. Ik vond het moeilijk om de logica achter mijn detentie te begrijpen, omdat ik er zeker van was dat ze inmiddels precies wisten wie ik was, dat ik sinds 1982 een blanco strafblad had en dat er geen uitstaande arrestatiebevelen tegen mij liepen in de VS, of in het buitenland. Canada trouwens.

Hoe het ook zij, ik kon niet naar huis terugkeren omdat de Canadese regering wilde dat ik bleef, zodat Immigration Canada mij "officieel" kon deporteren. Het was een belachelijke situatie om in te verkeren, maar voor de immigratiemensen was dit blijkbaar een serieuze zaak. Ze waren zeer resoluut in hun omgang met mij en gedroegen zich alsof ik een moord had gepleegd of zoiets. En tot overmaat van ramp zou ik volgens de Canadese immigratiewetten tot twee jaar zonder borgtocht in de gevangenis kunnen worden vastgehouden, in afwachting van mijn deportatiehoorzitting.

Ik wist dat ik enorm veel geluk had dat ik borgtocht kreeg en blijkbaar was ik de eerste motorrijder die deze borgsom ooit ontving in verband met een deportatiezaak. In deze fase van het spel dacht ik dat het allemaal snel voorbij zou zijn en dat ik op weg zou zijn naar Oklahoma, waar mijn achtjarige dochter Taylor vol spanning wachtte op de terugkeer van haar vader.

Zodra ik te horen kreeg dat borgtocht zou worden verleend, nam ik contact op met een van mijn nieuwe Canadese broers, Jean "Charley" Duquaire, de eerste nationale president van Bandidos Canada. Hij was uiteraard op de hoogte van mijn situatie en binnen de kortste keren overtuigde ik hem ervan mij de borgsom te lenen, waarbij ik hem verzekerde dat hij binnen een paar dagen zou worden terugbetaald. Het was absoluut noodzakelijk dat het geld schoon was, met een duidelijk herkenbaar papieren spoor naar de bron. Presidente Charley heeft het benodigde geld op zijn creditcard verkregen via een voorschot in contanten bij de Bank of Montreal. Hij zette het voorschot om in een bankcheque en overhandigde het met de hand aan het Immigration Canada-kantoor in Ottawa.

Woensdagmiddag 10 januari werd ik vroeg vrijgelaten en teruggebracht naar Kingston, waar ik een paar dagen doorbracht in het huis van een andere nieuwe Canadese Bandido, Marc "Garfield" Yakimishan, en zijn gezin. Als voorwaarde voor mijn borgtocht was mij bevolen Canada niet te verlaten, onder de hoede van Bandido Garfield te verblijven en op mijn volgende hoorzitting te verschijnen. Garfield zou op dat moment de nieuwe El Secretario voor Canada worden, dus een paar dagen bij hem blijven was ideaal. Als ik dankzij Immigration Canada op een langere vakantie zou gaan, dacht ik dat ik er net zo goed het beste van kon maken. Omdat ik Garfield moest leren wat er van hem als Bandidos El Secretario werd verwacht, verspilde ik geen tijd om met hem om de tafel te gaan zitten om hem een spoedcursus te geven in alles wat ik wist. Hoewel ik technisch gezien op elk moment uit Canada had kunnen vertrekken, was ik van plan om hier te blijven. Ik wilde niet alleen mijn borggeld en mijn in beslag genomen Bandidos-kleuren en paspoort terug, ik wilde ook vechten tegen de deportatie die mij te wachten stond, omdat ik ervan overtuigd was dat ik kon winnen.

Zodra ik uit de gevangenis werd vrijgelaten, huurde ik een van de beste strafrechtadvocaten in Canada in, Josh Zambrowsky. De in Kingston gevestigde Zambrowsky stond bekend om zijn werk als vertegenwoordiger van mensen die beschuldigd werden van grote misdaden; hij had ook een uitstekende reputatie bij de Montreal en Kingston Bandidos. Sommigen van hen had hij een paar jaar eerder vertegenwoordigd, en ze vonden hem "netter dan gesneden brood".

Als onderdeel van ons plan om een karakterverdediging voor de hoorzitting voor te bereiden, hebben twee bevriende advocaten uit Oklahoma, Jonathan M. Sutton en William J. Patterson, namens mij geweldige karakterreferentiebrieven geschreven. Maar ons enige probleem was dat mijn zaak geen strafzaak was, maar een administratieve kwestie. En we hadden niet te maken met het strafrechtsysteem; we hadden te maken met Immigration Canada, dat er behoorlijk aan gewend was de dingen te doen zoals zij wilden, zonder inmenging van het rechtssysteem.

***

Een van de vele krantenartikelen over mijn immigratieproblemen verscheen op de ochtend van mijn vrijlating uit het Ottawa-Carlton Detention Center. Het versterkte het idee dat ik een van de machtigste mannen in de Amerikaanse Bandidos was. Hoewel ik een tijdelijke opdracht had voor de nationale afdeling van de Verenigde Staten, en een aantal keren de functie van El Secretario (nationaal secretaris) had bekleed, was ik in het geheel van de dingen nauwelijks een "reuzenrad" of "high-wheeler ranglijst" Bandido.

DE ASSIMILATIE

Destijds was de enige functie die ik in de club bekleedde die van secretaris van de afdeling Bandidos Oklahoma.

Motorrijder met grote wielen wint borgtocht van $ 20.000

Door John Steinbachs

10 januari 2001

Een hooggeplaatst bandidos-motorbendelid zal naar verwachting vandaag op borgtocht worden vrijgelaten nadat hij zijn wielen heeft laten afkoelen in een gevangenis in Ottawa.

Edward Winterhalder, 45, verscheen gisteren voor een jurylid van de Ottawa Immigration and Refugee Board voor een hoorzitting over de beoordeling van detentie.

De rechter beval dat hij werd vastgehouden, maar stond toe dat hij werd vrijgelaten tegen een borgsom van $ 20.000.

De grensoverschrijdende Bandidos-motorrijder werd opgepakt na een patch in Kingston op zaterdag, waar verschillende lokale Rock Machine-leden werden opgenomen in de internationale club.

Het besloten evenement – bijgewoond door naar schatting 53 mensen – vond plaats slechts een week nadat de rivaliserende Hells Angels tientallen leden van kleinere bendes uit Ontario had opgelapt.

De Tulsa-motorrijder – bekend als een van de machtigste mannen van de club – werd gearresteerd door Citizenship and Immigration Canada op beschuldiging dat hij het land illegaal was binnengekomen.

Winterhalder heeft de opdracht gekregen om op 17 januari te verschijnen voor een bestuursonderzoek, waarbij een scheidsrechter zal beslissen of de beschuldigingen tegen hem gegrond zijn en zal beslissen of er al dan niet een verwijderingsbevel moet worden uitgevaardigd.

Ik heb het niet aan de bewakers verteld

Volgens een Citizenship and Immigration-rapport vertelde Winterhalder – die toegaf lid te zijn van de brutale Bandidos – aan de onderzoekers dat hij op 5 januari Canada binnenkwam via Fort Erie, maar vertelde hij de grenswachten niet over zijn bendebanden. In 1995 probeerde hij bij hetzelfde grenspunt over te steken, maar werd door immigratieambtenaren teruggestuurd.

In het immigratierapport staat ook dat hij ambtenaren heeft verteld dat hij een strafblad heeft, inclusief strafrechtelijke veroordelingen voor het verbergen van gestolen eigendommen, het uitspreken van een vervalste schatkistcheque, het bezit van een gestolen voertuig, het dragen van een verboden wapen en het dragen van een verborgen wapen. Zijn laatste erkende veroordeling die in het rapport wordt vermeld, dateerde van 1983.

Nu motorrijders de laatste tijd steeds meer bekendheid krijgen in Canada, houden immigratieambtenaren hun ogen open voor mogelijke waarnemingen in havens, waaronder Pearson International Airport in Toronto.

Agenten zeiden dat de waarschuwingen leidden tot de onderschepping van vier leden van de Bandidos-fietsbende die hier arriveerden voor de opening van het Kingston-hoofdstuk.

De politie zei dat twee leden van de Denver-afdeling van de groep en één uit Washington en Amsterdam elk op het vliegveld werden omgeleid. Een hooggeplaatst lid van de afdeling Washington glipte het land binnen, maar vertrok zondag.

***

Brief van Tulsa, OK-advocaat Jonathan Sutton, waarin ik getuigenis geef van mijn karakter.

Voor wie het aangaat,   1/15/2001

Ik schrijf voor en namens de heer Edward Winterhalder, een Amerikaans staatsburger en een goede vriend van mij. Omdat ik van plan ben de heer Winterhalder een referentie te geven, kan het belangrijk zijn dat u iets over mij weet. Ik ben een advocaat, voornamelijk werkzaam in Oklahoma, en ik ben toegelaten te oefenen voor alle rechtbanken in Oklahoma, evenals voor de noordelijke, oostelijke en westelijke federale districtsrechtbanken van Oklahoma, het Tenth Circuit Court of Appeals en het Hooggerechtshof van de Verenigde Staten. Ik heb eerder als bedrijfsadvocaat gewerkt voor de United Parcel Service en het Tulsa County District Attorney's Office, voordat ik een privépraktijk en -kantoor oprichtte.

Ik heb de heer Winterhalder ongeveer vijf jaar geleden leren kennen en heb sindsdien genoten van mijn interactie met hem. Ik heb gemerkt dat hij in veel opzichten veel op mij leek, met name als een zeer gemotiveerd, intelligent, vasthoudend individu, met een sterk karakter en een morele code die zo zelden in de huidige samenleving wordt aangetroffen. Omdat ik voor de heer

17

DE ASSIMILATIE

Winterhalder aan diverse juridische kwesties heb gewerkt, kan ik verder getuigen van het gebrek aan strafrechtelijke beschuldigingen die tegen hem zijn geuit in de tijd dat ik hem ken. Het is duidelijk dat ik niet in staat ben een nietigheid te bewijzen, dus kan ik alleen maar zeggen dat ik gedurende de hele tijd dat ik hem ken, nooit gedrag heb gekend dat waarschijnlijk aanleiding zou geven tot dergelijke beschuldigingen. Hij is een liefhebbende vader, een gerespecteerd lid van het bedrijfsleven en een gewaardeerde vriend. Ik ken minder dan vijf mensen over wie ik dit zou zeggen, maar persoonlijk vertrouw ik meneer Winterhalder.

Echt, ik zou willen dat meer mensen in de huidige samenleving zoals meneer Winterhalder waren: we zouden allemaal veel beter af zijn. Elke keer dat hij heeft verklaard dat hij iets zou doen, heeft hij dat gedaan, elke keer dat hij een toezegging deed, heeft hij die uitgevoerd, elke keer dat hij in een situatie terechtkwam waarin hij het makkelijke of het goede kon doen, deed hij het juiste. . Ik heb groot respect voor de heer Winterhalder en vertrouw erop dat, ongeacht de situatie in Canada, u het juiste doet en hem vrijlaat.

Eerlijk,

Jonathan Sutton

***

Terwijl ik wachtte op mijn immigratiehoorzitting op 17 januari, ging ik op een avond naar Toronto met Alain Brunette, vice-president van Bandidos Canada. Hij was in deze functie aangesteld door Jean "Charley" Duquaire, die als leider van de voormalige Rock Machine automatisch de Canadese Bandidos Presidente was geworden. Ik was blij te horen dat Alain de benoeming had ontvangen, aangezien ik hem bijna twee jaar eerder bij een eerdere gelegenheid in de Verenigde Staten kort had ontmoet.

Ondanks de sneeuw die overdag was gevallen, waren de wegen vrijgemaakt en geschuurd en konden vice-presidente Alain en ik vroeg in de avond veilig de uitgestrekte GTA (Greater Toronto Area) bereiken. Toen we de grootste stad van Canada naderden, kon ik op de achtergrond de wereldberoemde CN Tower zien, die de hele skyline domineerde ondanks de dreigende wolkenkrabbers eromheen, die als een gigantische naald door de donker wordende hemel stak.

"Dat is een geweldige toren," zei ik. "Ik durf te wedden dat het uitzicht vanaf daar geweldig is."

"Het is de hoogste vrijstaande toren ter wereld," zei Alain. "Naar boven gaan is een toeristische must-do."

Ik vroeg Alain of hij wist hoe hoog het was en hij vertelde me dat het bijna zestig meter was, een paar meter. Om mijn nieuwsgierigheid te bevredigen, deed ik later een Google-zoekopdracht en ontdekte dat de toren in werkelijkheid drieëndertig meter hoog was. Ik wilde absoluut het uitzicht vanaf het observatiedek van de toren zien, maar het doel van onze reis naar Toronto was niet om bezienswaardigheden te bezoeken. Misschien ooit, dacht ik.

We waren in de hoofdstad van Ontario voor een ontmoeting met Peter "Peppi" Barilla, voorzitter van de afdeling Toronto Loners Motorcycle Club, en bezochten de nieuwe afdeling Toronto North Bandidos. We wilden met Peppi praten over de mogelijkheid om de Loners ergens in de nabije toekomst over te zetten naar de Bandidos. Mij was verteld dat Peppi veel invloed had in de motorgemeenschap in Toronto en dat hij een waardevolle bondgenoot zou worden. Hoewel hij geen lang persoon was, straalde hij een krachtige aanwezigheid uit: gedrongen en gespierd, bedekt met tatoeages, schouderlang zandblond haar, baard en een snelle glimlach. Hij zorgde ervoor dat je je op je gemak voelde, terwijl je tegelijkertijd wist dat hij niet iemand was om mee te rotzooien. De ontmoeting met Peppi duurde langer dan verwacht en tegen de tijd dat we bij het Bandidos-clubhuis aankwamen, gelegen in een industriegebied van de stad, was hun wekelijkse "kerk" (motorterm voor ontmoeting) net afgelopen.

Tot onze ontsteltenis ontdekten we dat de hele afdeling van Toronto zojuist een Bandidos Prospect met de naam Eric "Eric the Red" McMillan uit de club had gestemd. Bandidos Prospect Eric was een stoere jonge jongen uit Oshawa, een buitenwijk van Toronto. Blijkbaar koesterde hij een diepe wrok jegens enkele lokale motorrijders die zich bij de Hells Angels in de omgeving van Toronto hadden aangesloten. De reden hiervoor is mij nooit onthuld, maar het was nooit verrassend dat een lid van de ene club een lid of leden van een rivaliserende club haatte. In veel gevallen was er een gerechtvaardigde reden; soms was het gewoon iets om te doen. Vice-presidente Alain en ik zagen Eric als een van de helderste sterren van de hele Toronto-afdeling – de Toronto Bandidos-afdeling zag hem als te "anti-Hells Angels".

Alain en ik verlieten Toronto met gemengde gevoelens: we hadden een goed gevoel over onze ontmoeting met Loners-president Peppi – slecht over de Toronto Bandidos. Peppi had interesse getoond in ons voorstel om de Loners te patchen... dat was het goede deel. We dachten niet dat het Toronto Bandidos-hoofdstuk zou overleven... dat was het slechte. We vroegen ons ook af of sommige leden Hells Angels zouden worden. De manier waarop ze over de engelen leken te denken, iets wat ze niet verborgen hielden toen we ze ontmoetten, overtuigde ons ervan dat ze dat wel zouden doen.

DE ASSIMILATIE

Alain en ik besloten rechtstreeks naar Oshawa te rijden, wat toevallig op de terugweg naar Kingston lag. Toen we de stad uit reden, vroeg ik mijn nieuwe Bandidos-broer om me iets over zichzelf te vertellen. Meestal ben ik niet zo openhartig, maar ik vond het belangrijk om de nieuwe Bandidos-agenten met wie ik te maken zou krijgen, zoveel mogelijk te leren kennen. Ik wist dat ik niet de luxe zou hebben om zoveel tijd met Alain of een van de andere jongens door te brengen. Hoewel het communiceren met elkaar veel geduld vergde en zinnen herhaalde of herformuleerde, ontdekte ik dat hij in Montreal was geboren, opgroeide aan de zuidkust van de stad aan de overkant van de St. Lawrence-rivier, en één broer of zus had. Hij reed al motor sinds zijn vijftiende, bijna net zo oud als ik toen ik voor het eerst een been over een motorfiets gooide.

"Mijn eerste fiets was een drie-vijftig tweecilinder tweetaktmotor. Daar heb ik een beetje op leren rijden. Toen kreeg ik een zes-vijftig Kawasaki, en daarna een Yamaha elfhonderd. Ik was een behoorlijk goede rijder tegen de tijd dat ik dat beest kreeg, en toen kreeg ik mijn Harley," zei Alain. Hij vertelde me verder dat hij al sinds zijn tienerjaren werkte, voornamelijk in de groenvoorziening, de bouw en het sneeuwruimen. We hadden nogal wat gemeen, dacht ik, want ook ik werkte al sinds mijn tienerjaren, en een groot deel van dat werk had in de bouwsector plaatsgevonden.

Toen we in Oshawa aankwamen – een fabrieksstad van General Motors – reden we naar het huis van Bandido Prospect Eric en wekten hem uit zijn slaap. Om de verstoring in de vroege ochtend goed te maken, namen we hem om 02.00 uur mee voor een ontbijt in een plaatselijk restaurant. Nadat we met Eric hadden gesproken en zijn kant van het verhaal hadden gehoord, besloten we hem weer in de club op te nemen. Om directe conflicten met de afdeling Toronto te voorkomen, hebben we Eric overgeplaatst naar de afdeling Kingston, die onder direct toezicht stond van Alain. Toen we de Toronto Bandidos belden om hen te vertellen wat we hadden gedaan, waren ze uiteraard razend!

***

Het hoogtepunt van mijn onbedoeld verlengde Canadese vakantie was een reis naar Quebec om enkele van de nieuwe Montreal Bandidos te ontmoeten, waaronder Bandido Tout die ik niet meer had gezien sinds mijn arrestatie in de Kingston Travelodge Inn. Toen ik in de buurt was, besloot ik wat tijd met Tout door te brengen, waarbij ik gehoor gaf aan zijn eerdere uitnodiging om zijn huis te bezoeken. Hoewel ik technisch gezien bij Bandido Garfield in Kingston zou blijven, maakte ik me niet al te veel zorgen over het schenden van mijn borgtochtvoorwaarde. Het is niet zo dat het zou resulteren in extra gevangenisstraf als ik betrapt werd. Als ik mijn deportatiehoorzitting zou verliezen, zou ik uiteindelijk gewoon het land worden uitgezet.

Bandido Alain en ik reisden vanuit Kingston, waar hij feitelijk woonde, met de auto naar Laval, een stad net buiten Montreal. De reis voerde ons oostwaarts langs Highway 401, die eindigt bij de grens tussen Ontario en Quebec. De Montreal Bandidos hadden voor onze bijeenkomst een kamer gehuurd in een luxe hotel in Laval, waarvan ik wist dat het ooit de thuisbasis was geweest van de beruchte Hells Angels North-afdeling. Ik weet niet of de bijeenkomst daar ten behoeve van mij werd gehouden of dat er een andere reden was, maar ik was behoorlijk onder de indruk van hun locatiekeuze, weg van de drukte van Montreal. De kamer, die zich op een van de bovenste verdiepingen bevond, bood een spectaculair uitzicht op het omliggende platteland en de oogverblindende skyline van het kosmopolitische Montreal.

22

DE ASSIMILATIE

Voorafgaand aan mijn ontmoeting met de Montreal Bandidos was besloten dat Bandido Garfield geen goede El Secretario zou worden; hij was geen erg georganiseerd individu en als gevolg daarvan vond hij het moeilijk te begrijpen wat er van hem werd verwacht. We moesten absoluut iemand vinden die beter gekwalificeerd was om de klus te klaren. Bandido Presidente Jean "Charley", Bandido Vice Presidente Alain en ik besloten dat Bandido Robert "Tout" Leger de perfecte kandidaat voor de functie zou zijn. Alain kende Tout vrij goed en hij had mij verzekerd dat Tout uitstekend werk zou leveren.

Ondanks protesten dat hij niet eens een computer had, en dat hij de baan niet wilde, hebben we Tout er op de een of andere manier toe aangezet. Na de bijeenkomst aten we allemaal in een trendy Italiaans restaurant in Montreal, waar we gezelschap kregen van andere lokale Bandidos. We hadden een verrukkelijke maaltijd en iedereen leek optimistisch over de toekomst van de Bandidos in Quebec. Na het diner nam ik afscheid van de Montreal Bandidos en vice-presidente Alain en vergezelde onze nieuwe El Secretario Tout naar zijn huis net ten zuiden van Montreal.

Maar omdat mijn immigratiehoorzitting over een paar dagen eraan kwam en het feit dat het niet de bedoeling was dat ik de omgeving van Kingston uit zou zijn, besloot ik er een kort bezoek van te maken. Toch heb ik twee dagen en nachten bij Tout en zijn gezin kunnen doorbrengen en heb ik een geweldige tijd gehad; de familie Leger liet me zien wat Frans-Canadese gastvrijheid inhoudt. De dag vóór mijn hoorzitting gaf Tout me een lift terug naar de grens met Ontario, waar we werden opgewacht door Alain, die me de rest van de weg naar Kingston zou rijden. Toen ik afscheid nam van Tout en hem beloofde dat we zo snel mogelijk weer bij elkaar zouden komen, had ik geen idee dat dit de laatste keer zou zijn dat ik hem ooit zou zien.

DE ASSIMILATIE

***

Om de indruk te wekken dat ik me aan mijn borgtochtvoorwaarden hield, liet ik Bandido Garfield me naar Ottawa brengen voor mijn deportatiehoorzitting op woensdag 17 januari. Het was opnieuw een bitterkoude dag en hoe dichter we bij Ottawa kwamen – negentig kilometer ten noorden van Kingston – hoe meer sneeuw we tegenkwamen. Ik zag allerlei dumptrucks rondrijden, volgestapeld met wit spul. Toen ik Garfield vroeg waar dat allemaal over ging, legde hij uit dat de vrachtwagens sneeuw van wegen en openbare parkeerplaatsen aan het vervoeren waren en die in de rivier dumpten. Ik kon mijn ogen niet geloven – zoiets had ik nog nooit gezien.

De hoorzitting bleek opnieuw een grote tijdverspilling, zo niet een regelrechte farce. Ik begon me af te vragen of de Canadese autoriteiten en bureaucraten daadwerkelijk in contact stonden met de werkelijkheid. Tot overmaat van ramp hebben de advocaten van Immigratie Canada met succes betoogd dat ik nog vier maanden in Canada moest blijven. Ik was absoluut verbaasd over hun arrogantie en gebrek aan gezond verstand, maar Josh Zambrowsky legde uit dat het gewoon hun manier was om mij te laten capituleren – blijkbaar hielden ze er niet van om uitgedaagd te worden.

Immigratie Canada had de indruk dat als ik gedwongen zou worden om vier maanden in Canada te blijven, ik het zou opgeven en zou afzien van mijn deportatie. Ondanks het feit dat het niet in de krantenverslagen werd vermeld, waarbij opvallende details werden genegeerd ten gunste van verzonnen details, betoogde Josh dat ik niet in het land hoefde te blijven, want ik zou graag naar Canada terugkeren voor mijn volgende hoorzitting. De rechter was het daarmee eens en beval mij in zijn definitieve schriftelijke

24

DE ASSIMILATIE

uitspraak terug te komen voor de volgende hoorzitting, die gepland was voor half mei. Tegelijkertijd verklaarde hij dat ik in afwachting van de hoorzitting kon wonen "waar ik maar wilde". De scheidsrechter beval ook dat als ik besloot terug te keren naar de Verenigde Staten, ik Immigration Canada op het moment van mijn vertrek op de hoogte moest stellen. Ik kon nu teruggaan naar mijn dochter, mijn verloofde, de afdeling Oklahoma Bandidos en mijn bouwmanagementbedrijf.

Op vrijdag 19 januari nam ik afscheid van iedereen die mij had geholpen en stak, passend genoeg, de grens over in Lansdowne, waar ik een paar weken eerder twee nachten had doorgebracht in een cel van Immigration Canada. Toen ik eenmaal in de grote staat New York was, ging ik naar Syracuse, waar ik de nachttrein nam naar Cleveland, Ohio. In Cleveland ging ik aan boord van een Southwest Airlines-vlucht naar Tulsa. Binnenkort zou ik terug zijn in het Amerikaanse "Heartland".

***

Mijn hoorzitting over de deportatie van Immigration Canada op 17 januari bracht mij weer in de krantenkoppen. Een artikel gepubliceerd door de Ottawa Sun gaf een redelijk nauwkeurig verslag van wat er tijdens de hoorzitting gebeurde. Het is echter interessant om op te merken dat de schrijver van het verhaal mij de grens liet oversteken bij Fort Erie in plaats van bij Windsor. De twee steden liggen op een afstand van tweehonderdachtenveertig mijl van elkaar.

Het vertrek van Bandidos loopt vast - Biker moet tot mei in het land blijven
Door John Steinbachs

DE ASSIMILATIE

18 Januari 2001

Bandido-motorrijder Edward Winterhalder wordt ervan beschuldigd illegaal in het land te zijn en Citizenship and Immigration Canada wil hem eruit hebben.

Daarom leek het gisteren bizar toen een advocaat van de regering tijdens de hoorzitting van de Immigration and Refugee Board van Winterhalder om uitstel van vier maanden vroeg, waardoor hij feitelijk tot mei op Canadese bodem strandde.

Als hij het land verlaat en probeert terug te komen, wordt hem de toegang ontzegd door de immigratiedienst en verliest hij zijn borgsom.

De grensoverschrijdende Bandido – naar verluidt een van de hoogste mannen in de organisatie – werd op 7 januari opgepakt in een Kingston Travelodge na een motorpatchover waar verschillende lokale Rock Machine-leden werden opgenomen in de internationale club.

Na vijf dagen gevangenisstraf werd hij vrijgelaten op borgtocht van $ 20.000.

Winterhalder, die naar eigen zeggen eigenaar is van een bouwbedrijf, wil naar huis om voor zijn jonge dochter te zorgen.

Winterhalder, die naar eigen zeggen eigenaar is van een bouwbedrijf, wil naar huis om voor zijn jonge dochter te zorgen.

Maar de rechter ter terechtzitting, die toegaf dat zijn handen in de zaak gebonden waren, oordeelde voor uitstel en wees Winterhalders verzoek af om naar Oklahoma terug te mogen keren en terug te keren voor de hoorzitting in mei.

DE ASSIMILATIE

Hij beval Winterhalder op borgtocht te blijven en terug te zijn in Ottawa voor de hoorzitting in mei.

Immigratiefunctionarissen zeggen dat ze meer tijd nodig hebben om hun zaak tegen hem op te stellen, waaronder het illegaal binnenkomen van het land met een strafblad en het lidmaatschap van de Bandidos, een vermeende criminele organisatie. Winterhalder reageerde boos op deze suggestie.

"Het is zeker geen criminele organisatie," zei hij na de hoorzitting over de Bandidos.

Hij zei dat hij het land niet op frauduleuze wijze was binnengekomen en dat hij door de grenspost in Fort Erie werd geleid voordat hij zich kon identificeren en zijn strafblad kon beschrijven.

DE ASSIMILATIE

Hoofdstuk

-2-

Reflecties

Op de vlucht terug naar Oklahoma kon ik alleen maar aan de Canadese Bandidos denken. Ik dacht ook aan de recente gebeurtenissen in mijn leven en hoe ik betrokken raakte bij hun voorloper, het in Quebec gevestigde Rock Machine. Mijn gedachten dwaalden terug naar een gelegenheid een paar jaar eerder in de staat Washington.

Het was lente in de meest noordwestelijke staat van de continentale VS. Ik dacht dat het daar altijd regende, maar het was een van die zeldzame en mooie dagen met onverwachte zonneschijn. Ik vloog naar Seattle met mijn jonge dochter Taylor; we werden allebei getroffen door de torenhoge pracht van Mount Rainier, die als een gigantische, met sneeuw bedekte rotsgod over de hele regio opdoemde. Eenmaal op de grond leek het niet uit te maken waar we waren, Mt. Rainier domineerde de achtergrond. Taylor en ik werden op Sea-Tac International Airport opgewacht door Bandido Tim "TJ" Jones. Voor de duur van ons korte bezoek aan Seattle had ik besloten bij TJ en zijn vrouw Sheryl te blijven; ze hadden kinderen van ongeveer dezelfde leeftijd als de vijfenhalfjarige Taylor, dus ik wist dat ze zich niet eenzaam zou voelen als ik er niet was.

De reden van de reis was noch zakelijk, noch een vakantie: ik was daar om de begrafenis van Bandido Mississippi Charlie bij te wonen. Hij stierf tijdens seks met zijn vriendin. Wanneer een hardcore motorrijder voortijdig aan zijn einde komt, is dat in veel gevallen een gewelddadig einde. Dit was beslist anders. Zonder het feit dat het een sombere gebeurtenis was geweest, had het hele scenario als humoristisch kunnen worden opgevat. Eigenlijk was het nogal humoristisch: niemand kan

28

DE ASSIMILATIE

ontkennen dat doodgaan terwijl je de liefde bedrijven, niet zo'n slechte manier is om te doen.

Er waren honderden motorrijders verzameld op een kleine stadsbegraafplaats net buiten Seattle, waar de begrafenis plaatsvond. De meesten van hen waren Bandidos, maar er was een solide vertegenwoordiging van andere clubs, waarvan de meeste uit de staat Washington kwamen. Ik herkende een flink aantal jongens en de patches die ze droegen, maar er was één persoon die opviel in de menigte. Er was iets aan hem dat mijn aandacht trok en het was niet zijn ronde formaat. Hij had iedereen in de outlaw-motorwereld kunnen zijn, maar het eerste wat mij opviel was zijn patch. Het was heel ongebruikelijk. De bovenste en onderste rockers en de middelste patch waren lichtzilver op zwart met rode stiksels aan alle randen. Op het middenveld stond een gestileerde adelaarskop afgebeeld, die mij niet bekend voorkwam. Ik manoeuvreerde door de menigte om de rockers van dichterbij te bekijken, zodat ik de club kon identificeren. Toen ik binnen bereik kwam van de grote mysterieuze man, van wie ik schat dat hij midden dertig was, besefte ik dat ik naar een volwaardig lid van de Rock Machine Motorcycle Club keek. Ik wist weinig over de club, behalve dat ze exclusief waren voor Canada en feitelijk beperkt waren tot de provincies Quebec. Ik was me er ook van bewust dat er veel kwaad bloed zat tussen de Rock Machine en de Canadese Hells Angels. Dit was het eerste Rock Machine-lid dat ik ooit had gezien en ik was verrast toen ik hem zo ver van huis aantrof bij de begrafenis van een Amerikaanse Bandido. Tenzij de ter ruste gelegde broer een hooggeplaatst clublid is, is het zeldzaam om buitenlandse motorrijders – van dezelfde club of van andere clubs – op de begrafenis te zien. Er bestond natuurlijk ook de kans dat de enige Rock Machine een vriend was geweest van Bandido Mississippi Charlie; maar ergens twijfelde ik daaraan.

29

DE ASSIMILATIE

Mijn altijd berekenende geest probeerde een andere reden te bedenken waarom deze buitenlandse motorrijder zich helemaal door het Noord-Amerikaanse continent had gewaagd. De enige andere mogelijkheid die ik kon bedenken was dat het misschien zakelijk verband hield; misschien was hij op een missie van goede wil om de Amerikaanse Bandidos en Rock Machine dichter bij elkaar te brengen. Nog in de herfst van 1997 waren er mislukte toenaderingen van de Rock Machine tot de Amerikaanse Bandidos, waarin zij hun wens uitten om deel uit te maken van de Bandidos Nation. Eerder dat jaar was de Australische Bandidos-president Michael "Mick" Kulakowski daadwerkelijk naar Canada gereisd om een mogelijke patch-over van de Rock Machine te bespreken; de discussies die ik veel later zou vernemen, waren zeer gunstig geweest.

In tegenstelling tot de Amerikaanse Bandidos waren zowel de Australische als de Europese Bandidos voorstander van uitbreiding van de club naar Canada. Nadat de gesprekken tussen presidente Mick en de hiërarchie van Rock Machine waren afgerond, was de fusie blijkbaar zo goed als een uitgemaakte zaak. Deze gang van zaken werd echter tot zinken gebracht toen presidente Mick, samen met twee andere Bandidos, op 9 november 1997 in de kelder van een Australische nachtclub werd vermoord. Als Mick niet was gestorven, is het vrijwel zeker dat de Rock Machine dat zou doen. zijn tegen Kerstmis 1997 Bandidos geworden. De situatie met Hells Angels zou ongetwijfeld heel anders zijn uitgelopen als de patch-over destijds had plaatsgevonden. De Rock Machine was toen een veel sterkere organisatie dan ze waren tegen de tijd dat ze uiteindelijk werden toegelaten tot de Bandidos Nation in december 2000. Het worden van Bandidos zou hen meer invloed hebben gegeven en hen in een veel betere positie hebben gebracht om over vrede te onderhandelen. Het is denkbaar dat de oorlog met de Hells Angels op dat moment tot een einde had kunnen komen.

DE ASSIMILATIE

Nadat ik had vastgesteld tot welke club hij behoorde, nam ik de vrijheid om mezelf voor te stellen aan het lid van de Rock Machine; in Engels met een zwaar accent vertelde hij me dat hij Alain Brunette heette en uit Montreal kwam. We wisselden een paar woorden en hielden ons vervolgens bezig met de taak die ons te wachten stond: aarde scheppen op de kist van onze overleden broer Bandido. Het leek alsof ik de enige Amerikaanse Bandido was die enige vorm van interesse toonde in en enige tijd doorbracht met de Frans-Canadees. Misschien was de reden dat niemand anders zelfs maar probeerde met hem te communiceren het feit dat Alain alleen gebroken Engels sprak; of misschien was het omdat hij een Rock Machine was. Ik weet niet zeker waarom ik hem benaderde, behalve om mijn nieuwsgierigheid te bevredigen. Het kan ook mijn natuurlijke neiging zijn geweest om mij te richten op mensen die respect uitstralen en afdwingen. Hoe dan ook, ik merkte dat ik tot hem aangetrokken werd als de spreekwoordelijke mot tot een vlam. Ik had geen idee waarom, maar ik raakte geïntrigeerd door Rock Machine Alain Brunette. Ik had destijds op geen enkele manier kunnen weten wat een belangrijk onderdeel van mijn leven de Frans-Canadees zou worden, of welke rol ik zou spelen in de wereld van de Rock Machine na hun uiteindelijke overstap naar de Bandidos. Achteraf gezien kan ik het alleen maar aan het lot toeschrijven.

Ik wist dat ik geen tijd zou hebben om de afterparty van de begrafenis (wakker worden) bij te wonen, dus probeerde ik Rock Machine Alain weer te vinden voordat we allemaal van de begraafplaats vertrokken. Maar het leek alsof hij in het niets was verdwenen, en met een vliegtuig dat ik moest halen, ging ik terug naar het huis van Bandido TJ om Taylor op te halen. Iets in mij vertelde mij echter dat ik de Canadese motorrijder opnieuw zou tegenkomen.

DE ASSIMILATIE

***

Het volgende Rock Machine-lid dat ik zag was eind mei 1999 tijdens de Red River Biker Rally in New Mexico. De herinnering is onderscheidend omdat het het jaar was nadat de Oklahoma Bandidos officieel volledige patchleden werden van de Bandidos Nation. Ik was verbaasd toen ik zag dat het embleem van de Rock Machine was veranderd: het was nu rood en goud – niet langer zilver en zwart. Voordat ik de rally bijwoonde, had ik het gerucht gehoord dat Bandidos Europe onlangs de Rock Machine had aangewezen als een "hangaround" club; vervolgens had de Rock Machine hun kleuren veranderd in de rode en gouden standaard van de Bandidos. Terwijl de schok wegebde, merkte ik dat ik aangenaam verrast was toen ik ontdekte dat het gerucht inderdaad waar was. Ik was me ervan bewust dat de meeste oudere, hardliner Amerikaanse Bandidos tegen expansie waren – een verouderd sentiment dat ik niet deelde – en was blij om te zien dat de Rock Machine enige vooruitgang had geboekt in hun zoektocht om de "Fat Mexican" patch van de Bandidos te dragen. .

Sinds ik me bewust werd van de problemen in Quebec, had ik de Rock Machine bewonderd omdat hij opkwam tegen de machtige en rijke Montreal Hells Angels en hun elite Nomads-afdeling. De Angels probeerden de Rock Machine te decimeren in een wrede bendeoorlog waarbij tientallen doden, gewonden en vermisten waren gevallen. Ik bewonderde vooral de vasthoudendheid van de Rock Machine om een Bandidos-afdeling in Canada op te richten. Dit was iets waar ik me gemakkelijk mee kon identificeren, aangezien het opzetten van een nieuw Bandidos-hoofdstuk iets is dat mijn leven jarenlang heeft gekost.

Het feit dat de Rock Machine erin geslaagd was een Bandidos "hangaround club" te worden – een bestaande club die zich wil aansluiten bij een grotere motorclub – sprak boekdelen voor mij. Door geaccepteerd te worden als hangaround-club merkt iedereen in de motorwereld dat een kleinere club wil fuseren met een grotere club en dat de grotere club de verandering overweegt. In de Bandidos-wereld stemmen de leden, na minstens een jaar verbonden te zijn geweest met de hangaround-club, of de kleinere club het waard is om de Bandidos-patch te dragen. Als de stemming bevestigend is, wordt de kleinere club geüpgraded naar de "Probationary" Bandidos-status. Rekening houdend met de recalcitrante houding van de Amerikaanse Bandidos, wist ik niet zeker of de Rock Machine ooit hun doel zou bereiken. Maar als voorstander van het expansionisme van Bandidos had ik zeker hoop voor hen. Ik wist toen nog niet dat ik achttien maanden later in de problemen zou komen als de Rock Machine officieel zou worden opgewaardeerd van een hangaround-club naar een Bandidos-proefclub.

***

Medio november 2000 bracht Bandidos mij naar Denemarken, het land dat ons Carslberg en Tuborg bier gaf. Er werd een "wereldbijeenkomst" gehouden buiten Kopenhagen en Bandidos El Presidente George Wegers had persoonlijk om mijn aanwezigheid gevraagd. Omdat alleen nationale functionarissen een wereldbijeenkomst mogen bijwonen, was ik speciaal voor de gelegenheid benoemd tot El Secretario (nationaal secretaris). Het doel van de bijeenkomst was om kwesties te bespreken die Bandidos-clubs over de hele wereld aangaan. Deze bijeenkomsten waren doorgaans intens en stressvol, samengevat in een of twee dagen van vrijwel 24 uur per dag gesprekken. Ik was me er niet van bewust toen ik naar Denemarken werd geroepen, maar de situatie van de Rock Machine in Canada met de Hells

DE ASSIMILATIE

Angels en een mogelijke patch-over zouden in de agenda worden opgenomen.

In plaats van rechtstreeks naar Denemarken te vliegen, vloog ik naar Frankfurt, Duitsland, waar luchthavenfunctionarissen veel minder aandacht besteedden aan motorclubleden dan hun tegenhangers in Kopenhagen. Misschien waren de Denen waakzamer; misschien waren het de aanhoudende nasleep van de schietpartij op Kastrup Airport in maart 1996 waardoor één Bandido om het leven kwam en drie gewond raakten. Een vriend en collega van mij in de motorzaken, Dieter Tenter, die niet ver van Frankfurt woonde, haalde me op van de internationale luchthaven van Frankfurt en ik bracht een nacht door met hem en zijn gezin. De volgende dag ontmoette ik El Presidente George en El Vice Presidente Jeffrey "Jeff" Pike. George had de lange reis gemaakt vanuit zijn huis in Bellingham, Washington; Jeff was overgevlogen vanuit Houston, Texas.

We maakten de reis over land naar Denemarken met drie Duitse Bandidos, waaronder de Europese vice-president Leslave "Les" Hause en de Europese Sargento de Armas (Sergeant at Arms) Hans Jurgen "Diesel" Herzog. We stapten allemaal in een laat model minivan en reden noordwaarts over de snelweg voor de reis van achthonderd kilometer naar Kopenhagen. Onderweg daarheen – nog voordat we Duitsland uit waren – reed er een onopvallende auto naast ons op de hogesnelheidsautobaan. De passagier begon allerlei theatrale handgebaren te maken om onze aandacht te trekken en dat lukte hem zeker!

"Wat is er verdomme aan de hand? Zijn deze jongens echt?" zei El Presidente George, duidelijk bezorgd dat ons misschien een of andere onaangename situatie zou overkomen.

Ik moet toegeven dat ik me een beetje afvroeg waar deze poppenkast over ging. In mijn ogen zou het slechts een van de drie

34

mogelijkheden kunnen zijn: rivaliserende clubleden die op zoek zijn naar een confrontatie; de politie op een missie om motorrijders te intimideren; of niet al te slimme "burgers" die "motorrijders" willen beschimpen. Dat riep de vraag op: hoe wisten ze dat we motorrijders waren? Er was daar geen zichtbaar bewijs van aan de buitenkant van het busje en niemand droeg zijn kleuren in het voertuig, volgens de Bandidos-traditie.

"Ze zijn echt, oké. Het zijn Polizei (Duitse politie). Het lijkt erop dat we zullen worden aangehouden," zei Bandido Les, die reed, zakelijk.

De ongemarkeerde kruiser slingerde vooruit en zwenkte vervolgens onze baan op en installeerde zich vlak voor ons, zodat we nu de "Polizei" volgden. Plotseling verscheen er onderaan de achterruit van de auto een verlicht scherm met een bericht in het Duits dat ons opdroeg te volgen. Toen we een afrit naderden, gaf de leidende hond te kennen dat hij de snelweg wilde verlaten en wij volgden zijn voorbeeld. Niemand had enig idee waarom we werden aangehouden; we konden alleen maar vermoeden dat dit kwam omdat we allemaal Bandidos waren. Als hun intelligentie op peil was, wisten de autoriteiten ongetwijfeld dat het busje vol zat met hooggeplaatste Bandidos – een prijsopgave voor elke agent.

"Wees gewoon cool. Het kan van alles zijn," zei Bandido Les, die onverstoorbaar leek door onze ontmoeting met de politie.

"Cool" was het woord en "cool" was het. Het kan inderdaad van alles zijn, en voor het Amerikaanse contingent aan boord van het busje was het ergste scenario deportatie. Zodra het veilig was om te stoppen, stopte de politieauto aan de kant van de weg en Les kwam achter hen tot stilstand. Tot mijn verbazing stapte hij uit de minibus en liep naar de agenten die in hun voertuig achterbleven. Ik vond dit heel vreemd, omdat in de Verenigde Staten de agent altijd naar je toe komt – jij gaat nooit naar de agent. In feite worden ze echt onrustig als je uit je auto stapt, tenzij je de opdracht hebt gekregen om dat te doen. Als dat het geval is, is de kans groot dat ze hun wapen al getrokken hebben.

Bandido Les en de bestuurder van de politieauto wisselden wat geklets uit en Les overhandigde zijn rijbewijs en voertuigdocumenten. In minder dan vijf minuten keerde de vice-president van de Europese Bandidos, omhoogkijkend naar de lucht alsof hij op zoek was naar een vliegtuig of helikopter, terug naar de minibus en reed de politieauto weg.

"Een snelheidsovertreding. Kun je het geloven?" zei Les hoofdschuddend. Hij stapte weer achter het stuur van de minibus, startte de motor en reed terug richting de snelweg. Les legde uit dat hij een boete had gekregen omdat hij te snel door het bouwgebied had gereden dat we zo'n dertig kilometer eerder waren gepasseerd. Zelfs op de snelle Duitse Autobahn was het absoluut niet toegestaan om door een bouwterrein te hard rijden. Les zei dat hij zich niet kon herinneren dat hij door de zone te hard had gereden en dat hij ervan overtuigd was dat hij langzamer was gaan rijden en zich had gehouden aan het verbod op snelheidsbeperking. Het laatste wat hij wilde was tegengehouden worden door de Polizei; zoals motorrijders overal ter wereld stond het vermijden van onnodige ontmoetingen met de politie hoog op de prioriteitenlijst van Les.

"Je vraagt je af of ze ons in de gaten houden en alleen maar zeker wilden zijn dat ze het juiste busje hadden," zei Les schouderophalend.

Het was inderdaad een vreemd tafereel; maar vreemde taferelen zijn een essentieel onderdeel van de 1%er-wereld. Waarom het zo lang duurde voordat de politie reageerde, zullen we nooit weten, maar we hebben in ieder geval niet te maken gehad met veel gedoe en vertraging. Uiteindelijk kwamen we rond 19.00 uur aan op onze bestemming in een landelijk gebied in het oosten van Denemarken. Het was kort na het vallen van de avond en onze omgeving was pikdonker, afgezien van een enkele straatlantaarn,

36

verandalicht of een gedempte gloed die door de ramen filterde van de weinige huizen die we passeerden.

Hoewel ik nog steeds last had van een jetlag en me niet lekker voelde, was ik blij om te zien dat Bandidos van over de hele wereld zich op deze afgelegen locatie hadden verzameld voor de bijeenkomst. Inbegrepen in de groep was de Europese Sargento de Armas Helga uit Noorwegen; Europese Sargento de Armas Johnny en Europese Nomad Clark uit Zweden; Europees presidente Jan "Jim" Tinndahn uit Denemarken; Europese vicepresident Mike uit Denemarken (die Scandinavië controleerde); Europese El Secretario Gessner uit Denemarken; Europese El Secretario Munk uit Denemarken; Europese vice-presidente Les (die Duitsland controleerde) en Europese Sargento de Armas Diesel uit Duitsland; Australische presidente Jason Addison en El Secretario Larry; El Presidente George, El Vice Presidente Jeff en ikzelf uit de VS.

De bijeenkomst vond plaats in het midden van nergens, in een huis dat omringd was door boerenvelden, bossen en een contingent gewapende Bandidos. Eenmaal aangekomen mochten we niet meer weg of zelfs maar naar buiten om even een frisse neus te halen. Er werd ons verteld dat dit een voorzorgsmaatregel was die werd getroffen voor onze eigen veiligheid. Hoewel de Scandinavische fietsclubs sinds 1997 in relatieve vrede leefden, wilden onze gastheren geen enkel risico nemen. Nog vers in het geheugen lagen de moorden op twee Bandidos en een medewerker begin februari 2000 in Lahti, Finland. De drie waren vermoord tijdens een lunch in een restaurant. Bandido Bjorn Isaksson, voorzitter van de afdeling Helsinki, Bandido Sakke Pirra en Juha Jalonen, lid van de Black Rhino Motorcycle Club, werden allemaal gedood door een regen van geweervuur. Binnen enkele dagen arresteerde de lokale politie een tiental leden van de

DE ASSIMILATIE

voormalige Lahti-afdeling van de Cannonball Motorcycle Club, van wie er drie werden verdacht van directe betrokkenheid bij de schietpartijen.

Volgens de autoriteiten was de aanval een vergelding voor de poging tot moord op een Cannonball-lid in oktober 1999; hij overleefde de aanval met een kogel in zijn been. De Bandidos-leden die naar verluidt verantwoordelijk waren voor de schietpartij, verschenen rond de tijd van de moorden voor een rechtbank in Lahti. Het was zeker geen goed begin van het nieuwe jaar.

Kort nadat we ons hadden geïnstalleerd, kregen we te horen dat er drie Rock Machine-leden in de buurt waren die zich binnenkort bij ons zouden voegen. Ze werden geïdentificeerd als Martin "Blue" Blouin, Alain Brunette en een andere man die ik pas leerde kennen als "Will" Williamson. Ik was behoorlijk verrast toen ik hoorde dat Alain in de buurt was en ik anticipeerde op zijn komst.

Omdat de vergaderingen de hele volgende dag gepland stonden, wist ik dat ik een goede nachtrust nodig had. Zoals gewoonlijk had ik na aankomst in Europa een volledige jetlag, zelfs een paar dagen later. Ik keek rond naar een plek om te slapen en vond een kleine saunaruimte waar ik dacht dat ik kon proberen wat te slapen. Dat idee werd verdrongen toen de Europese Sargento de Armas Johnny besloot mij te betrekken bij een nachtelijk spelletje 'Schoppenaas'. Dit was een spel dat Johnny graag speelde en waarbij hij je probeerde te besluipen terwijl je sliep en een schoppenaas op je legde zonder je wakker te maken. Ik had Bandido Johnny verteld dat ik een heel lichte slaper was en dat hij mij niet zou kunnen taggen.

"Je moet meer dan een lichte slaper zijn om mij te verslaan, Ed, want ik ben een heel lichte wandelaar, net als een kat", vertelde hij me, ervan overtuigd dat het hem zou lukken. Tegen het einde van de nacht, en na

DE ASSIMILATIE

talloze pogingen, kwam Bandido Johnny erachter dat Connecticut Ed inderdaad een lichte slaper was. Hij had het geluk dat ik geen gokker ben, anders zou hij verlost zijn van het geld dat hij met mij wilde inzetten.

De volgende dag hadden we de hele ochtend en middag af en toe vergaderingen. We ontmoetten elkaar een tijdje, namen een pauze, keken wat televisie – de Europese Bandidos waren verliefd op Amerikaanse westerns – hervatten onze ontmoeting en aten daarna een maaltijd. Het koken werd gedaan door de Europese Bandidos-leden en onder toezicht van Europese vice-president Mike, die daadwerkelijk een culinaire opleiding had gevolgd. De daaropvolgende dagen bespraken we een groot aantal kwesties die wereldwijd van clubbelang waren, en geen daarvan betrof illegale activiteiten. Voor iedereen die meeluisterde, zou de kwestie waarover het gaat nogal alledaags hebben geklonken, vooral als je een belastende dialoog van samenzweerderige aard verwachtte.

Wereldbijeenkomst – Europa – 15 november 2000
Oude zaken

1. VS gaat Europa en Australië voorzien van een schijf met het juiste patchontwerp.
2. Bel Tutti over de Duitse MC-club over patch – adviseer Duitse Bandidos.

Nieuwe zaken

1. Canada – op een dag komt het snel goed – momenteel is er vrede – RM heeft de SYLB-patch verwijderd en HA heeft de

kleuren op de ondersteuningsclub gewijzigd – als onderdeel van de vrede – vrede is erg belangrijk om te bewaren.

2. Relatie met Outlaws in Canada, de VS, Australië en Engeland – neersteken van Bandido door Outlaw Probate in Guernsey. George zal met Frank praten en wereldwijd ontmoetingen organiseren tussen ons en de Outlaws.

3. Overweeg om Fat Mexican bij te werken – tekeningen die moeten worden ingediend.

4. Controleer of leden op proef in de VS een charterpatch van 5 jaar dragen – zo ja, verwijder deze dan onmiddellijk.

5. Werkelijke kleur van goud op patches moet worden bepaald door patchvertegenwoordigers (VS, Europa en Australië) en gestandaardiseerd.

6. Het schild is de officiële 5-jarige patch wereldwijd.

7. Patchvertegenwoordigers (VS, Europa en Australië) om beslissingen te nemen over officierspatches. President, Vice-President, Sgt at Arms, Sec-Treas, Secretaris, Penningmeester, Road Captain zonder punten.

8. Europa – geef geschiedenisboeken terug aan George via CT Ed.

9. Patchvertegenwoordigers (VS, Europa en Australië) nemen een beslissing over de Life Member-patch.

10. Geen verplichte bezoeken meer aan andere landen voor leden uit Europa en Australië.

11. Whispering Jim & Uncle Mad – ENM-patches weggeven in Europa.

12. Zwitserland HA-incident – hoofdstuk München – 00 september – rustruimte.

DE ASSIMILATIE

13. Relatie met HA in de VS, Europa, Duitsland, Scandinavië en Australië.

14. Verbiedt vriendschap met Black Ghostriders in Duitsland; Heidense vriendschap met vleermuizen in Duitsland.

15. Thailand – ondersteuningsclub – Diablo MC.

16. Amerikaanse runs zijn: Birthday Run (1e week van maart) & Memorial Day Run (laatste weekend van mei) & Sturgis (1e volledige week van augustus) & Labor Day Run (1e weekend van september) & Thanksgiving (laatste donderdag van november).

17. De internationale driehoekspatch van Australië mag worden gegeven aan broeders uit de VS en Europa die Australië hebben bezocht – alle geschenkpatches die aan de broeders uit Australië en Europa worden gegeven, mogen niet op het vest worden gedragen zonder toestemming van hun nationale officier.

18. Als uw overlijden het gevolg is van zelfmoord, verdient u geen Bandido-uitvaart.

19. Als je een fiets, een oude dame of een ander eigendom van Bandido leent terwijl je een ander gebied, hoofdstuk of land bezoekt, laat het eigendom dan in dezelfde of betere staat achter dan waarin je het hebt ontvangen toen je vertrok.

Het meeste van wat er op de wereldbijeenkomst werd besproken, wordt weerspiegeld in de notulen die ik heb gemaakt: het zijn bepaald niet de dingen die een politiefunctionaris of "burger" zou verwachten.

***

DE ASSIMILATIE

Tijdens de middagbijeenkomsten werd het onderwerp dat de Rock Machine Bandidos zou worden vele malen besproken. Inmiddels was de Rock Machine al zo'n achttien maanden een hangplekclub en er moest iets gebeuren. De Europese en Australische Bandidos waren ervan overtuigd dat de Canadezen onmiddellijk Bandidos zouden worden. Het was een idee dat ik deelde. Omgekeerd waren mijn landgenoten El Presidente George en El Vice Presidente Jeff van mening dat zij nooit Bandidos mochten worden.

Volgens geruchten die de ronde deden, had de El Presidente een deal gesloten met zowel de Amerikaanse als de Canadese Hells Angels; de kern van de overeenkomst was dat de Rock Machine nooit Bandidos zou worden. Naar verluidt was George het eens met het standpunt van de Angels dat de Bandidos nooit een vijand van de Hells Angels mochten patchen (innemen). Of het gerucht waar was wist ik niet, maar het onderwerp zorgde voor lange en soms verhitte discussies. Ik realiseerde me niet dat George, die veel goede bedoelingen had en iedereen tevreden wilde stellen, geneigd was beloften te doen die hij nooit zou kunnen nakomen. Hoewel ik destijds nooit het idee had aanvaard dat George tot zulke dubbelhartigheid in staat was, zou zijn ware aard zich in de daaropvolgende jaren keer op keer manifesteren en uiteindelijk een gelovige van mij maken. Na veel gekibbel op dag twee van de bijeenkomst werd laat in de middag een compromis bereikt. De Amerikaanse, Europese en Australische Bandidos legden hun meningsverschillen bij en waren het er uiteindelijk over eens dat wanneer de vrede tussen de Rock Machine en de Hells Angels in Canada stevig tot stand was gebracht, de Rock Machine Bandidos kon worden.

Vroeg die avond arriveerden Alain, Blue en Will van de Rock Machine. Ze waren net op tijd verschenen om bij ons te komen eten, dat bestond uit een smakelijke stoofpot, bereid door onze vaste chef-kok Bandido Mike. Nadat we gegeten hadden, spraken we allemaal over persoonlijke zaken en gingen daarna rond een grote tafel zitten om te bespreken of Rock Machine Bandidos zou worden. Alain, Blue en Will kregen te horen dat de Rock Machine voorlopig een hangaround-club zou blijven. Als ze een duurzame vrede met de Hells Angels zouden kunnen bewerkstelligen, dan, en alleen dan, zou de Rock Machine Bandidos mogen worden. Iedereen aan tafel steunde het voorstel, maar naar mijn mening stemde El Presidente George er alleen mee in omdat hij er zeker van was dat de vrede nooit zou duren en dat het slechts een kwestie van tijd was voordat de Rock Machine zou capituleren. George was waarschijnlijk niet de enige die in die richting dacht, als hij dat inderdaad deed. Als we rekening houden met de langlopende strijd tussen de Rock Machine en de Hells Angels, en hoe de Angels de overhand leken te hebben, hadden alleen de meest optimistische mensen kunnen geloven dat er een positieve uitkomst in het verschiet lag.

Maar buiten medeweten van de Amerikaanse Bandidos tijdens de bijeenkomst was het feit dat de Rock Machine en Hells Angels Canada slechts een paar maanden eerder, op 26 september 2000, aan tafel waren gegaan voor gesprekken. Voor de eerste keer ooit president van Rock Machine, Frederick "Fred" Faucher en de beruchte Hells Angels' Nomad-president, Maurice 'Mom' Boucher, ontmoetten elkaar in een kamer in het gerechtsgebouw van Quebec City om een voorlopig plan voor vrede tussen de twee clubs te bespreken. De ongebruikelijke keuze van de locatie, gekozen door advocaten die Faucher en Boucher vertegenwoordigden, viel blijkbaar niet in goede aarde bij de justitiefunctionarissen van Quebec toen bekend werd dat hun heilige grond was gebruikt voor een motorpow-wow.

Twee weken na de gerechtsgebouwbijeenkomst in Quebec City maakten Faucher en Boucher bekend dat de oorlog tussen de Rock Machine en de Hells Angels officieel voorbij was. Deze keer werd voor hun

DE ASSIMILATIE

bijeenkomst een veel openbarere plaats gebruikt: het eerbiedwaardige restaurant Bleu Marin in Montreal. Een fotojournalist van de wekelijkse misdaadtabloid uit Quebec, Allo Police, was aanwezig om foto's te maken van de twee leiders die elkaar de hand schudden. Fred en mama en hun respectievelijke entourage hadden een geweldig diner, en het samenzijn bleek een goede foto op het juiste moment te zijn, maar dat is dan ook ongeveer alles wat het zou blijken te zijn. Niet lang na de dinerbijeenkomst begonnen geruchten de ronde te doen dat de Rock Machine zich bij de Hells Angels zou voegen. Ook al heeft moeder Boucher – ook wel de "John Gotti van de motorrijders" genoemd – misschien gedroomd van een dergelijke fusie om zijn eigen agenda te bevorderen, de geschiedenis zou bewijzen dat de Rock Machine de intentie had om Bandidos te worden, en niet Angels. Het was geen geheim dat Faucher drie jaar eerder, in oktober 1997, een ontmoeting had gehad met de toenmalige vice-president George, in de hoop dat er een uitnodiging zou komen om de Rock Machine te patchen. Een dergelijke uitnodiging werd niet gedaan, maar ondanks het verzet van Georges was het het begin van een dans die precies zou resulteren in waar Faucher op had gehoopt.

***

Kort nadat de vergadering aan de grote vergadertafel ten einde was gekomen, hadden Alain en ik tijd om even op bezoek te komen. Ik had hem niet meer gezien sinds ik hem tegenkwam op de begrafenis in Seattle, bijna anderhalf jaar eerder. Ik wilde verdergaan waar we gebleven waren en elkaar wat beter leren kennen. Nu de reële mogelijkheid om een Bandido te worden bijna werkelijkheid werd, was Alain behoorlijk optimistisch en leek hij in redelijk goede gezondheid, ondanks alle stress die het lidmaatschap

DE ASSIMILATIE

van de Rock Machine met zich meebracht. Alain was een markante man en het was niet ongebruikelijk dat hij een kogelvrij vest droeg als hij zich op straat waagde. De meedogenloze oorlog die in Canada had gewoed tussen de Hells Angels en Rock Machine had zijn tol geëist van alle betrokkenen, inclusief het publiek.

Ik was verrast toen ik hoorde dat de Europese en Australische Bandidos in de dagen na de wereldbijeenkomst in Denemarken El Presidente George er op de een of andere manier van hadden overtuigd dat de tijd was gekomen om de Rock Machine in Bandidos te veranderen. Na de bijeenkomst, op weg naar een volwaardig patchfeest voor de Duitse Bandidos in Aken, Duitsland, hamerden de Australische presidente Jason en de Europese presidente Jim tekeer tegen El Presidente George en El Vice Presidente Jeff, en spoorden hen aan het op hun manier te zien en de patch te overbruggen. Rotsmachine. Jim en Jason waren nog steeds boos op George vanwege het bedrog dat hij eerder in 2000 had getoond in de nasleep van een Bandidos-wereldbijeenkomst in Thailand. Blijkbaar had de El Presidente tijdens de Thaise bijeenkomst zijn goedkeuring gegeven aan de fusie, maar veranderde van gedachten tegen de tijd dat hij terugkeerde naar de Verenigde Staten. De reden voor deze willekeurige beslissing was ongetwijfeld dat hij aan de Amerikaanse Bandidos, die resoluut tegen de fusie waren, niet wilde toegeven dat hij ermee had ingestemd.

***

Ondertussen waren Alain, Blue en Will een dag eerder dan El Presidente George en zijn gevolg in Aken aangekomen van de wereldbijeenkomst in Denemarken. Net als de rest van ons zouden ze hetzelfde volledige patchfeest voor de Duitse Bandidos bijwonen. Toen ze in Aken aankwamen,

DE ASSIMILATIE

ontmoetten Alain, Blue en Will de huidige Rock Machine-leider Jean "Charley" Duquaire en adviseerden hem over alles wat er tijdens de wereldbijeenkomst was gebeurd. Op advies besloot Charley El Presidente George te dwingen het juiste te doen en de Rock Machine te patchen, of zoals de Frans-Canadees het uitdrukte: "Trek zijn broek omhoog en gedraag je als een man". Zonder overleg met de gewone leden van de Rock Machine in Canada nam Charley de beslissing om George te vertellen dat zijn club klaar was om over te stappen naar Bandidos. Charley, die het momentum dat tijdens de wereldbijeenkomst werd gegenereerd niet wilde verliezen, wist dat hij moest profiteren van de toenmalige situatie, anders riskeerde hij nog meer vertragingen. De oorlog in Quebec met de Hells Angels had beide clubs al zoveel schade toegebracht, maar vooral aan de Rock Machine kon er geen tijd meer worden verspild.

De motoroorlog, die in 1994 in Montreal was uitgebroken en zich over de provincie Quebec had verspreid, had meer dan 160 doden en tientallen gewonden geëist. Motorrijders uit Quebec hadden de reputatie de gemeenste en dodelijkste ter wereld te zijn en deze grimmige tol onderstreepte die reputatie zeker. Helaas was onder de slachtoffers ook een elfjarige jongen, Daniel Desrochers, een onschuldige omstander gedood door granaatscherven van een bom die was geplaatst onder een voertuig dat eigendom was van Marc Dubé, een kleine drugsdealer die naar verluidt in botsing was gekomen met de Hells. Engelen. Dubé werd op die noodlottige dag in augustus 1995 in de wijk Hochelaga-Maisonneuve in Montreal op slag gedood; de jongen stierf vier dagen later aan een hoofdwond. In militaire termen zou zijn dood zijn aangeduid als bijkomende schade en nauwelijks een wenkbrauw optrekken; in Quebec veroorzaakte het incident zo'n publieke verontwaardiging dat het de Canadese regering ertoe bracht Bill C-95 ten uitvoer te leggen. Deze wetgeving is specifiek ingevoerd om

DE ASSIMILATIE

de georganiseerde misdaad aan te pakken en de gevangenisstraffen te verhogen voor veroordeelde overtreders waarvan bewezen is dat ze tot gevestigde criminele organisaties behoren. Uiteindelijk begonnen de autoriteiten in Quebec, door het wetsvoorstel als visitekaartje te gebruiken, zwaar op de motorgemeenschap te drukken, waaronder de Outlaws, Hells Angels en de Bandidos.

Charley rekende er, net als de meeste leden van de Rock Machine, op dat een fusie met de Bandidos een einde zou maken aan het zinloze bloedvergieten in Montreal. Tijdens het volledige patchfeest die avond ontmoette Charley presidente Jason, presidente Jim, El Presidente George, El Vice Presidente Jeff en een paar andere hooggeplaatste Bandidos-leden en vertelde hen dat de Rock Machine klaar was om deel uit te maken van de Bandidos Nation en dat nu was het tijd om met de assimilatie te beginnen. George had op dit punt geen andere keuze dan te capituleren, en hij deed dit tot lof van iedereen in de zaal, behalve El Vice Presidente Jeff, een van de voorhoede van de Amerikaanse Bandidos die niets met de Canadezen te maken wilde hebben.

***

Nadat de wereldbijeenkomst in Denemarken eindelijk laat op de tweede dag was afgerond, nam ik een ritje naar Kopenhagen, waar ik van plan was een vriend van mij op te zoeken, een Bandido genaamd Kemo. Ik had Bandido Kemo ontmoet tijdens een eerdere reis naar Europa en we hadden contact gehouden. Hoewel het leek alsof de bijeenkomst ergens in de middle of nowhere had plaatsgevonden, bevond ik me ruim een half uur later aan de rand van Kopenhagen, de hoofdstad van Denemarken en een van de oudste van Europa. Binnen de kortste keren belde ik aan bij Bandido Kemo, in de hoop dat ik hem thuis zou aantreffen. Tot mijn vreugde deed hij de deur open en leidde me naar binnen, waarbij hij erop aandrong dat ik de nacht doorbracht. Nadat ik eindelijk een goede nachtrust had gehad, voelde ik me verfrist genoeg om wat sightseeing te doen en de volgende dag ging ik met Kemo door de stad. Ik was gefascineerd door Kopenhagen toen ik de stad een paar jaar eerder voor het eerst zag en genoot opnieuw van de bezienswaardigheden. Terwijl hij door de stad reed, wees Bandido Kemo op een gloednieuwe winkel die werd gerund door de Denemarken Hells Angels. Het zag er erg chique uit, en omdat ik nog nooit zoiets had gezien, overtuigde ik Kemo ervan te stoppen, zodat we naar binnen konden gaan en rond konden kijken.

"Tuurlijk, als je dat wilt," zei hij. "Je kunt naar binnen gaan en het bekijken. Ik weet zeker dat het goed komt."

We vonden een parkeerplaats, stapten uit de auto en nadat we onze kleuren hadden aangetrokken, zodat we gemakkelijk als Bandidos konden worden geïdentificeerd, gingen we de straat over naar de Hells Angels-winkel. We gingen het gebouw binnen waar de winkel was gevestigd, maar Kemo leek niet van plan om met mij de winkel binnen te gaan.

"Ga je gang. Ik ga hallo zeggen tegen een vriend van mij die eigenaar is van de tattooshop beneden. Het is cool. Hij is ook een engel. Ik kom je over ongeveer vijf minuten zoeken," zei Kemo en liep vervolgens een wenteltrap af die naar de tattooshop in de kelder leidde.

Ik vroeg me af of Kemo echt dacht dat mijn bezoek aan de winkel reden tot bezorgdheid was. Er waren eerder dit decennium enkele serieuze problemen geweest tussen de Deense Bandidos en Hells Angels, maar dat was nu oude geschiedenis. Van begin 1994 tot midden 1997 woedde er in heel Scandinavië (Denemarken, Noorwegen, Finland en Zweden) een oorlog tussen de Bandidos en de Hells Angels en hun respectievelijke hangaround- en/of ondersteunende clubs. Tot de favoriete wapens behoorden zelfgemaakte bommen, handgranaten, antitankraketten, messen en geweren.

In de nasleep van de Scandinavische motoroorlog kwamen elf mensen om het leven en raakten zesennegentig gewond. Vijf van de doden waren Bandidos, onder wie Bandidos Zweden-president Mikael "Joe" Ljunggren; Bandidos Finland vice-president Jarkko Kokko; Uffe Larsen (Denemarken Bandidos); Bjorn Gudmandsen (Denemarken Bandidos) en Bandido Prospect Jan Krogh Jensen (Noorwegen). Een ander slachtoffer van het bloedbad was een jonge Noorse vrouw geweest. Net als de elfjarige jongen in Montreal stierf ze aan verwondingen opgelopen toen een autobom ontplofte. De bom, die het hele Bandidos-clubhuis in Drammen, Noorwegen met de grond gelijk maakte, eiste verbazingwekkend genoeg geen andere slachtoffers.

De Scandinavische autoriteiten schreven de oorlogvoering toe aan de controle over de *"criminele onderwereld"*. Meer geïnformeerde of misschien openhartige functionarissen noemden het later voor wat het werkelijk was: machismo-pesten dat bedoeld was om te bewijzen welke club de beste, de sterkste en de meest prestigieuze van allemaal was. Nadat de zaken waren opgelost, herhaalde een politiefunctionaris deze gevoelens en verklaarde dat het conflict *"kinderachtig misschien, maar zeer dodelijk"* was geweest.

De oorlog was begonnen met het neerschieten van een Hells Angel in februari 1994 en eindigde met het neerschieten van een Bandidos-prospect in juni 1997; een officiële wapenstilstand werd pas een paar maanden later afgekondigd. Sinds die tijd was het relatief rustig geweest en ik zag geen reden om mijn nieuwsgierigheid niet te bevredigen door de winkel binnen te gaan. Bovendien was ik in het voorjaar van 1998 in

DE ASSIMILATIE

Denemarken geweest, toen de zaken nog aan het sudderen waren. Om mijn veiligheid te garanderen was ik de hele tijd omsingeld door lokale Bandidos-lijfwachten, maar er hadden zich helemaal geen incidenten voorgedaan en dat had ik nu ook niet verwacht.

Toen ik de winkel binnenliep, was ik verbaasd over hoe vlekkeloos elegant en goed verlicht het was. Hoewel Hells Angels ondersteunings-winkels niets nieuws waren, was deze een stuk beter dan de norm. Ik had nog nooit zo'n stijlvolle motorwinkel gezien. Omdat ik een achtergrond heb in de bouwsector, kon ik zien dat kosten noch moeite gespaard waren voor de inrichting van het pand. Hoewel de buitenkant bescheiden genoeg was, deed het interieur, schitterend in chroom, teak, mahonie en hardhoutkers, me denken aan het soort luxe etablissement dat je zou vinden op Fifth Avenue in New York City of Rodeo Drive in Beverly Hills.

Alle koopwaar die in de winkel werd aangeboden, van T-shirts tot joggingpakken, was gerelateerd aan de Hells Angels en werd effectief tentoongesteld op dure planken of hangend aan roestvrijstalen buisrekken. Ik zag ongeveer een half dozijn clubleden in de winkel en uit hun gezichtsuitdrukkingen bleek dat ze volledig in de war waren. Ze staarden me aan alsof ik van een andere planeet kwam, vol ongeloof op hun gezichten geëtst.

"Alles goed? Mijn naam is Connecticut Ed," zei ik terwijl ik mijn hand uitstrekte naar de dichtstbijzijnde engel. "Leuke plek heb je hier."

"Eh... ja... dank je wel," zei hij, terwijl hij mij argwanend aankeek.

Het was duidelijk dat ze niet al te veel Bandidos in hun winkel hadden. Het feit dat ik een Amerikaan was, moet de kwestie nog meer in de war hebben gebracht. Ik weet zeker dat ze niet wisten wat ze van me moesten denken, of dat mijn bezoek een ander doel had dan alleen maar het bewonderen van hun winkel.

DE ASSIMILATIE

"Vind je het erg als ik even rondkijk?" Ik heb gevraagd.

"Alleen als je iets koopt," zei de Engel, terwijl hij mij aankeek op een reactie, die hij niet kreeg. Vervolgens grinnikte hij en zei: "Ik maak een grapje. Doe Maar."

Toen ik rond begon te kijken, merkte ik dat de Engel met wie ik had gesproken een hoofdgebaar maakte naar een van de andere jongens, die vervolgens belde naar een balkonkantoor op de tweede verdieping dat uitkeek op de winkel. Even later slenterde een grote man met geschoren hoofd doelbewust de trap af. Ik ging er terecht van uit dat hij de leiding had. Hij zei iets in het Deens tegen de Engel die hem had geroepen, die op zijn beurt alleen maar naar mij wees. Onder toeziend oog van zijn broers liep hij naar mij toe.

"Hallo, ik ben Blondie. En jij bent een Amerikaanse Bandido," zei hij, met een zweem van een glimlach op zijn gezicht. Hij stak zijn hand naar mij uit en ik schudde hem. De rest van de jongens begon zich wat rustiger aan te doen nadat we elkaar de hand hadden geschud en er introducties waren gedaan. Ik stond oog in oog met Bent "Blondie" Nielsen. Ik had hem nog nooit ontmoet, maar kende hem van reputatie. Bent Nielsen was een bekende leider van de Denemarken Hells Angels en een zeer gerespecteerd figuur in de Europese outlaw biker-gemeenschap. Ik wist dat Nielsen een belangrijke rol had gespeeld bij het beëindigen van de Scandinavische motoroorlog en net als de meesten van ons wilde hij gewoon vrede en samenleven met andere clubs. Het was een groot media-evenement geweest toen Hells Angel Blondie en Bandidos European Presidente Jim op 25 september 1997 op de Deense televisie verschenen om aan te kondigen dat de twee clubs de vijandelijkheden zouden staken. Hoewel er altijd een onderstroom van spanning aanwezig is als het gaat om rivaliserende outlaw-clubs, verliep alles min of meer copasetisch tussen de Scandinavische Bandidos en Hells Angels sinds de symbolische handdruk.

"We krijgen niet veel Amerikaanse Bandidos op bezoek," zei Blondie. "Ik denk dat jij de eerste bent. We zijn vereerd. Dus je vindt onze winkel leuk, hè?"

Terwijl Blondie en ik praatten, werd de sfeer in de winkel meer ontspannen en minder bedreigend. De patches en ideologie van de motorclub waren niet langer van primair belang. Dit ging over een broederschap waarvan motorfietsen de gemene deler waren; een broederschap die ik al jaren voelde, niet alleen met mede-Harley-rijders, maar met motorrijders in het algemeen. Het gevoel is alomtegenwoordig in de motorwereld, of het nu gaat om recreatief rijden, transport, racen of om een statement te maken... in sommige gevallen al het bovenstaande.

Blondie en ik spraken kort over de politiek van motorclubs, waarom we allemaal met elkaar overweg zouden moeten kunnen, en het concept van de winkel, dat bij mij geen twijfel liet bestaan, was zijn trots en vreugde. Ons gesprek werd afgebroken toen Kemo de winkel binnenkwam. Hij wisselde groeten uit met Blondie en de rest van de engelen; ze kenden elkaar allemaal en leken op vriendschappelijke voet te staan.

"Dus we zijn het aan jou verschuldigd, het bezoek van een Amerikaanse Bandido," zei Blondie tegen Kemo terwijl ze elkaar de hand schudden. "Mag ik je een kopje koffie aanbieden of zo?"

De vraag was aan ons allebei gericht, maar Kemo zei dat we moesten gaan. Hij legde uit dat ik een strak schema had en dat hij me nog wat plekken in de stad wilde laten zien voordat ik Denemarken verliet. Ik beloofde Hells Angel Blondie dat ik de volgende keer dat ik naar Kopenhagen kwam weer langs zou komen in de winkel, en Kemo en ik vertrokken om onze rondreis door het prachtige Kopenhagen te hervatten.

DE ASSIMILATIE

***

Op 22 november 2000, een week na de wereldbijeenkomst in Denemarken, had Bandidos El Presidente George een geheime ontmoeting in Peace Arch Park aan de westkust van het Noord-Amerikaanse continent met Richard "Dick" Mayrand, een hooggeplaatst lid van de Hells Angels uit Québec. De zevenenzestig voetboog, gelegen tussen Vancouver, British Columbia in het noorden en Bellingham, Washington in het zuiden, heeft één voet verankerd in Amerikaanse bodem, de andere in Canadese bodem. Het was een ideale plek voor een Amerikaan en een Canadees, die elkaars land niet in mogen, om samen te komen voor gesprekken zonder het risico te lopen aan de grens te worden opgepakt.

Tijdens deze bijeenkomst bevestigde Bandido George wat tot dan toe geruchten waren geweest wat de Hells Angels betrof: de Rock Machine zou binnenkort lid worden van de Bandidos. Het volstaat te zeggen dat dit nieuws niet goed werd ontvangen door Mayrand, vooral nadat de El Presidente eerder had laten weten dat de Bandidos de vijanden van de Hells Angels niet zouden opnemen. Kort na de bijeenkomst in Peace Arch Park hield de Rock Machine Motorcycle Club op te bestaan. Op 1 december 2000 werd de Bandidos Motorcycle Club Canada geboren. Er was een patchover-feest gepland voor 6 januari 2001 in het voormalige Rock Machine-clubhuis in Kingston, Ontario, waar aan de wereld zou worden aangekondigd dat de Rock Machine nu officieel Bandidos was.

DE ASSIMILATIE

Hoofdstuk

-3-

Een Kwestie Van Het Lot

Het waren twee bizarre weken in Canada geweest en ik was blij om eindelijk weer thuis te zijn. Oklahoma was een lust voor het oog; het had er nog nooit zo goed uitgezien. Maar de vreugde om thuis te zijn werd overschaduwd door het nieuws dat op de avond van 18 januari 2001, de avond voordat ik Canada verliet, de moorden op motorrijders waren hervat. Echte "Tin Tin" Dupont, een volwaardig lid van de Bandidos Montreal-afdeling, werd doodgeschoten terwijl hij in zijn auto zat.

Bandido Tin Tin hield zich onopvallend door weg te blijven van andere clubleden, een van de voorwaarden van zijn voorwaardelijke vrijlating. Tot nu toe waren de slachtoffers van de motoroorlog in Quebec leden van de Hells Angels en Rock Machine of hun ondersteunende clubleden en medewerkers. Tin Tin was de eerste Canadese Bandido die stierf. Voor Bandidos wereldwijd was dit een zeer ernstige situatie. We hadden verwacht dat onze aankomst in Canada de vrede zou bewaren en niet nog meer geweld zou uitlokken. De oorlog met de Hells Angels was duidelijk allesbehalve voorbij.

Voordat we zelfs maar over de dood van Kuifje heen waren, overkwam de Canadese Bandidos nog een tegenslag, hoewel deze was voorzien. Zoals Bandidos Vice Presidente Alain en ik een paar weken eerder hadden gevreesd, viel het Toronto North Bandidos-hoofdstuk uiteen. De meesten van hen waren te pro Hells Angels om zoals wij te zijn. We hadden geprobeerd hen ervan te overtuigen dat ze een reguliere baan nodig hadden. Als ze grote drugsdealers wilden worden of betrokken wilden zijn bij andere illegale activiteiten, moesten ze de club verlaten.

54

DE ASSIMILATIE

We probeerden ze ook te leren dat je, om respect te krijgen, respect moest geven. Je kunt nooit respect ontvangen en behouden door middel van angst en intimidatie. Wij waren van mening dat je, om als lid van een 1%er-club op lange termijn te overleven, over visuele middelen van bestaan moest beschikken: een betaalde baan, een inkomen uit een arbeidsongeschiktheidspensioen, of een vrouw of vriendin die werkte en het niet erg vond om een motorrijder voor een huisman.

Het verkopen van drugs of het ondernemen van andere criminele activiteiten om de kost te verdienen blijkt vroeg of laat meestal contraproductief te zijn. De meeste Canadese Bandidos begrepen dit. Het leek erop dat de meerderheid van de Toronto North-afdeling dat niet deed. Na de ineenstorting van hun hoofdstuk werden op een handjevol na allemaal Hells Angels. Degenen die ervoor kozen zich niet bij de Angels aan te sluiten, trokken zich terug uit de 1%-wereld en werden onafhankelijke motorrijders.

***

Het artikel van de Toronto Sun over de ondergang van de Bandidos Toronto North-afdeling bleek redelijk accuraat te zijn. Hoewel de krant berichtte dat er in Londen een Bandidos-afdeling was, was dit onjuist. Sommige Toronto Bandidos probeerden wel een chapter in Londen op te richten, maar dat kwam nooit van de grond.

Toronto-motorrijders sluiten hoofdstuk af
Door Rob Lamberti en Jack Boland
6 februari 2001

55

DE ASSIMILATIE

De motorbende Bandidos heeft zijn afdeling in Toronto gesloten.

Het is het tweede hoofdstuk in Ontario dat wordt afgesloten sinds de Hells Angels vorig jaar in de provincie arriveerden.

De snelle implosie volgt op het overlopen van meer dan een dozijn Ontario Bandidos sinds de Hells op 29 december vier Ontario-bendes hebben opgeslokt.

De Hells trokken naar Ontario als reactie op het feit dat de Rock Machine – met chapters in Montreal, Quebec City, oostelijke chapters in Kingston, Toronto en western in Londen – op 1 december een proefband van Bandidos werd.

De politie zei dat het plan van de Hells was om de concurrentie van de op een na grootste motorbende ter wereld uit de provincie te persen.

'Ontario-fenomeen'

Toen de Rock Machine een proeftijd van Bandidos werd, sloten vijf leden zich aan bij de Hells Angels, waaronder Paul "Sasquatch" Porter, president van de Eastern Chapter.

Ongeveer tien leden van de Bandidos-afdeling in Toronto namen samen met president Bill Miller ontslag en sloten zich vorige week aan bij de afdeling Hells' Lanark County – ten westen van Ottawa – onder leiding van Porter.

De vier overgebleven leden van Toronto's Bandidos-afdeling weigerden zich bij de Hells aan te sluiten en zijn met pensioen.

"Het is een fenomeen in Ontario," zei Surete du Quebec Sgt. Guy Ouellette.

DE ASSIMILATIE

"Deze jongens zijn er alleen maar om te genieten van de voordelen van het motorrijden, qua geld."

Joe Halak, die korte tijd president van de Bandidos in Toronto werd, weigerde commentaar te geven.

De Rock Machine en Hells Angels waren verwikkeld in een bloedige zesjarige oorlog in Quebec, totdat ze afgelopen Thanksgiving een wapenstilstand bereikten.

**

Iets meer dan een week later vlogen de kogels opnieuw. Bandido Vice Presidente Alain kwam op 13 februari 2001 binnen een paar centimeter van zijn leven terwijl hij in zijn witte Pontiac Grand Am langs Highway 15 reed in de glooiende heuvels en geërodeerde bergen van de Laurentians bij Mirabel. Het was een meevaller dat Alain en een passagier in de auto, Bandido-prospect William 'Bill' Ferguson, het overleefden. Ondanks dat er een kogel door zijn buik was gegaan – een van de pijnlijkste schotwonden – en de dood heel dichtbij was gekomen, was Alain opgewekt toen ik hem aan de telefoon sprak terwijl hij lag te herstellen in zijn ziekenhuisbed.

"Het gebeurde allemaal zo snel," zei Alain. "Die jongens stonden binnen no-time naast ons en de hel brak los!"

Alain legde uit dat hij over de snelweg reed toen hij en Bill op enige afstand zagen dat een auto hen achtervolgde. In eerste instantie dachten ze dat het de politie was, wat geen onwaarschijnlijke veronderstelling is als je bedenkt hoe vaak 1%-ers worden gevolgd door wetshandhavers. Tegen de tijd dat ze zich realiseerden dat het niet de autoriteiten waren, stond de auto van de moordenaar naast hen en vond de schietpartij plaats. Binnen enkele seconden was de Grand Am van Alain doorzeefd met kogelgaten en waren de meeste ramen eruit geblazen. Om hun leven te redden stuurde Alain de Pontiac naar de tegenoverliggende rijstroken en reed tegen het tegemoetkomende verkeer in de verkeerde kant op.

"Het zou heel gek zijn geweest als we tegen een andere auto botsten en op die manier om het leven kwamen," mijmerde Alain. "Ik denk dat het het lot was dat we daar wegkwamen."

Niet lang na de schietpartij vond de politie in Piemonte – ongeveer dertig kilometer van de plaats van de aanval – een pistool en kogels, evenals een uitgebrande auto. Niemand hoefde ons te vertellen dat de Hells Angels de schutters hadden gestuurd. Het in brand gestoken voertuig, een veel voorkomend handelsmerk van een motorrijder die schiet, kwam overeen met de beschrijving van de auto van de moordenaars. Het leek erop dat de Angels hun visitekaartje hadden achtergelaten. Hoewel de moord op Kuifje misschien niets te maken had met rivaliteit tussen motorrijders, liet dit incident er geen twijfel over bestaan dat de wapenstilstand tussen de Bandidos en de Angels was verbroken.

Dezelfde dag van de aanslag op Alains leven kwam er meer ontmoedigend nieuws op ons pad. De voorzitter van de afdeling Bandidos Quebec City, Fred Faucher, die sinds zijn arrestatie begin december 2000 in de gevangenis zat wegens meerdere drugsaanklachten, werd beschuldigd van poging tot moord op een aantal Hells Angels. Bandido Fred had een voortrekkersrol gespeeld bij het assimileren van de Rock Machine in de Bandidos, en was tijdens zijn gevangenschap zelfs lid geworden van de Bandidos. Hij had ook een belangrijke rol gespeeld bij het zover krijgen dat de Hells Angels instemden met een wapenstilstand toen hij moeder Boucher zes maanden eerder in Quebec City ontmoette. Bandido Fred werd nu beschuldigd van in totaal zesentwintig strafbare feiten, waarvan er zeven betrekking hadden op de vervaardiging van bommen.

DE ASSIMILATIE

Ongeveer drie maanden later zou Faucher schuldig pleiten aan de misdaden waarvan hij beschuldigd was en kreeg hij een gevangenisstraf van twaalf jaar. Tegelijkertijd bekende Marcel "LeMaire" Demers, een andere prominente Quebec City Bandido, schuldig en werd veroordeeld tot negen jaar gevangenisstraf. Bandido LeMaire was in december 2000 samen met Bandido Fred gearresteerd wegens talrijke drugsaanklachten.

***

We hadden nog steeds te maken met de ontsnapping van Alain en de negatieve publiciteit rond Bandido Fred toen er een dag na de mislukte moord opnieuw een aanslag werd gepleegd – dit keer met succes. Michel Gauthier, een vriend van enkele Montreal Bandidos, werd gedood door een bom toen hij rond 8.00 uur in zijn auto wegreed.

Een paar dagen na wat de kranten een "opflakkering" van de motoroorlog hadden genoemd, leek ons geluk te keren. In een Holiday Inn in de buurt van Montreal arresteerde de politie acht Hells Angels die plannen hadden om leden van de Montreal Bandidos te vermoorden. Zeven van de gearresteerden waren prospects of volledige leden van de Quebec Nomads Hells Angels-afdeling. De Nomads, opgericht door Mom Boucher in juni 1995, bestonden uit een elitegroep van Hells Angels wiens voornaamste focus lag op criminele activiteiten, het opzetten van nieuwe Hells Angels-hoofdstukken en het elimineren van rivalen. Zoals hun naam al aangeeft, en in tegenstelling tot de reguliere Hells Angels-hoofdstukken, waren de Nomads niet beperkt tot een bepaalde regio of clubhuis; dit maakte het uiteindelijk moeilijker voor hun vijanden of de politie om hun acties te controleren en tegenmaatregelen te plannen.

DE ASSIMILATIE

Bij hun arrestatie waren de Nomaden in het bezit van een belastende "hitlijst" waarop zelfs recente foto's van hun beoogde slachtoffers stonden. Eén van de namen en foto's op de lijst was die van Bandido Vice Presidente Alain. Omdat Mom Boucher, voorzitter van de afdeling Quebec Nomad Hells Angel, al in de gevangenis zat, hoopten we dat dit een einde zou betekenen aan de hernieuwde vijandelijkheden. Het was ook een indicatie dat de politie de Hells Angels overal in de gaten hield en vastbesloten was ze uit Canada uit te roeien. Dat riep natuurlijk de vraag op waaruit het grotere geheel bestond. Het betekende ongetwijfeld "vandaag" de Angels… "morgen" de rest van de clubs.

De andere schoen viel op 28 maart 2001 toen ruim honderdvijfentwintig Hells Angels en hun medewerkers werden gearresteerd. Ook opgenomen in de sweep waren alle leden van de poppenclubs Rockers en Evil Ones, Quebec Hells Angels. Velen van hen werden aangeklaagd op grond van een nieuwe federale anti-bendewet C-95. Minstens vijfenzestig leden van de Hells Angels in Quebec zaten nu achter de tralies of zouden worden gearresteerd zodra ze werden gelokaliseerd. We waren ervan overtuigd dat het moorden nu zou stoppen.

***

Half maart, tijdens de jaarlijkse Birthday Run voor alle Amerikaanse Bandidos, vroeg Bandido El Presidente George mij om toezicht te blijven houden op Bandidos Canada tot het einde van hun proefperiode in december 2001. De El Presidente wilde dat ik alle legitieme clubzaken afhandelde. zakendoen met Canada; dit omvatte communicatie en het aannemen of ontslaan van nationale officieren.

DE ASSIMILATIE

Begin april verving ik Bandido-presidente Charley, die naar Europa was gegaan om niet met het Canadese rechtssysteem te maken te krijgen, door Bandido Alain. Ik was ervan overtuigd dat Alain de beste man voor de baan was, niet omdat hij een goede vriend was geworden, maar omdat geen enkele andere kandidaat zoveel hart, moed en inzicht in de motorwereld had.

Tegen de tijd dat May aanbrak, verliepen de zaken zo soepel als men kon hopen, en ik begon plannen te maken om terug te keren naar Canada voor mijn absurde deportatiehoorzitting. Tot mijn verbazing en ontzetting verzocht Immigration Canada echter om uitstel van de hoorzitting. Ze beweerden dat ze nog minstens zes maanden nodig hadden om mijn zaak te onderzoeken. De jury, die de enige verstandige persoon leek te zijn die bij de zaak betrokken was, oordeelde tegen Immigration en stelde de nieuwe hoorzittingsdatum vast op 5 oktober 2001.

Ondertussen werd er vooruitgang geboekt met onze uitbreidingsinspanningen voor Bandidos Canada, iets dat cruciaal was voor de levensvatbaarheid van de club op de lange termijn. Op 22 mei 2001 werden twaalf leden van de Toronto Loners Motorcycle Club een nieuwe Bandidos-afdeling met het hoofdkantoor in een buitenwijk net buiten de stad. Sinds Bandido Alain en ik Peter "Peppi" Barilla half januari in Toronto hadden ontmoet, hadden we nauw contact met hem en andere clubleden gehouden.

Na de ineenstorting van de afdeling Bandidos Toronto North in februari was het onze bedoeling geweest om nog een afdeling in Toronto te openen; we hadden gewoon de juiste groep jongens nodig om het te doen. Niet alleen leken de Toronto Loners de juiste groep te zijn, de Loners hadden afdelingen in Italië die waren afgestemd op de Europese Bandidos. Ook de Canadese Loners kenden een vrij lange geschiedenis. De club werd in 1979 in Ontario opgericht, hoewel ze in 1986 ophield te bestaan toen veel

DE ASSIMILATIE

van de oorspronkelijke leden zich bij de Outlaws Motorcycle Club aansloten.

In 1990 brachten een aantal ex-Satan's Choice Motorcycle Club-leden de Loners nieuw leven in en in 1999 waren er afdelingen in Woodbridge, Richmond Hill, St. Thomas en Amherstburg, allemaal in de provincie Ontario. In 2001, nadat de meerderheid van de Canadese Loners was overgestapt naar de Bandidos, bleef alleen het Loners Woodbridge-hoofdstuk over.

Om toezicht te houden op onze groei in de omgeving van Toronto benoemde Bandidos-presidente Alain Peppi Barilla tot vice-president van de Canadese Bandidos, een positie die Peppi zou vervullen naast zijn taken als president van de Toronto Bandidos-afdeling. Sinds Alain en ik Peppi op die ijskoude januaridag hadden ontmoet, had ik veel respect voor hem ontwikkeld en vond ik dat hij een uitstekende keuze was. Bandido Peppi was sinds begin jaren negentig lid van de Loners en kende iedereen in de motorclubwereld van Toronto. Hij had zelfs contact met een aantal Hells Angels in dat gebied, jongens die hij in andere clubs had gekend voordat ze lid werden van de Angels.

Begin juli ging alles goed. Het leek erop dat het dodelijke conflict tussen de Hells Angels en Bandidos nu voorgoed voorbij was. En terwijl de zomer in volle bloei was, reden veel nieuwe clubleden rond op de fiets: voor het eerst konden ze trots hun Bandidos-kleuren dragen. Wat echt bemoedigend was, was het feit dat ongeveer de helft van de leden van Bandidos Canada in Quebec een betaalde baan had – dit geldt ook voor bijna alle Ontario Bandidos. Vele anderen waren thuisblijvende echtgenoten wier vrouwen of vriendinnen werkten en hen ondersteunden. Natuurlijk waren er sommigen die hun "eigen ding" deden, iets dat onvermijdelijk is in de context van de motorwereld.

DE ASSIMILATIE

Ondertussen haalde ik nog steeds de krantenkoppen in Canadese kranten. We merkten het allemaal toen de Ottawa Citizen een belangrijk artikel publiceerde over mijn ingewikkelde strijd met Immigration Canada. Ik kon mijn ogen niet geloven toen ik merkte dat in het artikel stond dat ik een legitieme zakenman was en een bijdragend lid van de samenleving. Voor zover ik weet was dit het eerste artikel in een Canadese krant waarin een outlaw motorrijder op een dergelijke manier werd afgebeeld.

***

Gary Dimmock van de Ottawa Citizen schreef een interessant artikel over mijn immigratiesituatie. Het was allesbehalve gunstig voor Immigration Canada.

Canada strijdt om biker kingpin te verbieden - Een hooggeplaatst Amerikaans bendelid dringt aan op het recht om met Canadese broeders om te gaan
Door Gary Dimmock
21 juli 2001

Edward Winterhalder, bekend als een van de machtigste leden van de in de VS gevestigde Bandidos, een meedogenloze, wereldwijde motorbende, probeert zichzelf dichter bij nieuwe Canadese chapters te positioneren, voornamelijk ex-Rock Machine-motorrijders, te midden van de vrees van de politie voor een geïntensiveerde straatoorlog tegen de rivaliserende Hells Angels van de bende.
Hoewel de 46-jarige Winterhalder volhoudt dat de aanwezigheid van de bende 'een einde heeft gemaakt aan de vermeende

DE ASSIMILATIE

(motor)oorlog', probeert de federale regering hem ervan te weerhouden het land binnen te komen vanwege zijn strafblad en vermeende banden met de georganiseerde misdaad. Ze zeggen dat hij een gevaar is voor het publiek.

De hooggeplaatste motorrijder vertelde de burger dat hij vastbesloten is om tegen de Immigration and Refugee Board te strijden om het recht te verwerven om vrij over de grens te reizen.

"Ik vecht er absoluut tegen. Het is een geval van persoonlijke vrijheid en ik wil reizen," zei de heer Winterhalder.

Het is ook een kwestie van zaken.

"Ik ben geen ongewenste gast. Ik ben een legitieme zakenman," zegt de heer Winterhalder, een alleenstaande vader van een jong meisje die zichzelf omschrijft als een gerespecteerd lid van de samenleving.

In bedrijfsdocumenten, opgeslagen in Oklahoma, wordt de heer Winterhalder vermeld als eigenaar van een bouwbedrijf dat de afgelopen twee jaar contracten ter waarde van $20 miljoen heeft binnengehaald, waaronder de bouw van een gerechtsgebouw.

En zijn zaken houden hem in beweging, zo blijkt uit verklaringen die zijn opgenomen tijdens een immigratiehoorzitting.

"Tijdens het runnen van mijn bouwbedrijf heb ik vaak de hele wereld over gereisd," zei hij.

Het in Texas gevestigde Bandidos, in 1966 opgericht door gedesillusioneerde Vietnamveteranen, is georganiseerd als een bedrijf, met ongeveer 5.000 leden en meer dan 100 afdelingen in 10 landen, waaronder Zweden, waar de bende onlangs een moorddadige oorlog voerde met de Hells Angels. . Ze zetten het

DE ASSIMILATIE

platteland op zijn kop en gebruikten schouderafgevuurde antitankraketten om rivaliserende complexen aan te vallen.

De uitbreiding van de bende naar Canada in januari zorgde ervoor dat ongeveer 60 voormalige leden van Rock Machine een proeflidmaatschap kregen. De proeftijdhoofdstukken omvatten Oost-Ontario, Montreal en Quebec City.

Inlichtingenagenten zeggen dat de leden op proef zichzelf proberen te bewijzen door op elke mogelijke manier geld te verdienen voor het outlaw-imperium - inclusief het witwassen van geld, de distributie van drugs, woekeraars en prostitutie.

De Bandido-prospects voeren sinds 1994 oorlog om de drugsmarkt in Quebec. Tot nu toe heeft de strijd het leven gekost aan meer dan 150 mensen – waaronder een 11-jarige jongen die in 1995 om het leven kwam toen hij werd getroffen door granaatscherven van een exploderende bom.

Naast het dodental heeft de motoroorlog geleid tot 124 moordpogingen, negen vermiste personen, 84 bomaanslagen en 130 meldingen van brandstichting.

Inlichtingenagenten vrezen dat als de heer Winterhalder het recht verkrijgt om Canada binnen te komen, dit hem een vergunning zal verlenen om zaken te doen.

De politie zegt dat het criminele bedrijf met veel bloedvergieten zal floreren in wat zij een intense poging noemen om de controle over de drugsmarkt te ontnemen aan de Hells Angels, die momenteel 75 procent van de handel in handen hebben.

De heer Winterhalder zei tegen de immigratieautoriteiten dat er weinig reden tot zorg is.

DE ASSIMILATIE

"Ik ben zeker geen gevaar voor de samenleving. Mijn strafrechtelijke veroordelingen begin jaren tachtig waren wegens een niet-gewelddadige activiteit. Ik ben lid van motorclub Bandidos, maar onze aanwezigheid (in Canada) heeft een einde gemaakt aan de vermeende oorlog. Sinds november is er geen oorlog meer en nu we hier zijn, zal er ook geen oorlog meer zijn," zei de heer Winterhalder.

Inlichtingenagenten wijzen zijn vredesverklaring af en zeggen dat de oorlog ongetwijfeld zal escaleren nu ex-Rock Machine-leden banden hebben met de Bandidos, de op een na machtigste motorbende ter wereld.

En elke suggestie dat de drugsoorlog sinds november voorbij is, is volkomen verkeerd, zegt de politie.

Tot nu toe zijn er dit jaar verschillende vuistgevechten tussen motorbendes, een bomaanslag en een handvol schietpartijen geweest.

In februari verzamelden vier gewapende leden van de Nomads, een elite Hells Angels-bemanning, zich rond een tafel in een suite in het Holiday Inn Crown Plaza in Montreal, terwijl een veiligheidsagent de wacht hield in de lobby van het hotel.

Het was een onderzoek naar de vijand, waarbij elk lid van de elite om de beurt door foto's van Bandidos op proef bladerde, zegt de politie.

Daartoe behoorden kiekjes van Denis Boucher, een rivaliserende motorrijder die afgelopen september bijna werd vermoord, en Alain Brunette, de gereputeerde president van de Bandidos-afdeling in Kingston.

DE ASSIMILATIE

Eerder deze week was meneer Brunette het doelwit geworden van een drive-by-schietpartij terwijl hij op weg was over Highway 15 buiten Mirabel.

Diezelfde week werd Michel Gauthier, een medewerker van Bandidos, dood aangetroffen in zijn auto op een eenzame weg in de Laurentians. Zo'n 20 kilometer verderop ontdekte de politie een uitgebrande auto - het handelsmerk van een motormoord.

De schietpartijen maakten duidelijk dat de motoroorlog nog lang niet voorbij is en dat de Hells Angels een gedeelde drugsmarkt niet kunnen accepteren.

Maar de politie zou het bij het verkeerde eind kunnen hebben als het gaat om een escalatie, afgaande op de manier waarop Bandidos zaken doet ten zuiden van de grens.

In Oklahoma, waar de heer Winterhalder de vermeende leider was van een afdeling in Tulsa, melden provinciale, staats- en federale wetsinstanties geen problemen met de Bandidos.

Volgens een Amerikaanse inlichtingenagent die motorrijders in Oklahoma in de gaten houdt, verdienen de meeste bendeleden een eerlijk inkomen. Van de tien motorbendes die in Oklahoma actief zijn, zijn de Bandidos het stilst geweest. En er is geen motoroorlog.

'Daarboven in Canada lijkt het bloediger te zijn. Hier lijken ze allemaal redelijk goed met elkaar overweg te kunnen,' zei Lieut. Alan Lansdown, een inlichtingenofficier bij het Osage County Sheriff's Office.

De laatst bekende keer dat de heer Winterhalder de grens overstak was 5 januari in Fort Erie, Ont.

Gezeten op de passagiersstoel van een busje had meneer Winterhalder zijn paspoort gereed in zijn hand. Hij was in 1995

DE ASSIMILATIE

afgewezen vanwege zijn strafblad en wist niet of hij de grens zou mogen oversteken.

De grenswachter sprak kort met de chauffeur en gebaarde hen door te rijden.

Vervolgens reden ze naar Kingston om toezicht te houden op de introductie van ongeveer 60 proefleden, voornamelijk ex-Rock Machine-motorrijders.

Maar het bezoek duurde niet lang voor meneer Winterhalder. Het duurde niet lang nadat hij had ingecheckt in een Travelodge toen immigratiebeambte P. Cooper, vergezeld van een speciaal politieteam, bij hem aan de deur stond.

In een interview met de immigratieambtenaar leek de heer Winterhalder meewerkend. Hij had slechts $ 217 dollar op zak.

De politie arresteerde hem later en zei dat hij illegaal het land was binnengekomen. Ze zeiden dat hij een gevaar vormde voor het publiek vanwege zijn vermeende banden met de georganiseerde misdaad.

Ze zeiden ook dat hij tegen immigratieambtenaren had gelogen en dat hij zichzelf bij de grenswachten als bendelid had moeten identificeren.

Maar het was de chauffeur die aan de grens het woord voerde, en als de grenswachter naar zijn lidmaatschap had geïnformeerd, zou meneer Winterhalder waarschijnlijk de waarheid hebben verteld.

Hij zegt dat het in strijd is met de clubwet om te liegen.

En ze zeiden dat hij de plicht had hen over zijn criminele geschiedenis te vertellen, een dossier dat de heer Cooper deed geloven dat de Amerikaanse bezoeker iets tegen de wet zou doen.

DE ASSIMILATIE

De heer Winterhalder zegt dat hij zijn schuld aan de samenleving jaren geleden heeft betaald. Zijn laatste veroordeling was in 1983. Tot zijn misdaden behoren onder meer het dragen van een verboden vuurwapen (een pistool van .45-kaliber), het bezit van een gestolen voertuig en het vervalsen van een Amerikaanse cheque van $ 5.000. Op grond van de Vreemdelingenwet kan een uitzondering worden gemaakt voor bezoekers met een strafblad, zolang deze zijn hervormd en er ten minste vijf jaar zijn verstreken sinds het einde van de laatste straf van de persoon.

De heer Winterhalder heeft zijn straf zo'n veertien jaar geleden uitgezeten.

Hoe dan ook gooide de politie hem drie nachten in de gevangenis totdat hij verscheen op een hoorzitting over de beoordeling van detentie. Immigratiebeambte Lynn Leblanc portretteerde de heer Winterhalder als een gevaarlijke crimineel die opgesloten moest blijven.

De heer Winterhalder maakte vervolgens zijn pleidooi en zei dat hij geen vluchtrisico vormt, noch een gevaar voor de samenleving, en dat hij hervormd is.

De bestuursrechter, Rolland Ladouceur, liet de heer Winterhalder vrij op borgtocht van $20.000, op voorwaarde dat hij op een komende hoorzitting zou verschijnen – wat hij ook deed.

Immigratieambtenaren verzochten vervolgens dat de heer Winterhalder maximaal zes maanden in Canada zou worden vastgehouden, zodat ze tijd zouden hebben om bepaalde strafrechtelijke beschuldigingen tegen de motorrijder te onderzoeken.

DE ASSIMILATIE

De jury concludeerde dat de motie van de regering onredelijk was omdat de bezoeker gescheiden zou worden van zijn dochter en bedrijf in de VS.

De heer Winterhalder heeft een gerespecteerde advocaat ingeschakeld om hem te helpen vechten voor het onbelemmerde recht om tijdens een komende hoorzitting voet in Canada te zetten.

DE ASSIMILATIE

Hoofdstuk

-4-

Sturgis Hoog...Montreal Laag

"Als je maar één bijeenkomst in je leven bijwoont, is Sturgis degene die je moet bijwonen," zei ik tegen Alain. "Je zult het niet geloven. Het zorgt ervoor dat de meeste andere rally's op een picknick in de achtertuin lijken."

Sturgis, South Dakota, is de thuisbasis van het grootste motorevenement in de Verenigde Staten, zo niet de wereld. Het vindt plaats in de eerste volledige week van augustus en warm en droog weer is vrijwel gegarandeerd. Eigenlijk begint het evenement, eenvoudigweg bekend als de Sturgis Motorcycle Rally, op de vrijdag vóór de eerste volledige week en eindigt het op de volgende zondag, waarbij het in totaal zo'n tien dagen duurt. Er wordt geschat dat de afgelopen jaren meer dan 750.000 mensen en maar liefst 500.000 motorfietsen zich in Sturgis hebben verzameld voor deze rally, die een einde zou maken aan alle rally's.

De Bandidos Motorcycle Club heeft een chapter en clubhuis in de buurt van Sturgis in Rapid City en elk jaar was Sturgis een groot evenement voor de hele Bandidos-club. Voor mij zou de Sturgis Rally van 2001 uitzonderlijk zijn, want ik had Bandido Alain ervan overtuigd om naar Tulsa te komen en met mij helemaal naar South Dakota en terug te rijden.

Toen Alain zei dat hij geen fiets zou hebben om op te rijden, verzekerde ik hem dat ik een stel wielen onder hem zou steken.

"Nou, oké dan. Ik denk dat ik met jou naar Sturgis ga," zei hij in zijn charmante Frans-Canadese Engels.

Sturgis is altijd een van mijn favoriete bestemmingen geweest. Gelegen in de Black Hills van South Dakota, zijn het landschap en de eenzaamheid van de regio ongeëvenaard. De wegen zijn ideaal om op een

71

motorfiets te cruisen. Binnen een paar uur rijden van Sturgis liggen West-Amerikaanse bezienswaardigheden als de uitgestrekte Badlands en de imposante Devil's Tower, onder meer te zien in de film Close Encounters of the Third Kind. Ook vlakbij ligt Sylvan Lake, bekend als het "kroonjuweel" van Custer State Park. Deze majestueuze plekken zijn een lust voor het oog en de natuur op zijn best.

Zoals veel evenementen die een legendarische status hebben bereikt, begon de Sturgis Motorcycle Rally eenvoudig genoeg als een rustige aangelegenheid. De eerste rally, die niet eens een echte rally was, zag het levenslicht in 1938 toen Clarence "Pappy" Hoel en enkele van zijn vrienden van de Jackpine Gypsies Motorcycle Club – een club die Hoel in 1936 had opgericht – besloten een motorrace en stuntcompetitie.

Hoel, eigenaar van een motorwinkel in Sturgis, haalde lokale ondernemers over om een portemonnee van vijfhonderd dollar op te zetten, een klein fortuin in die tijd. Slechts een handjevol racers deed mee aan het openingsevenement om met het stuur op het ovaal van een halve mijl van de stad te slaan en deel te nemen aan huiveringwekkende stunts, waaronder boardwall-crashes en ramp-jumps. Hoewel er maar weinig toeschouwers kwamen opdagen om de actie te aanschouwen, ging het evenement al snel een eigen leven leiden, vooral na de Tweede Wereldoorlog, toen motorrijden aan populariteit won.

Naast het racen op een halve mijl op een vlakke baan, evolueerde het programma naar motorcross, shorttrackracen, dragracen en heuvelklimmen. Touring, dat oorspronkelijk niet bij de festiviteiten was inbegrepen, werd binnen een paar jaar na de lancering van de rally opgenomen; vandaag de dag vormt het het leeuwendeel van de Sturgis Motorcycle Rally.

DE ASSIMILATIE

Motorrijders uit alle lagen van de bevolking, variërend van fabrieksarbeiders tot leraren, artsen, verpleegsters, ingenieurs en tal van andere beroepen, zijn vertegenwoordigd op de Sturgis Rally. En er is altijd een aanzienlijke aanwezigheid van 1%-ers, die veel clubs uit de hele Verenigde Staten vertegenwoordigen, die zich onder de menigte mengen.

Bandido Alain arriveerde een paar dagen vóór ons geplande vertrek naar Sturgis in Tulsa. Hij zag eruit als een gewone burger en had zijn tatoeages verborgen. Hij had vanuit Toronto een Greyhound-bus genomen in de hoop op te vallen tussen de rest van de passagiers en zo niet de aandacht op zichzelf te trekken aan de grens tussen de VS en Canada. Het plan werkte goed, maar hij betaalde de prijs voor een ongemakkelijke busreis van ruim 1880 kilometer naar Tulsa, ruim twintig uur.

Voor iemand van het formaat van Bandido Alain is een ritje in de krappe stoelen van een bus een hel. Toen hij eindelijk bij mijn huis buiten Tulsa aankwam, bracht hij twee dagen door met recupereren van de lange reis. Het was geweldig om een Canadese broer in de buurt te hebben en Caroline, Taylor en ik genoten echt van zijn gezelschap. Alain wist ons allemaal aan het lachen te maken en na een tijdje werden we zelfs behoorlijk bedreven in het begrijpen van zijn Frans-Canadese Engels.

Om de reis naar Sturgis te maken, leende ik een Harley FXDX Superglide uit 1999 voor Alain van mijn advocaat-vriend Jonathan Sutton. Ik ging op mijn eigen Harley FXDL Superglide uit 1999 rijden, die erg leek op de machine van Jonathan. Op zaterdag 4 augustus vertrokken Alain, Caroline en ik naar Sturgis. Voor ons lag een odyssee van negenhonderdvijftig mijl die ons door Missouri, Nebraska en South Dakota zou voeren. Het was een reis die ik al talloze keren heb gemaakt en die ik nooit beu ben geworden. Hoewel ik van geboorte een jongen aan de oostkust

73

was, was ik al lang geleden een Midwestener in hart en nieren geworden en beschouwde ik de vlakten als mijn terrein.

Vergezeld van het kenmerkende gerommel van twee hotrod Harley-motoren reden Alain en ik zij aan zij als de volmaakte motorrijders die we waren, waarbij we af en toe een duim uitwisselden uit pure vreugde. Ik ben er zeker van dat we een groot deel van de tijd een tevreden grijns op ons gezicht hadden, die de passie weerspiegelde die we voelden voor onze fietsen, de openbare weg... en Bandidos zijn. Er is geen beter gevoel dan over de snelweg te scheuren met een andere man op een motorfiets, vooral een clubbroer. Nou ja, misschien wel: met tientallen, zo niet honderden andere clubbroeders over de snelweg razen – een oorverdovend konvooi van moderne cowboys die op hun ijzeren paarden door het platteland scheuren.

Caroline, zelf een fervent motorrijder die een Sportster bezat toen ik haar ontmoette, had haar armen om me heen geslagen. Ze genoot ervan een zorgeloze passagier te zijn en haar ogen over het passerende landschap te laten dwalen. We lieten Oklahoma achter ons en reisden noordoostwaarts via de Interstate 44 naar Missouri, de enige staat naast Tennessee die wordt begrensd door acht andere staten.

Terwijl we langs Joplin reden richting Springfield, kon ik het niet laten om opnieuw te denken aan de eerste keer dat ik Alain ontmoette en mijn daaropvolgende betrokkenheid bij de gepatchte Rock Machine. Ik was er trots op dat ik mijn steentje had bijgedragen om Bandidos Canada te krijgen waar ze waren en wist dat ik een lange samenwerking met hen zou hebben. Ik was nog trotser toen ik naast Alain reed, een dappere ziel die van een gewone Rock Machine naar de benijdenswaardige positie van Bandidos Canada Presidente was gegaan.

"Dit is de eerste keer sinds lange tijd dat ik weer op een motor kan rijden zonder bang te hoeven zijn dat iemand me eraf zou schieten", zei

DE ASSIMILATIE

Alain terwijl hij onderweg tankte bij een benzinestation. "Ik ben blij dat je me hebt overgehaald om te komen."

Begin augustus is het zuidwesten van Missouri een bijzonder mooi land om doorheen te reizen, met veel beboste gebieden die voor behoorlijk wat schaduw en koelere lucht zorgen. In de verstikkende hitte waren we enorm dankbaar voor de bomen. Een van de tussenstops op onze route was Springfield, waar we een ontmoeting zouden hebben met twee Arkansas-leden van de Ozark Riders Motorcycle Club – een Bandidos-ondersteuningsclub – die met ons naar Sturgis zouden rijden.

Ik maakte ook afspraken met een jeugdvriend van mij, Kurt Newman, die al zo'n tien jaar in Springfield woonde. Na de lunch, en om herinneringen op te halen met Kurt, ontmoetten we Andy en Nick, de twee Ozark Riders. Halverwege de middag reden Bandido Alain, Ozark Rider Andy, Ozark Rider Nick en zijn vriendin, en Caroline en ik Springfield uit en reisden nog eens honderd kilometer naar het noordoosten, dichtbij Ozark Lake, waar we een groep jongens zouden bezoeken die interesse hadden getoond. door zich bij de Ozark Riders aan te sluiten.

Dit was een goede gelegenheid om een beetje zakendoen met plezier te combineren. Gezien het feit dat clubzaken meestal plezier zijn, was de bijeenkomst een bonus. We kwamen vroeg in de avond aan op onze bestemming nabij Ozark Lake met een brandende zonsondergang die de donker wordende lucht kleurde. Na het diner en een korte ontmoeting trokken we ons terug voor de nacht. We waren goed ontvangen tijdens de bijeenkomst en de groep jongens met wie we spraken zou uiteindelijk Ozark Riders worden.

De volgende dag vertrokken we vroeg naar Kansas City, Missouri, waar we van plan waren te stoppen en ons respect te betuigen aan de plaatselijke afdeling van de Boozefighters Motorcycle Club, in de

DE ASSIMILATIE

Amerikaanse folklore bekend als "The Original Wild Ones" omdat ze deel uitmaakten van de inspiratie achter de eerste motorfilm, *The Wild One*. Het was onze bedoeling om Kansas City te bereiken voordat de hitte ondraaglijk werd, maar helaas was dat niet het geval. Tegen de tijd dat we de noordkant van Kansas City bereikten, was het erg heet en waarschijnlijk bijna honderd graden Fahrenheit. De meesten van ons, zuiderlingen, konden de hitte redelijk goed verdragen, maar Bandido Alain – een bewoner van het land van ijs en sneeuw – had enige moeite om met de grillige omstandigheden om te gaan. Hij begon op een overrijpe tomaat te lijken, dus het stoppen voor de middag was een welkome opluchting.

We brachten een paar uur door in Kansas City, gelegen op de kruising van de rivieren Missouri en Kansas, en beschouwd als een van de mooiste steden in de Verenigde Staten. Het staat bekend om het feit dat het meer boulevards heeft dan enige andere stad ter wereld behalve Parijs en meer fonteinen dan welke andere stad dan ook behalve Rome. Hoewel in mijn ogen niets de grandeur van de natuur kan verslaan, is Kansas City een visueel genot, een perfect voorbeeld van ijverige stadsplanning.

Na wat te hebben ontspannen en te hebben genoten van een goede maaltijd, verlieten we Kansas City rond 18.00 uur, in de hoop Omaha net in het donker te maken. Deze keer lagen we op schema en kwamen we volgens plan naar Omaha. We vonden een fatsoenlijk motel en brachten een rustige nacht door om onze batterijen op te laden voor het volgende deel van de reis. Het was een goede dag geweest zonder grote storingen, alleen voldoende waterpauzes, eten en tankstops. De volgende dag zou een ander verhaal zijn. We waren nu ver weg van alle overvloedige schaduwbomen en glooiende heuvels van Missouri en zouden op weg zijn naar de hete, droge vlaktes van South Dakota.

DE ASSIMILATIE

De volgende ochtend, maandag 6 augustus, stonden we vroeg op en gingen op weg naar Sioux Falls, South Dakota. We wisten dat we er laat in de ochtend moesten zijn als we de voor die dag voorspelde verstikkende hitte wilden vermijden. Tegen het middaguur waren er temperaturen van honderd graden nodig. Onder een brandende vlaktezon die gewoon te warm was voor comfort: het was niet goed voor de fietsen, het was zeker niet goed voor ons. En ik maakte me grote zorgen over Bandido Alain; de hitte was letterlijk een schop onder zijn kont!

Ondanks de zonnebrandcrème die hij en de rest van ons royaal op de blootliggende huid hadden gesmeerd, waren Alains gezicht en nek alarmerend helderrood. Gelukkig verliep de rit goed en hielden mannen, vrouwen en machines stand. Iets na twaalf uur kwamen we aan in Sioux Falls, bekend als de "Gateway to the Plains". Ik zou een andere 1%-vriend van mij ontmoeten, Mike, die reed met de Sons of Silence Motorcycle Club in Minnesota. Mike zou zich voor de rest van de rit naar Sturgis bij onze groep voegen, die nu uit vijf renners en twee passagiers bestond.

Sons of Silence Mike en ik hadden eerder afgesproken elkaar te ontmoeten in een plaatselijke tattooshop in Sioux Falls, waar we allebei een gemeenschappelijke vriend hadden. Mike en ik kenden het "piercing meisje" van de winkel, de weduwe van een Bandido uit Louisiana. We brachten het grootste deel van de vroege middag door met rondhangen, ontspannen, bijpraten en tv kijken in de winkel met airconditioning. Later die dag, nadat de temperatuur was gedaald en een groot deel van de hitte was verdwenen, reden we allemaal westwaarts over de Interstate 90 naar Chamberlain, South Dakota, onze laatste stop van de dag. Inmiddels zat de I-90 vol met Harleys, honderden en honderden, in westelijke richting richting Sturgis. Het was een lust voor het oog, het donderende geluid van de vele motorfietsmotoren klonk als muziek in mijn oren.

DE ASSIMILATIE

Onze reizende entourage bestond nu uit mij, Caroline, Bandido Alain, Ozark Rider Andy, Ozark Rider Nick, de vriendin van Ozark Rider Nick en Sons of Silence Mike. We hoopten Chamberlain te bereiken, zo'n 340 kilometer ten oosten van Sturgis, net voor het vallen van de avond, en daar ongeveer vijftig andere leden van de Sons of Silence te ontmoeten. Terwijl we in de tattooshop in Sioux Falls waren, hadden we een motel in Chamberlain gereserveerd. Gelukkig hadden we er een kunnen vinden met enkele lege kamers. Ik was al vaker op deze manier geweest en wist dat het heel gemakkelijk was om in deze omgeving vast te lopen zonder benzine, water, voedsel of onderdak.

We maakten goede tijd en reden net rond de schemering Chamberlain binnen. We hadden geen problemen om ons motel te vinden in het kleine stadje waarvan de bevolking op dat moment ongeveer tweeduizenddriehonderdachtendertig inwoners bedroeg. Dit aantal omvatte waarschijnlijk ook de katten en honden, want er was nauwelijks een mens te bekennen. Ik was verrast hoeveel impact de hitte op iedereen had. Zelfs met de tussenstop in Sioux Falls tijdens het slechtste deel van de dag was iedereen uitgeput en keek uit naar een goede maaltijd en een ontspannende nacht. Hoewel ik pas begin veertig was, begon ik te beseffen dat ik niet langer eenentwintig jaar oud was. Het leek erop dat hoe ouder ik werd, hoe moeilijker de rit werd.

Hoewel Alain nog meer kapot was dan de rest van ons, gedroeg hij zich nog steeds als een kind in een snoepwinkel. Ondanks zijn ongemak was Tulsa naar Sturgis voor hem een ontdekkingstocht. Hij vond het geweldig om nieuwe plekken in de uitgestrekte Amerikaanse Midwest te zien en allerlei nieuwe mensen te ontmoeten. Alain was inmiddels behoorlijk verbrand door de zon, vooral zijn gezicht; Toen ik een nieuwe naam voor

78

hem bedacht, vroeg ik hem hoe 'kop' en 'tomaat' in het Frans werden genoemd.

"Hoofd is 'tête' en tomaat is 'tomate', wat in het Engels wordt uitgesproken als 'tight toe mat'," legde hij uit.

Vanaf dat moment noemden we hem allemaal liefkozend "Tomato Head", of moet ik in het Frans correct zeggen "Tête Tomate".

Nadat ik me bij Caroline in mijn kamer had gevestigd, nam ik een snelle douche en ging toen naar de plaatselijke bar om enkele van de Sons of Silence te bezoeken; en er waren er genoeg om mee te bezoeken – zo'n veertig in totaal. Maar ik hield het niet lang vol aan de bar en kon mijn ogen nauwelijks openhouden. Na slechts een paar ginger ales – ik was in 1986 gestopt met het drinken van alcoholische dranken – was ik geroosterd. Het leek alsof het al ver na mijn bedtijd was, en nadat ik iedereen een "goede nacht" had geboden, ging ik rond 22.00 uur terug naar het motel. Ik wilde een goede nachtrust krijgen, want we gingen opnieuw proberen vroeg op te staan om de hoogovenhitte voor te blijven die de weerman had voorspeld.

We dachten dat als alles goed zou gaan, we rond het middaguur Rapid City zouden kunnen bereiken. Zonder de "Probationary" bottom rocker die Bandido Alain droeg, hadden we dat waarschijnlijk wel gedaan. Als de Bandidos in de wereld van de 1%-ers een patchholder accepteren die bij een andere club heeft gezeten, is het een regel dat hij op proef een lid wordt voor minimaal één jaar. Dit is gebaseerd op het feit dat een lid op proef al enige motorclubervaring heeft, en dat deze eerdere ervaring hem een goede basis zal geven om op voort te bouwen terwijl hij leert hoe het is om lid te zijn van de Bandidos.

Leden op proef zijn gemakkelijk te herkennen aan hun onderste rocker, die precies dat zegt: "Proeftijd". Nadat het nieuwe lid de proefperiode heeft doorstaan, ontvangt het een patch van 1% en een

DE ASSIMILATIE

"chapter" onderste rocker, die de "Probationary" onderste rocker vervangt. Meestal duidt de onderste rocker van het "hoofdstuk" het geografische gebied aan waarin het lid woont. In het geval van Bandido Alain zou zijn onderste rocker uiteindelijk "Canada" zijn. In de begindagen van outlaw motorclubs gaf de onderste rocker de naam aan van de stad waarin het chapter was gevestigd. Deze praktijk is grotendeels vervangen door het vermelden van de staat, provincie of land op de onderste rocker. De reden hiervoor is tweeledig: om wetshandhavers, andere clubs en het publiek in verwarring te brengen, zodat ze niet in staat zijn de exacte locatie van het lid te bepalen, en om de illusie te wekken dat er veel meer leden zijn dan er in werkelijkheid zijn.

***

Het is ons gelukt om de volgende ochtend om zeven uur iedereen uit bed te krijgen. Chamberlain was op dit tijdstip van de dag niet zo actief als toen we de stad binnen reden. We genoten van een ontbijt met spek, eieren, worst, pannenkoeken en toast, weggespoeld met sinaasappelsap, melk en koffie. Volgens ons plan waren we vóór 08.30 uur weer op pad. Dat was maar goed ook, want de weersvoorspelling klopte. Er ontvouwde zich nog een brander. Op een motorfiets verhoogt de warmte die door de motor wordt afgegeven de temperatuur gemakkelijk met vijftien tot twintig graden; Op zulke momenten is het vooruitzicht van een auto met airconditioning heel aantrekkelijk. Maar we waren fietsers en tijdens de hete zomermaanden hebben we te maken met sauna-achtige rijomstandigheden. We vervolgden onze reis over de I-90 richting Sturgis, terwijl we vrolijk de snelheidslimiet volgden en ons met onze eigen zaken bemoeiden.

DE ASSIMILATIE

Ongeveer halverwege de ochtend reed een auto van de South Dakota Highway Patrol, zonder enige waarschuwing, midden in onze entourage, waardoor we feitelijk in twee groepen werden verdeeld. We hadden het geluk dat hij geen ongeluk veroorzaakte. Het was duidelijk dat hij deze roekeloze manoeuvre met volle bedoelingen uitvoerde, zonder zich druk te maken over de gevolgen. De agent achter het stuur zag eruit alsof hij naar Bandido Alain wees en hem een teken gaf dat hij aan de kant van de weg moest stoppen.

Hoewel het vrij duidelijk leek dat Alain werd uitgekozen, stopte Ozark Rider Andy, die naast Alain achterin het peloton reed, voor de zekerheid met hem mee. Wanneer iemand in een motorkonvooi door de politie een signaal krijgt om te stoppen, zal iedereen achter hem dit voorbeeld volgen; iedereen die voor hem staat, gaat door naar de volgende afslag.

Het werd vrij duidelijk dat Alain de belangrijkste man van belang was, want het eerste wat de agent deed, was Andy opdracht geven om te verdwalen. Toen het erop leek dat Andy Alain niet in de steek zou laten, knikte Alain dat hij beter het advies van de agent kon opvolgen. In navolging van Alain deed Andy het slimme en maakte er een hightail van. Destijds hadden we geen idee waarom Alain aan het kortste eind trok, maar we hoorden later dat de staatsagent wilde weten wie de nieuwe proefband Bandido op de fiets uit Oklahoma was. Het is altijd de taak van wetshandhavingsfunctionarissen in South Dakota geweest om te bepalen wie we zijn, maar deze wilde het zo graag weten dat hij het niet erg leek te vinden als sommigen van ons daarbij zouden omkomen.

De koplopers van de groep, waaronder ik en Caroline, reden ongeveer zes kilometer verder de weg af tot ze bij de volgende afslag kwamen. We stapten uit bij de afrit en parkeerden onder het viaduct van de snelweg om ons tegen de brandende zon te beschermen. Het duurde niet lang voordat Ozark Rider Andy ons inhaalde. We wisten inmiddels dat de agent alleen geïnteresseerd was in Bandido Alain, en we vroegen ons af wat er met hem zou gebeuren. We waren behoorlijk bezorgd dat hij zou worden gearresteerd wegens een of andere immigratieovertreding. Ik kan me alleen maar de verbaasde blik op het gezicht van de agent voorstellen toen hij ontdekte dat Alain Engels sprak met een zwaar Frans accent; dat hij een Canadese Bandido was die op een motorfiets reed die hij in Oklahoma had geleend; en dat hij een rijbewijs uit Quebec had.

Het kostte de politieagent een hele tijd om onze Frans-Canadese broer te controleren. Gelukkig kwam hij leeg; hij ontdekte niet eens dat Alain Brunette de president van Bandidos Canada was. Om er zeker van te zijn dat zijn inspanningen geen totale tijdverspilling waren, schreef de Highway Patrol-officier Alain een verkeersboete van honderd dollar uit omdat hij een te luidruchtig uitlaatsysteem had. Dit was interessant omdat de fiets gloednieuw was en er nog steeds de standaard fabrieksuitlaat op was geïnstalleerd. Eigenlijk nam de agent niet eens de moeite om het uitlaatsysteem te testen; ongetwijfeld wist hij dat als hij dat deed, de monitor zou aangeven dat het uitlaatsysteem aan de vereiste geluidsniveaunormen voldeed.

Dit scenario deed me enigszins denken aan het incident op de Autobahn in Duitsland, toen we een bekeuring kregen wegens zogenaamd te hard rijden op een wegwerkzaamhedengebied. Als je als motorrijder onderweg bent en door de autoriteiten wordt aangehouden, kun je er zeker van zijn dat het je geld gaat kosten, vooral als je er niet in slaagt hun vermoedens te bevredigen dat er een soort arrestatiebevel rondzwerft voor je arrestatie. .

DE ASSIMILATIE

Volgens het motorprotocol wacht de rest van het konvooi minstens een uur bij de volgende afrit wanneer iemand in een groep wordt aangehouden. Als hij binnen die tijd niet de straat op komt, weet je dat hij in hechtenis is genomen. Daarom waren we allemaal dolblij toen we Bandido Alain eindelijk over de snelweg onze kant op zagen rennen. Hij voegde zich bij ons onder de brug en stak zijn duim omhoog terwijl hij tot stilstand kwam.

"Nou, dat was zeker heel interessant. Ik dacht dat ik diep in de problemen zou komen, maar het enige dat ik kreeg was een kaartje voor een luidruchtige uitlaatdemper. Ga maar eens kijken," zei Alain.

"Ja, ga maar eens kijken," zei ik. "Maar je gaat tenminste nog steeds naar Sturgis en dat moet als een goede zaak worden beschouwd."

We slaakten allemaal een oorlogskreet, startten onze fietsen en reden weer de snelweg op. In mijn achterhoofd hoopte ik dat we een paar kilometer verderop niet opnieuw zouden worden aangehouden. Dit was mij al vaker overkomen; je wordt één keer tegengehouden, de kans is groot dat je twee keer wordt tegengehouden. Alain had geluk gehad, want hij had net zo goed in dezelfde hachelijke situatie terecht kunnen komen als ik in zijn land, toen hij te maken kreeg met immigratieambtenaren die hun lol met de levens van mensen lieten verpesten, allemaal uit naam van het doen van hun plicht uiteraard. Het laatste wat ik wilde was dat Alain te gast zou zijn bij Uncle Sam. In totaal kostte de ontmoeting met de Highway Patrol-agent ons meer dan een uur en het werd heel erg heet!

Het laatste stuk van onze reis verliep prettig rustig, maar we moesten wel vaker stoppen voor water. Het leek erop dat we net zo snel uitdroogden als we hydrateerden. We kwamen rond 13.00 uur in Rapid City aan en gingen rechtstreeks naar het Bandidos-clubhuis aan de oostkant van de stad. Iedereen in het clubhuis was erg blij ons te zien, en behoorlijk verrast om Bandido Alain te zien. Alain was gewoon blij om daar te zijn, punt uit, nog heel, maar erg verbrand door de zon. Voor hem was dit de langste rit op de fiets in zijn hele leven geweest – het was, zoals hij het noemde, zijn "grote avontuur".

***

We brachten bijna vier dagen door in het Sturgis/Rapid City-gebied. We waren feitelijk op de ochtend van dinsdag 7 augustus aangekomen en zouden uiteindelijk op de 11e rond 16.00 uur vertrekken. Toen we de chaotische binnenstad van Sturgis Bandido bereikten, kon Alain, die zich nog steeds gedroeg als het kind in de spreekwoordelijke snoepwinkel, zijn ogen niet geloven. De historische Main Street en de vijf centrale blokken van de stad – alleen toegankelijk voor motorverkeer tijdens de Rallyweek – waren een oceaan van veelkleurige fietsen en even kleurrijke mensen in alle soorten en maten. Voeg daar nog eens bijna duizend 1%-ers aan toe, waarvan vierhonderd Bandidos tijdens de Rally van 2001, en je had soapseries, realityshows en circussen om zelfs de meest afgematte bezoeker tevreden te stellen. Tijdens de Rallyweek is Sturgis een plek om te "zien" en "gezien te worden". De straten zijn ook bezaaid met verkopers die een brede selectie goederen verkopen, variërend van leer tot de altijd aanwezige souvenir-T-shirts, sieraden en natuurlijk motorfietsonderdelen van elke soort. En er is genoeg eten te krijgen, variërend van oude standbys zoals hamburgers en friet tot exotisch zoals alligator, struisvogel en jambalaya.

Naast rondhangen en genieten van de waanzin zorgde ik ervoor dat Bandido Alain enkele van de meer populaire toeristische attracties in de omgeving te zien kreeg. Het hoogtepunt van onze tour buiten de stad was Mount Rushmore, de beroemde plek met de gigantische hoofdsculpturen

DE ASSIMILATIE

van de voormalige Amerikaanse presidenten George Washington, Thomas Jefferson, Theodore Roosevelt en Abraham Lincoln. Als goede toeristen namen we de gebruikelijke foto's om de mensen thuis te laten zien.

Als we Sturgis niet bezochten of aan het feesten waren, brachten we onze nachten door in een huis dat we in Rapid City huurden. Het hele Oklahoma Bandidos-hoofdstuk bleef daar, plus Andy en Nick van de Ozark Riders en alle Canadese Bandidos die de grens overstaken. Het was een nette, compleet ingerichte woning met vier slaapkamers in een leuke buurt; het had een zeer handige keuken, die tijdens ons verblijf een soort centrale rol kreeg. De dames kookten elke dag enorme maaltijden; we zorgden er gewoon voor dat er altijd voldoende eten in de koelkast stond. In de kelder was een enorme open ruimte waar verschillende groepen op alle uren van de dag samenkwamen. We hadden bij Wal-Mart een stapel opblaasbare matrassen gekocht, waar iedereen op kon slapen, en die hadden we op de dag dat we vertrokken via het postkantoor naar huis gestuurd. Aan het einde van de week was het huis een hotel geweest voor ruim twintig personen en we lieten het achter zoals we het aantroffen... onberispelijk! Voor iedereen die het stereotype motorrijderimago gelooft en verwacht dat de plek vernield zal worden, zou het zien van het leegstaande huis in deze staat een grote schok zijn geweest.

Laat in de week verscheen er een auto vol Bandido's uit Canada bij het huis. In de groep zaten Bandido Vice Presidente Peppi uit Toronto – het ex-Loners Motorcycle Club-lid dat een paar maanden eerder Bandido was geworden – en een andere Bandido genaamd Luis Manny "Porkchop" Raposo. Bandido Peppi en Bandido Porkchop reden non-stop vanuit Toronto helemaal naar Rapid City, brachten daar twee dagen door en reden non-stop helemaal terug. Ik had medelijden met ze, want het enige wat ze ooit zagen toen ze daar waren, was het clubhuis en het huis dat we huurden.

85

DE ASSIMILATIE

Ze hebben nooit de kans gehad om echt te ervaren waar Sturgis voor staat tijdens de Rally Week of de bezienswaardigheden te zien zoals Bandido Alain dat deed.

Ik had echt gehoopt dat Bandido El Secretario Robert "Tout" Leger bij Peppi en Porkchop zou zijn, maar dat was helaas niet het geval. Sinds ik Canada had verlaten, had ik bijna elke dag met Bandido Tout gesproken. Vanaf het moment dat Bandido Alain in Oklahoma aankwam, hadden we allebei met hem aan de telefoon als de gelegenheid zich voordeed. We probeerden allebei tevergeefs Tout over te halen naar Sturgis te komen; Eén keer dachten we zelfs dat hij zich bij ons zou voegen.

"Hé jongens, jullie weten dat ik heel graag zou willen komen, maar als ik om wat voor reden dan ook in de Verenigde Staten wordt opgepakt, ben ik echt genaaid. Ik weet niet wat ik moet doen," zei Tout. "Mijn hart zegt: ga, maar mijn verstand zegt nee. Je weet wat ik bedoel?"

Ondanks dat we hem bij ons wilden hebben, wisten we inderdaad wat hij bedoelde. Bandido Tout aarzelde zeer om Canada te verlaten, omdat hij destijds onderworpen was aan borgbepalingen die hem ervan weerhielden de omgeving van Montreal te verlaten. Uiteindelijk besloot hij dat het te riskant was om het risico te nemen. Ik heb nog twee of drie keer met hem gesproken toen ik in Sturgis was, en ik moest het met hem eens zijn dat hij de juiste beslissing had genomen.

"Voel je niet slecht voor mij, oké? Ik zal cool zijn. Ik ga naar mijn huis op het platteland en breng daar het weekend door met mijn gezin. We kunnen wel een pauze gebruiken," vertelde hij me tijdens ons laatste gesprek. "Ik weet zeker dat we binnenkort allemaal samen zullen komen."

Na vier dagen van feestvreugde en plezier in de zon, en het samenkomen met Bandidos van over de hele wereld, gingen Alain, Caroline en ik op pad voor de lange rit terug naar Oklahoma. We vertrokken laat op

86

DE ASSIMILATIE

zaterdagmiddag 11 augustus en reden helemaal naar de spoorwegstad North Platte, Nebraska, een afstand van ongeveer driehonderdvijfentwintig mijl. In North Platte pakten we een motelkamer voor de nacht, waar we kort na aankomst in slaap vielen. We hadden gepland om de reis in slechts twee dagen te maken. Bandido Alain zou dinsdagochtend terugvliegen naar Canada en hij wilde een dagje ontspannen voor de vlucht.

De volgende ochtend stonden we vroeg op om de resterende zeshonderd mijl naar Tulsa af te leggen. Het was een bewolkte dag en er was regen voorspeld. Op weg naar de stad reden we langs de Union Pacific Railroad Bailey Yard, het grootste spoorwegclassificatieemplacement ter wereld. Deze gigantische tuin beslaat maar liefst tweeduizend achthonderdvijftig hectare en heeft een totale lengte van twaalf kilometer. Terwijl we in oostelijke richting over de Interstate 80 door Nebraska reden, begon het erop te lijken dat het zeker zou gaan regenen. Toen we eindelijk de regen tegenkwamen, draaiden we naar het zuiden en vervolgens naar het oosten, om er omheen te komen. Omgaan met warm weer tijdens het fietsen is één ding, regen is iets heel anders en ik zal er bijna alles aan doen om het te vermijden. Een omweg langs de regen bracht ons ver buiten de gebaande paden, maar al snel bevonden we ons in een heldere, zonnige hemel. We reisden over een reeks provinciale wegen, waar, afgezien van enkele lokale voertuigen, geen verkeer was.

Hoewel we kostbare tijd verloren, kregen we een stukje Nebraska te zien dat geen enkele toerist ooit ziet: schilderachtige kleine plattelandsstadjes en kilometerslange maïsvelden. Terwijl je bakt onder de hete zon van de vlakten, zweeft er vanuit die maïsvelden een zoete geur de lucht in; het is geen wonder dat ze Nebraska de "Cornhusker State" noemen.

Op een verlaten punt op onze reis dacht ik dat ik zonder benzine zou komen te zitten. Omdat ik Caroline bij me had, verbrandde ik meer brandstof per kilometer dan Alain, ook al reden we op vrijwel identieke fietsen. Die dag ontdekte ik dat de Superglide FXDL in reserve bijna vijfentwintig kilometer zou afleggen, wat net genoeg bleek te zijn om een benzinestation te vinden. Na het tanken staken we Kansas over en reden zuidwaarts over State Highway 81, door de tarwevelden naar Salina en Wichita.

Uiteindelijk staken we in de late namiddag de grens met Oklahoma over en stopten net ten noorden van Blackwell aan de Interstate 35 bij een Conoco-tankstation voor meer brandstof. Toen ik op het station was, maakte ik van de gelegenheid gebruik om op mijn mobiele telefoon te controleren op berichten en merkte dat het er nogal wat waren. Ze waren echter niet voor mij, maar voor Alain. Alle berichten, afkomstig van stemmen die nogal dringend klonken, brachten in feite hetzelfde over: "onmiddellijk" naar huis bellen. Ik had twee uur eerder bij de laatste tankstop gecontroleerd of er berichten waren, maar die waren er niet geweest. Er was duidelijk iets aan de hand. Ik overhandigde Alain mijn mobieltje en keek toe hoe hij nerveus een paar cijfers intoetste.

"Ik denk niet dat dit goed is," zei Alain. "Ik haat berichten waarin staat dat ik onmiddellijk naar huis moet bellen. Het is nooit goed nieuws."

Ik wist dat het heel erg was toen ik een traan over Alains gezicht zag glijden voordat hij zelfs maar de telefoon opnam. Ik had geen idee wat er aan de hand was, want hij sprak in het Frans; het enige woord dat ik herkende was "Tout". Als het alleen maar slecht nieuws was geweest, zou ik opgelucht zijn geweest, maar het was erger dan slecht nieuws: het was het slechtst mogelijke nieuws dat ik in jaren had gehoord. Toen hij aan de lijn kwam, legde Bandido Alain mij en Caroline verdrietig uit dat Bandido El Secretario Robert "Tout" Leger was vermoord door de Hells Angels.

DE ASSIMILATIE

"De klootzakken schoten hem neer in het bijzijn van zijn vrouw en kinderen in hun landhuis. Hij had ze zien aankomen en kwam tussen hen en zijn familie in staan," zei Alain met haperende stem. "Je zult dit niet geloven, maar Tout was bijna zeven jaar lang een Rock Machine-prospect, niet omdat hij een fout was of zoiets. Ik denk niet dat het hem echt kon schelen of hij ooit bij de club zou komen. Tout was zijn eigen man. Hij was een geweldige motorrijder. We keken allemaal naar hem op en respecteerden hem."

Alain legde verder uit dat de ene moordenaar een machinegeweer had afgevuurd en de ander een pistool, waardoor Bandido Tout met kogels werd doorzeefd. Ik kon mijn oren niet geloven. Ik kende Tout nog maar kort, maar het voelde alsof ik een vriend voor het leven verloor. Wat een eeuwigheid leek, zaten we in doodstilte bij het benzinestation. Het was een trieste dag voor ons allemaal – voor alle Bandidos. Tout was de eerste nationale chapterofficier in de geschiedenis van de Bandidos die door een andere motorclub werd vermoord.

"Weet je, Tout stierf zoals hij had geleefd. Hij was een man van moed en actie, die altijd aan anderen dacht en niet aan zichzelf," mompelde Alain na een lange stilte.

Ik wist dat het het beste was om Alain wat rustige tijd te gunnen en ik trok me terug in mijn eigen verwarde gedachten. Caroline, altijd met haar emoties onder controle, staarde alleen maar in haar eigen ruimte en dacht na over wie weet wat. Ik dacht na over een deel van de Rock Machine-geschiedenis waar Bandido Tout me over had verteld tijdens de korte acht maanden dat ik hem kende. Halverwege de jaren negentig was Tout de eerste Rock Machine die zich ooit in de Verenigde Staten waagde. Hij had een duidelijk omschreven missie voor zich: contact maken met de Bandidos en met hen praten over de Rock Machine die wil overnemen. Omdat Tout uitstekend Engels sprak, was hij naar Houston gestuurd om leden van de Bandidos te zoeken. Omdat er vooraf geen communicatie was geweest, zouden alle leden van de Bandidos die hij kon opsporen, dat moeten doen.

"Ik kende geen mens in Texas. Niemand! Maar we dachten dat ik niets te verliezen had, dus ging ik," had Tout me verteld. "We haatten de engelen echt omdat ze dachten dat ze ons en alle anderen konden vertellen wat ze moesten doen."

Op de een of andere manier slaagde een zelfverzekerde en vindingrijke Tout erin een groep Bandidos te lokaliseren in een bar in Houston. Toen hij vertelde dat hij lid was van de Rock Machine uit Canada, en dat hij daarheen was gestuurd om contact te leggen omdat ze Bandidos wilden worden, zeiden ze hem in niet mis te verstane bewoordingen dat hij moest verdwalen.

"Als ik er nu over nadenk, was dat behoorlijk gek om te doen. Ik had het geluk dat ik niet helemaal terug naar Canada werd geschopt," zei Tout lachend. "We waren behoorlijk naïef om te denken dat we met open armen zouden worden ontvangen door de Amerikaanse Bandidos."

Ik werd teruggetrokken in het moment waarop ik plotseling Caroline's hand op mijn schouder voelde en me een klein duwtje gaf. Alain zat al op zijn fiets.

"Ik denk dat we nu moeten gaan," zei Caroline. "Alain ziet eruit alsof hij klaar is om de weg op te gaan."

Met pijn in het hart stapte ik weer op mijn Harley en gingen we op weg om de laatste honderd kilometer naar Tulsa af te leggen. We reden naar het oosten en stopten ongeveer halverwege, net ten zuiden van een stad genaamd Pawhuska. Dit was de locatie van Biker Days, een groot jaarlijks motorfeest dat Oklahoma's versie van Sturgis was, zij het op veel kleinere schaal. Ik had Alain beloofd dat we zouden stoppen en een foto van hem zouden maken op de daadwerkelijke locatie van de locatie. Hij had altijd al naar het evenement willen gaan, maar het was er nooit van gekomen. Nu kon hij tenminste zeggen dat hij op de plek was waar het feest elk jaar werd gehouden.

De foto die Caroline van ons maakte zal altijd de herinnering aan die noodlottige dag oproepen: Bandido Alain en mij met een rood gezicht, die tevergeefs probeerden de indruk te wekken dat we gelukkig waren, terwijl dat duidelijk niet het geval was. Onze laatste uren onderweg waren een vreselijk einde van een prachtige week gebleken. Maar zo is het leven: een complex tapijt van ups en downs, vreugde en verdriet – je moet gewoon het goede met het slechte nemen. We hervatten onze reis en kwamen zondagavond net na donker bij mijn huis aan.

Iedereen nam een warme douche, at wat en ging meteen naar bed. Ik viel in slaap en dacht aan Tout en de zinloosheid van zijn dood. Ik wist dat geweld, dood en tragedie soms onaangename neveneffecten waren van de levensstijl van outlaw-motorrijders, maar de wreedheid van wat er in Canada – en daarvoor in Scandinavië – was gebeurd, verdoofde mijn geest. In de Verenigde Staten, waar een hoge concentratie van 1%-ers bestaat, was ongebreidelde slachting relatief zeldzaam. Terwijl ik in slaap viel, gingen mijn laatste wakende gedachten uit naar de kwetsbaarheid van het leven... en mijn kindertijd. Ik was blij dat ik nog onder de levenden was...

DE ASSIMILATIE

Hoofdstuk

-5-

Geboorte Van Een Motorrijder

Ik kwam ter wereld in Hartford, Connecticut in de zomer van 1955. Hartford is niet alleen de hoofdstad van Connecticut, maar staat vooral bekend om zijn talrijke verzekeringsmaatschappijen. Ze hebben de stad de bijnaam "verzekeringshoofdstad van de wereld" opgeleverd. Hartford is ook de thuisbasis van de beroemde vuurwapenfabrikant Colt's Manufacturing Company, die werd opgericht in 1847. Ik vond dit ironisch, later in mijn leven, toen ik in Oklahoma, Texas en Florida strafrechtelijk werd vervolgd, elke keer voor het bezit van één wapen. van Colt's beroemde automatische pistolen van 45 kaliber.

De dag na mijn geboorte stond mijn moeder mij af ter adoptie en werd ik naar een pleeggezin gestuurd. Mijn vader had op dat moment geen idee wat er aan de hand was. Hij lag op het punt te gaan scheiden van mijn moeder en ze hadden geen contact met elkaar. Zodra hij zich bewust werd van mijn lot, probeerde hij tevergeefs de voogdij over mij te krijgen. Misschien heeft dit ongunstige begin bijgedragen aan het pad dat ik in het leven zou volgen. Een leven vol avontuur en tegenslagen – een leven dat er uiteindelijk toe zou leiden dat ik een 1%er outlaw-motorrijder zou worden.

Zes maanden na mijn geboorte werd ik geadopteerd door een kinderloos echtpaar, Warren en Helen "Dolly" Winterhalder. Ze woonden in Hamden, Connecticut, een rustige buitenwijk van New Haven en de geboorteplaats van de met een Oscar bekroonde acteur Ernest Borgnine. Warren was een verkoper van bedrijfsformulieren en Dolly een huisvrouw. Het waren geweldige mensen en het was een geluk voor mij dat zij degenen waren die mij uit het pleeggezin hebben bevrijd. De eerste vijf jaar bracht

DE ASSIMILATIE

ik met plezier door met spelen in onze wijk Gorham Avenue en ging naar de nabijgelegen kleuterschool. In de zomer van 1961 verhuisden we naar een gloednieuw huis, pal in het centrum van een middenklassewijk in Northford, Connecticut, een stad met minder dan duizend inwoners.

Ons nieuwe huis, ongeveer een halfuur rijden van Hamden, was een split-level huis met drie slaapkamers aan Carlen Drive, een doodlopende straat met een keercirkel en een basketbalring in het midden ervan. Aan het einde van de doodlopende weg lag ook een grote vijver, gevormd door een afgedamde kreek. Er was een loopbrug over de kreek die naar een enorm veld leidde waar kinderen uit de buurt honkbal speelden in de zomer en voetbal in de herfst. Achter het veld lag een bosrijke omgeving die voor mij op een klein bos leek. Voor een zesjarig jongetje was deze plek de hemel op aarde. Ook al kreeg ik pas een tijdje nadat we ons hadden gevestigd de vrije hand over de plek, ik was blij mezelf in deze nieuwe omgeving te bevinden.

Ik ging in de herfst van 1961 naar de eerste klas van de William Douglas Elementary School. Van gewoon een onopvallende nieuweling werd ik het gesprek van de dag toen ik tijdens de pauze werd overreden door een stel vijfdeklassers die aan het voetballen waren; Door dit ongeluk brak mijn linkerbeen. In de herfst van 1963, toen ik acht jaar oud was, veranderde ik van school en ging naar de Stanley T. Williams Elementary School in Northford.

Tegen de tijd dat de vierde klas aanbrak, was ik me ervan bewust geworden dat ik behoorlijk intelligent was; mijn leergemak en goede A-cijfers waren voldoende getuigenissen. Ik besteedde veel tijd aan lezen, iets wat ik tot op de dag van vandaag doe. Hoewel het verplichte lectuur was op de middelbare school, werd *The Outsiders* van S.E. Hinton was een van mijn eerste favoriete boeken. Ik ontdekte later dat de auteur toevallig uit Tulsa kwam. (Terwijl ik in New York City mijn eerste boek, *Out In Bad*

DE ASSIMILATIE

Standings, promootte, had ik het genoegen mevrouw Hinton te ontmoeten en haar te vertellen hoeveel *The Outsiders* voor mij hadden betekend.)

Hoewel ik graag las, keek ik ook graag televisie. Tot mijn favoriete shows toen ik opgroeide, behoorden *Bonanza, Wagon Train, Route 66* en *Mission Impossible*. Jaren later kwam ik erachter dat mijn biologische vader eigenlijk bijrollen speelde in *Wagon Train*. Daar zat ik, gekluisterd aan de televisie, onbewust kijkend naar mijn echte vader die speelde in een van mijn favoriete westerns.

Ik was ook erg geïnteresseerd in muziek en ontwikkelde al snel een fascinatie voor Myron Floren, de accordeonist van de Lawrence Welk Show. Ik overtuigde mijn ouders ervan mij accordeonlessen te laten volgen aan de Betty Revegno Accordion School in Wallingford, Connecticut. Dit kwalificeerde mij ongetwijfeld als een bonafide weirdo, want zelfs in die tijd was de accordeon nauwelijks het instrumentkeuze van de meeste kinderen. Achttien maanden na mijn eerste les was ik zo verdiept in de accordeon dat ik de eerste plaats won in een staatswedstrijd voor spelers van tien jaar. Het duurde echter niet lang voordat ik ontdekte dat het instrument niet erg "hip" was. De gitaar was veel cooler, dankzij alle gitaargestuurde groepen die destijds opdoken, zowel Amerikaans als Brits. Al snel wilde ik gitaar spelen zoals mijn nieuwe helden.

Ondanks dat ik mijn ouders voortdurend aanspoorde om een gitaar voor me te kopen en me lessen te laten nemen, wilden mama en papa niet toegeven. Maar ik vond een manier om te krijgen wat ik wilde: ik ging door met mijn accordeonlessen, zodat ik vanaf dat moment gitaar kon leren spelen. een andere leraar in de studio. Meestal ging ik er vroeg heen en de gitaarleraar liet me dan in de kamer zitten en toekijken terwijl ze haar leerlingen les gaf. Na mijn accordeonles kon ik een schoolgitaar lenen en oefenen wat ik had geleerd. Het zou jaren duren voordat ik al die gitaarlessen goed kon gebruiken, maar uiteindelijk deed ik dat toch. Toen ik ouder werd, schreef ik veel liedjes en tegen de tijd dat ik vijfendertig was, had ik drie albums zelf geproduceerd en opgenomen onder de artiestennaam Warren Winters.

***

Afgezien van het feit dat ik door de meeste kinderen in mijn buurt werd uitgesloten omdat ze te intelligent waren, was mijn leven redelijk normaal tot ik elf jaar oud was. Volgens conventionele maatstaven was ik een brave jongen: ik volgde de lijn en volgde het rechte en smalle pad. Zoals veel kinderen die gezegend waren met een zekere mate van intelligentie, was ik niet zo goed in sport. Zelfs Amerika's favoriete tijdverdrijf, honkbal, bleek voor mij een hele opgave. Hoewel ik – op aandringen van mijn vader – een jaar lang lid was van een georganiseerd Little League Baseball-team, was mijn belangrijkste functie vooral die van bankverwarmer. Ik speelde wat outfield en tweede honk voor het team, maar met desastreuze resultaten. Ik besefte al snel dat sporten duidelijk niet mijn sterkste punt was en ik ging snel over op wat ik als grotere en betere inspanningen beschouwde: geld verdienen!

Toen ik een jaar of elf was, begon mijn ondernemerszin zich te manifesteren. Ik begon sneeuw te ruimen in de winter en gazons te maaien in de zomer om wat geld te verdienen. Hoewel kinderen in die tijd nog niet zo ongebruikelijk waren om gras te maaien en sneeuw te scheppen, was het werken op een plaatselijk melkveebedrijf iets waar de meeste nakomelingen uit de buitenwijken voor terugdeinsden. Ik niet, als er geld te verdienen viel, was ik er klaar voor. Het werk leverde niet zoveel op, maar ik kon dingen kopen die ik wilde, zoals 45-toeren Beatles-platen, bij Barkers, de plaatselijke discountwinkel. Ik was een grote Beatles-fan en kocht al hun vroege singles en albums.

Een favoriet tijdverdrijf van mij was het kijken naar de bouw van nieuwe huizen in mijn buurt. Dit was het tijdperk van de oorspronkelijke stadsuitbreiding en huizen gingen links en rechts omhoog. Om mij destijds onbekende redenen was ik gefascineerd door het bouwproces: het was alsof het bouwen in mijn ziel was geworteld. Dertig jaar later zou ik ontdekken dat mijn biologische vader, opa en overgrootvader allemaal bouwers en timmerlieden waren. Zoals het gezegde luidt: "de appel valt niet ver van de boom" en ik zou uiteindelijk in hun voetsporen treden.

Ik begon op de middelbare school in North Branford, Connecticut, waar ik naar de zesde klas ging. Northford, het gebied waar ik woonde, was een klein deel van North Branford en ik moest ongeveer acht kilometer reizen om van huis naar school te komen. Ik vond het toen nog een heel eind! Het sociale leven op North Branford Junior High was totaal anders dan wat ik gewend was op de basisschool waar ik in Northford was afgestudeerd; het duurde niet lang voordat ik in aanraking kwam met wat de meeste ouders de "verkeerde" groep zouden noemen.

Maar ik voelde me meteen thuis bij deze kinderen om redenen die ik toen niet begreep. Het had ongetwijfeld te maken met het feit dat ik voor het eerst in mijn leven eindelijk voelde hoe het was om daadwerkelijk broers te hebben. Deze kinderen bespotten mij niet, beoordeelden mij niet op mijn IQ, of veroordeelden mij niet vanwege mijn gebrek aan talent op het sportveld. Ze accepteerden mij als een van hen en al snel was ik een van de leiders en belangrijkste aanstichters van de groep.

Het is niet verrassend dat ik mijn "slimheid" begon te gebruiken om de beste streken te bedenken en manieren te bedenken om in de problemen te komen. Tijdens mijn eerste jaar op North Branford Junior High heb ik een enorme hoeveelheid veranderingen meegemaakt. Ik was een modelstudent en -zoon, maar nu begon ik alle vormen van autoriteit in twijfel te trekken. Het was ook rond deze tijd dat mijn ouders me vertelden dat ik geadopteerd was. Hoewel ik aanvankelijk geschokt was toen ik het nieuws hoorde, verklaarde de grimmige realiteit van de situatie veel dingen. De gedachte dat ik misschien geadopteerd was, was meer dan eens door mijn hoofd gegaan. Nu wist ik waarom ik qua uiterlijk, mentaliteit en karakter zo anders was dan Warren en Dolly.

Hoewel mijn moeder mij altijd had gesteund en trots was op mijn hoge intellect, had mijn vader, een doorsnee man met veel emotionele bagage, er om de een of andere reden een hekel aan. Op een keer raakte hij erg overstuur toen ik erin slaagde een kerstcadeau samen te stellen dat ik had gekregen toen ik zeven of acht was. Hij had het niet in elkaar kunnen zetten en moet zich schamen, want hij heeft nooit meer een cadeau voor mij gekocht dat in elkaar gezet moest worden.

Ik heb nieuwe vriendschappen ontwikkeld op North Branford Junior High die een enorme impact op mij zouden hebben. De eerste en belangrijkste was met Peter "Pete" Hansen. Pete was de zesde van zeven zoons en hij was van mijn leeftijd. Pete had twee oudere broers die ik kende, Walter "Walt" Hansen en Harry "Skip" Hansen. Ironisch genoeg zou Skip uiteindelijk een grotere rol in mijn leven spelen dan Pete. Nadat Skip een paar jaar later, toen we allemaal volwassen waren, naar Oklahoma was verhuisd, zouden we goede vrienden worden. Hij werkte zelfs voor mij aan een van mijn bouwprojecten en hij zou samen met mij een van de oprichters zijn van de Oklahoma Bandidos.

De Hansens waren allemaal grote, stoere kinderen die een serieuze reputatie hadden omdat ze van niemand "onzin" aannamen. Het waren mijn soort mensen. Pete en ik werden beste vrienden en waren bijna onafscheidelijk. We hebben samen veel domme dingen gedaan, maar geen daarvan maakte onze ouders erg trots op ons.

Inmiddels was ik helemaal verontwaardigd over de accordeon. Tot ontsteltenis en teleurstelling van mijn ouders stopte ik met lessen en gaf ik het bespelen van het instrument volledig op. Geld verdienen was een van de belangrijkste prioriteiten in mijn leven geworden; Ik was erachter gekomen dat het hebben van geld de wereld rond maakte. De zomer daarvoor, toen ik elf was, had ik elke week zo'n twintig gazons gemaaid met de oude Simplicity-grasmaaier van mijn vader.

Destijds was een zitgrasmaaier een noviteit en ik voelde me de koning van de heuvel die op de machine rondreed. Aan het einde van het seizoen gaf de motor het uiteindelijk op en stierf door mijn misbruik. Het feit dat ik de maaier als een hotrod bestuurde, hielp hem ongetwijfeld naar zijn laatste rustplaats op de schroothoop. Mijn vader, die mij een lesje wilde leren, ging naar buiten en kocht op mijn kosten een gloednieuwe zitmaaier. Tot mijn schrik gaf hij elk dubbeltje uit dat ik die zomer had verdiend. Ik was erg overstuur en beloofde een andere bron van inkomsten te zoeken. Hoewel ik op mijn vrije dag nog wel een of twee gazons maaide, ging ik in de zomer dat ik twaalf werd, aan de slag op een plaatselijk melkveebedrijf. Na wat problemen met de voorman van het melkveebedrijf ben ik echter vertrokken om op een groentebedrijf te gaan werken, waar het mij beter beviel en een stuk makkelijker ging.

Ik verdiende een behoorlijk inkomen op de boerderij, die toebehoorde aan de vader van een vriend, en deed redelijk goed wat ik financieel wilde. Daar leerde ik de oude zescilinder Chevy-pick-up met zes cilinders van de boerderij besturen, die werd gebruikt om de dozen met geoogste groenten op te halen. Hoewel de truck was uitgerust met een standaardtransmissie en ik de koppeling moest gebruiken om te schakelen, merkte ik al snel dat autorijden voor mij vanzelfsprekend was. Het was iets dat een zegen had moeten zijn, maar uiteindelijk een vloek werd.

De zevende klas was voor mij het begin van het einde, aangezien ik een probleemloos kind was en de vloek van het bestaan van de ouders werd. Schoolstudies waren een makkie en ik verveelde me dood. Voor mij was school tijdverspilling aan het worden en ik had het gevoel dat ik andere dingen moest gaan doen. Ik had mezelf stevig gevestigd in de menigte onruststokers die de school bestuurden, niet met kracht maar met mijn verstand.

In de late herfst van 1967 spijbelden Pete en ik van school – iets wat we nogal eens deden – en gingen we doelloos rondzwerven, op zoek naar problemen. We kwamen terecht bij een Forte's Market-supermarkt waar we wat sigaretten wilden kopen. In plaats daarvan vingen mijn ogen de welkome aanblik op van een auto die was achtergelaten met de sleutels in het contact bungelend. Het was alsof je met een rode cape voor een stier zwaaide. Ik verspilde geen tijd om in de auto te stappen, hem te starten en de straat uit te rijden. Pete nam een wijs besluit en weigerde mee te gaan op mijn joyride. Het was het avontuur van mijn leven voor een twaalfjarige en uiteindelijk bevond ik me terug in Hamden, ongeveer dertig kilometer van mijn huis en school. Ik was nauwelijks groot genoeg om over het stuur te kijken, dus het duurde niet lang voordat een oplettende politieagent uit Hamden mij opmerkte toen ik stopte bij een schoolkruispunt.

Ik werd gearresteerd en overgebracht naar de Westbrook Barracks van de staatspolitie van Connecticut, waar ik gedwongen werd in een gevangeniscel te wachten tot mijn beschaamde en zeer boze vader mij kwam halen. Het ergste van dit alles was niet dat ik werd gearresteerd of in de gevangenis zat, maar dat ik de lange, stille rit naar huis moest doorstaan en me afvroeg aan wat voor soort straf ik zou worden onderworpen. Na een gedegen lezing en strenge waarschuwingen gaf papa mij drie maanden huisarrest. Hoewel dit voor de meeste kinderen een levenslange gevangenisstraf zou hebben geleken, stoorde het mij niet zoveel; Ik wist dat ik die zin op geen enkele manier zou kunnen uitvoeren. Al snel sloop ik 's nachts mijn kamer uit en ging ik met mijn vrienden aan de slag. Vanaf dat moment ging het bergafwaarts en werd het thuis elke dag erger.

Op de een of andere manier heb ik de zevende klas gehaald, ondanks alle problemen die de gestolen auto me had bezorgd. Er was een constante behoefte in mij om een jeuk te stillen, een jeuk die gekrabd moest worden. Ik was altijd op zoek naar een uitdaging, iets om mijn intellect te stimuleren. Regelmatig auto's stelen werd al snel de oplossing; en het werd een slechte gewoonte die ik niet kon afschudden. Ik vond de adrenalinestoot bedwelmend – het aura van onoverwinnelijkheid dat ik voelde was bijna net zo krachtig als de misdaad. En als bonus ontdekte ik al snel dat de parameters van mijn speelveld vertwintigvoudigd waren. Ik kon gemakkelijk overal heen reizen waar ik heen wilde.

***

Ik werd dertien in juni 1968, een jaar na de zogenaamde "Summer of Love". De idealistische jaren zestig begonnen op een negatieve manier te vervagen en een hele generatie raakte steeds meer gedesillusioneerd over hun regering, de oorlog in Vietnam en de wereld als geheel. Robert F. Kennedy was net vermoord in San Francisco en Martin Luther King Jr. had een paar maanden eerder in Memphis de kogel van een moordenaar ontmoet.

Het was ook de tijd van stoere Amerikaanse muscle-cars, die voor mij veel interessanter waren dan lokale, nationale en mondiale aangelegenheden. Als het op het stelen van hoogwaardige auto's aankwam,

DE ASSIMILATIE

was ik een expert. Zowat elk model van de Dodge Charger Hemi, Plymouth Barracuda, Ford Mustang en Pontiac's GTO en Firebird was een prooi voor mij. Omdat ik toevallig een Chevy man was, was mijn favoriete auto echter de Nova SS, Chevelle SS en Camaro SS van Chevrolet.

Hoewel ik me soms richtte op alledaagse sedans en stationwagens als er niets anders beschikbaar was, reed ik bijna elk weekend rond in een soort Chevy-hotrod. In zeldzame gevallen, als mijn cashflow wat aan de lage kant was, zouden mijn vrienden en ik een auto demonteren en de onderdelen aan een plaatselijke bergingswerf verkopen. Muscle car's en de kostbare onderdelen die ze bevatten, zoals motoren, transmissies, achterkanten en kuipstoelen, waren het meest in trek en daarom het meest winstgevend. Af en toe vernielden we gewoon een auto met een voorhamer en verkochten we het hele ding als schroot. Als ik geen zin had om iemands auto te bevrijden, sloop ik de auto van mijn vader de garage uit nadat mijn ouders waren gaan slapen, en sloop hem weer de garage in voordat ze 's ochtends wakker werden. Het leven was goed!

De achtste klas ging heel snel voorbij – ik slaagde zelfs met vlag en wimpel voor al mijn vakken, en voor ik het wist was het de zomer van 1969. Er was een groot muziekfestival in Woodstock, New York dat zogenaamd over vrede en liefde ging, dat Ik was er niet bij en Amerika ging naar de maan, waar ik naar keek op televisie. Dichter bij huis, tijdens het North Branford Carnival, vond een monumentale gebeurtenis plaats die mijn leven voor altijd zou veranderen. Terwijl ik met een paar vrienden naar het carnavalsmeisje zat te kijken, hoorde ik plotseling een luid, ongewoon geluid, bijna een gerommel dat de schetterende muziek en de menselijke en mechanische kakofonie van het carnaval overschaduwde. Ik stemde af op het geluid en zocht de bron ervan, plotseling zag ik een troep Harleychoppers mijn kant op komen. De jongens die op de fietsen reden, stopten feitelijk vlak naast de plek waar ik met mijn vrienden stond.

De motorrijders die op de verchroomde helikopters reden, waren lid van een plaatselijke motorclub uit New Haven. Ik was gefascineerd door de uitstraling van macht en intimidatie die ze uitstraalden en merkte hoe iedereen voor hen een stap opzij deed alsof ze een soort beroemdheden waren. Naast de echte motorrijders had ik ook veel ontzag voor de prachtige Harleys waarop ze reden en ik beloofde dat ik op een dag een motorfiets zou bezitten die precies zo zou zijn als de motorfietsen waar ik naar keek. Maar wat mij echt opviel waren de twee jongens die zich onderscheidden van de rest van de groep: het waren Hells Angels.

Ik had nog nooit van de Hells Angels gezien of gehoord en ik werd volledig gegrepen door deze twee mannen die voor mij het toonbeeld van kalmte en houding vertegenwoordigden. De manier waarop ze hun fietsen parkeerden en hun motoren uitzetten; de manier waarop ze van hun fiets stapten en zelfs de manier waarop ze liepen straalde puur vertrouwen uit, met een boodschap eraan met de tekst 'niet neuken' met mij. Het gevleugelde doodshoofdembleem dat ze op hun mouwloze blauwe jeansjasjes droegen – ik wist toen niet dat ze patches of kleuren heetten – zorgde ervoor dat ze op voorboden van problemen leken. Ik wist dat ik zojuist mijn reden van leven had ontdekt: ik ging motorrijder worden!

Op een avond vroeg die zomer leende ik de Pontiac Lemans uit 1967 van mijn vader voor een laatste rit naar de vrijheid. Ik had het gehad met het thuiswonen en vertrok naar groenere weiden. Pete en ik braken in bij een Elk's Lodge om een reis naar Florida te financieren, onze gekozen bestemming voor onze nieuwe verblijfplaats. Met twee meisjes en nog een vriend mee, reden Pete en ik zuidwaarts langs de Interstate 95 naar de Sunshine State. We zijn helemaal tot aan South Carolina gekomen, bijna duizend kilometer van huis, voordat we zonder geld en benzine kwamen te zitten.

Terwijl we in een landelijke buurt wat brandstof uit een auto overhevelden, werden we opgemerkt door een politieagent en onmiddellijk gearresteerd. We zaten opgesloten in de gevangenis van Orangeburg County in Orangeburg, South Carolina, terwijl we wachtten tot Pete's vader, mijn vader en een van de vaders van de meisjes ons zouden komen halen. De twintig mijl lange rit vanaf de Westbrook Barracks twee jaar eerder, nadat ik was opgepakt voor mijn eerste autodiefstal, zou verbleken in vergelijking met de ruim vijftienhonderd kilometer terug naar huis, naar New Haven: dit was een echte nachtmerrie! Toen we thuiskwamen, werd mij de oproerwet voorgelezen en kreeg ik een jaar huisarrest; dat duurde echter ongeveer een dag omdat ik het gewoon negeerde en zoals gewoonlijk naar buiten sloop.

Het was september 1969 toen ik naar de negende klas van de North Branford High School ging. Ik was veertien jaar oud en werd als briljant beschouwd voor mijn leeftijd. Helaas heb ik het grootste deel van die genialiteit naar de verkeerde gebieden van inspanning gekanaliseerd. Inmiddels was ik voor het eerst in mijn leven verliefd geworden. Het voorwerp van mijn genegenheid was Cathy Newell, een meisje dat ik had ontmoet op een door de kerk gesponsord dansfeest. Cathy was een jaar jonger dan ik en was een echte lieverd. Ik bracht menig nacht door met liften door de stad – ik stal niet altijd auto's en wilde een goede indruk maken op haar ouders – gewoon om een uurtje of twee bij haar te zijn. Ik had bijna twee jaar een relatie met Cathy en dacht dat we de rest van ons leven samen zouden blijven.

Tegen de tijd dat ik in de zomer van 1970 vijftien werd, was ik een behoorlijk ervaren automonteur aan het worden. Ik leek een natuurlijk talent te hebben als het om mechanische dingen ging en ik hield ervan om aan auto's te sleutelen. Sommige van mijn oudere vrienden lieten mij samen met hen aan hun voertuigen werken en ik heb daarbij veel geleerd. Ik wist dat ik, zodra ik oud genoeg was, op zoek zou gaan naar een baan als monteur, bij voorkeur bij een Chevrolet-dealer. Later in mijn leven ontdekte ik waarom ik zo'n talent bezat voor het werken aan motoren. Mijn biologische grootvader van moederskant was werktuigbouwkundig ingenieur geweest – het zat in mijn genen.

Inmiddels was mijn reputatie als autodief mij overal in het kleine stadje Northford voorgegaan. En ik zorgde ervoor dat ik die reputatie waarmaakte door zoveel mogelijk auto's te swipen. Maar eind november werd ik opnieuw betrapt – deze keer ging het niet zo goed. Ik had een Mercury-stationwagen gestolen die ik veel te lang had bewaard, hem 's nachts in het bos achter het ouderlijk huis had opgeborgen en er overdag mee rondreed, zelfs naar school. Ik begon bijna te geloven dat de auto van mij was.

Op een dag, toen ik rondreed, herkende een oplettende politieagent de auto als eigendom van de plaatselijke apotheekeigenaar. Ik werd opgepakt! In de auto bevond zich, om mijn situatie nog ingewikkelder te maken, een overvloed aan gestolen spullen, zoals gereedschap, auto-onderdelen en drank die ik had gekocht voor wederverkoop of die ik voor iemand anders aan het schermen was. Hoe dom het ook lijkt om rond te rijden met "hete koopwaar", de auto's die ik stal dienden als een mobiele winkelpui van waaruit ik mijn waren zou verkopen.

Mijn gans was gekookt en ik wist het. Deze keer werd ik niet alleen vastgehouden in de plaatselijke politiewinkel totdat mijn vader me kwam halen; Ik kwam terecht in het Orange Street Juvenile Detention Center in New Haven, Connecticut, waar ik tot vlak na nieuwjaar bleef. Na meer dan een maand in een zeer reële gevangenisomgeving te hebben doorgebracht, werd ik vrijgelaten onder de hoede van mijn ouders. Maar voordat dat gebeurde, moest ik de rechter plechtig beloven dat ik uit de problemen zou blijven en nooit meer voor hem zou verschijnen. Maar ik zou alles hebben beloofd om uit de gevangenis te komen, terwijl ik verdomd goed wist dat ik me daar niet aan zou houden.

Het bleek dat ik mijn belofte aan de rechter slechts een paar maanden heb gehouden. Laat in het tweede jaar van mijn middelbare school, midden mei 1971, toen mijn cijfers slecht waren en mijn aandacht wie weet waar op wie weet wat, bezegelde ik op een dag vlak voor de wiskundeles mijn lot. Een van de jongens met wie ik omging had een M-80 knaller en hij daagde me uit om het aan te steken en in het toilet van het jongenstoilet te zetten. Geen "kip" zijn, maar duidelijk een gebrek aan gezond verstand. Ik stak de M-80 aan – die het equivalent moest zijn van een klein staafje dynamiet – en gooide hem in het toilet, en spoelde hem gelijk door toen ik het vuurwerk erin liet vallen.

Ik dacht dat het water de lont zou doven en dat de spoelwagen al het bewijsmateriaal zou wegspoelen. Deze keer was ik niet zo slim als ik dacht; Voordat ik de deur van het toilet uitkwam, deed een enorme explosie de hele school opschudden. Stukken porselein vielen over mij heen toen ik door de deur kwam. Ik rende naar mijn volgende les in de hoop op het beste, maar verwachtte het ergste: het "ergste" duurde niet lang. Vijf minuten nadat de les begon, werd ik naar het kantoor van de directeur geroepen. Tegen die tijd was de directeur mij grondig beu en zocht hij naar een excuus om mij van zijn school te sturen. Dit was de kans waar hij van had gedroomd en hij verspilde geen tijd door mij voor de rest van het schooljaar te schorsen.

"Ik moet wel gek zijn, Winterhalder, want ik ga geen aanklacht tegen je indienen als je de door jou veroorzaakte schade betaalt voordat de zomervakantie begint," zei hij. "En je kunt zelfs terugkomen om je eindexamen te schrijven. Ik denk dat ik zoveel aan je ouders te danken heb, zegen hun zielen. Ik ben je niets verschuldigd, houd dat in gedachten."

Opnieuw waren mijn ouders enorm teleurgesteld in mijn gedrag, maar hadden zich er inmiddels bij neergelegd dat ik ging doen wat ik wilde doen. Ze wisten dat ze er niet veel aan konden doen... Ik was de controle kwijt. Ik deed mijn best om wat kalmer te worden en tegelijkertijd wat afstand te creëren tussen mezelf en mijn laatste exploit. Omdat ik het gevaar liep weer in hechtenis te worden genomen door de staat Connecticut voor meer "rust en ontspanning" in een van hun jeugdgevangenissen, werkte ik koortsachtig om de rekening voor de toiletvoorzieningen en de reparatie van loodgieterswerk te betalen. En ondanks dat ik meer dan zestig dagen school miste, slaagde ik erin mijn examens te halen en naar groep elf te gaan.

In de zomer van 1971 werd ik zestien, een mijlpaal in het leven van elk Amerikaans kind, omdat hij of zij goed op weg is naar volwassenheid. Het kunnen verkrijgen van een rijbewijs en het legaal besturen van een motorvoertuig onderstreept dit feit. Ondanks alle problemen die ik had gehad, kreeg ik tot mijn verbazing mijn rijbewijs van het Connecticut Department of Motor Vehicles. Met vier jaar rijervaring achter de rug ben ik uiteraard met vlag en wimpel geslaagd voor het examen bij mijn eerste poging.

Ik heb een deel van de zomer in een autowasstraat gewerkt en had er elke minuut een hekel aan. Aan het einde van de zomer kreeg ik mijn eerste droombaan: tanken bij een plaatselijk ARCO-tankstation in het centrum van Northford. Ik spaarde genoeg geld om mijn eerste auto te kopen, die driehonderd dollar kostte, en drie weken later blies ik de motor er meteen in door hem te hoog te laten draaien, terwijl ik pronkte in het bijzijn van de jongens.

DE ASSIMILATIE

Die zomer verhuisde mijn vriend Pete Hansen met zijn gezin naar de kust, naar een klein kustplaatsje genaamd Old Saybrook. Zijn vader en moeder hadden een boot niet ver daarvandaan, in de stad Westbrook. Ik ging bijna elk weekend naar Old Saybrook; Als Pete's ouders op de boot waren, hadden we het huis voor onszelf – als zijn ouders thuis waren, dan hadden we de boot voor onszelf.

Beide locaties boden ons volop mogelijkheden om huis te spelen met onze vriendinnen, of een plek om rond te hangen met de jongens. In de herfst werd ik op de een of andere manier overgehaald om terug naar school te gaan voor wat mijn eerste jaar zou zijn geweest, en op de een of andere manier liet de school me weer toe. Ik heb me altijd afgevraagd wie dat voor elkaar had gekregen.

Inmiddels was ik een legende op school en wist ik dat het eerste teken van problemen mijn ondergang zou betekenen. Het duurde maar één dag: een slappeling riep me tijdens de lunchpauze om met hem te vechten. Een uur later was ik geschiedenis en definitief van de middelbare school gestuurd. Op dat moment kon het me niet zoveel schelen, want het voelde alsof er eindelijk een enorme aap van mijn rug werd getild. Ik wist dat er onderweg grotere en betere dingen op me wachtten.

***

Soms gebeuren er vreemde dingen om vreemde redenen: noem het serendipiteit, lot, toeval of lot. In het voorjaar van 1974 nam mijn leven een drastische wending en het begon allemaal met iemand die op de deur van mijn appartement in Wallingford, Connecticut bonkte. In eerste instantie dacht ik dat het de politie was, maar voor zover ik weet heb ik geen problemen gehad. En dat niet alleen: als de politie op uw deur bonkt, kondigen ze zich meestal aan.

Ik opende de deur en werd geconfronteerd met een woedende motorrijder die mij ervan beschuldigde zijn stereo te hebben gestolen. Ik wist eerlijk gezegd niet waar hij het over had en dat vertelde ik hem ook. Hij legde uit dat iemand in zijn huis had ingebroken en zijn stereo had gestolen, wat, zo benadrukte hij, een hoop geld waard was. Hij zei ook dat hij op goede gezag had dat ik de dader was die het in beslag nam. Ik ontkende de inbraak en nodigde hem uit mijn appartement te doorzoeken. Nadat hij om zich heen had gekeken en zijn kostbare stereo niet had gevonden, insinueerde hij dat ik hem waarschijnlijk had verkocht.

"Kijk, ik heb je stereo niet gestolen, oké? Ik stel niet de stereo's van anderen. Ik kan het me veroorloven om de mijne te kopen. Ik werk verderop bij Cooke's als monteur van zwaar materieel," zei ik.

"Ja, ik ben onder de indruk, wat dan ook! Ik zal uitzoeken wie mijn stereo heeft gestolen en als ik dat doe, is zijn kont gras. Ik hoop voor jou dat het niet van jou zal zijn," zei hij en stormde mijn appartement uit.

Ik dacht dat dit de laatste keer zou zijn dat ik de man zag, maar een paar dagen later kwam hij weer opdagen. Deze keer klopte hij op een beleefde manier op mijn deur. Ik was verrast hem te zien, met niet minder een krat bier in zijn hand.

"Ik denk dat ik je een verontschuldiging schuldig ben. Ik heb ontdekt wie mijn stereo heeft gestolen. Hoe dan ook, ik heb een krat bier voor je meegebracht," zei hij terwijl hij het krat naar mij toe duwde.

Ik vond dit een zeer lovenswaardig gebaar van zijn kant en daarom vroeg ik hem binnen te komen en iets met mij te komen drinken. Hij stelde zichzelf voor als Richie Doolittle en legde verder uit dat hij de gestolen stereo had teruggevonden en de dieven daarbij een aanpassing van hun houding had gegeven. We begonnen over koetjes en kalfjes te praten terwijl we van ons bier dronken en het onderwerp motorfietsen kwam natuurlijk ter sprake. Ik vroeg hem op wat voor soort fiets hij reed en uit de manier waarop hij reageerde was het duidelijk dat ik hem een domme vraag had gesteld.

"Een Harley! Wat is er nog meer?" hij zei.

Ik was het er meteen mee eens dat er geen ander soort fiets was om op te rijden. Sinds de herfst van 1973, toen ik thuiskwam na een periode van twee jaar in het Amerikaanse leger, had ik aan niets anders gedacht dan aan het bezitten van een Harley. Ik had met een man bij Connecticut Truck & Trailer gewerkt die er op reed, en elke keer dat ik hem op de fiets zag, keek ik ernaar met een bepaald soort lust dat alleen als jaloezie kan worden omschreven. Ik wist dat ik niets liever wilde dan zelf een Harley bezitten. Ik had leren fietsen op een 50cc Benelli toen ik ongeveer veertien jaar oud was. Het was een oude clunker van een vriend van mij en iedereen reed erop rond. Vergeleken met een Harley was de Benelli slechts speelgoed en zeker niet iets waarvan ik ooit had gedroomd om te bezitten. Richie en ik praatten een tijdje over Harleys en toen schakelde hij het gesprek over op auto's, een ander onderwerp dat mij nauw aan het hart ligt.

Toen Richie ter sprake bracht dat hij een Corvette bezat, zei ik terloops dat ik graag aan Chevrolet-producten werkte en dat deze eigenlijk mijn specialiteit waren. Hij werd hier erg enthousiast van en vertelde dat niemand in de stad naar tevredenheid aan zijn Corvette leek te kunnen werken. Hij vroeg of ik bij hem thuis wilde komen en hem wilde helpen met wat sleutelwerk aan de auto. Ik was het er meteen mee eens en die zomer begonnen we regelmatig samen rond te hangen. Ik hielp Richie met het werken aan zijn Corvette en hij liet me kennismaken met de wereld van Harley Davidsons. Het leek alsof er een afspraak met het lot was gekomen

DE ASSIMILATIE

– een afspraak die me uiteindelijk naar de wereld van de 1%er outlaw-motorrijder zou leiden.

In de herfst van 1974 verkocht ik mijn Nova – een auto die ik erg waardeerde en waar ik veel werk in had gestoken – en kocht ik een Harley Panhead-chopper uit 1963 voor $ 2.500 van een van Richie's vrienden, een charismatische man wiens naam Cecil Pullen was. Cecil was een lokale motorrijder die, net als Richie, bij geen enkele motorclub zat. Jongens als Richie en Cecil stonden bekend als onafhankelijke motorrijders. Cecil was ook een van de beste Harley-monteurs die er waren, dus het was een eer om uiteindelijk een van zijn fietsen te bezitten.

Deze specifieke Harley was heel bijzonder, want het frame was aangepast door "Gene the Bean", een legendarische plaatselijke lasser wiens kracht het was om motorfietsframes te verbouwen. Gene had ongeveer vijf centimeter aan de onderbuizen en ongeveer vijf centimeter aan de bovenrail van het frame toegevoegd, wat de weg vrijmaakte voor een achttien inch over-springer-achtige voorkant. Hoewel de motor mechanisch in orde was en als een droom liep, wilde ik hem uit elkaar halen en schilderen zodat hij uniek van mij zou zijn.

Nadat ik alles eraf had gehaald, bracht ik het frame naar een fantastische autocarrosserieman en -schilder in Meriden, niet ver van New Haven. Hij schilderde het frame parelmoer ijsblauw en de benzinetank/spatborden donker nachtblauw. Op de benzinetank schilderde hij een muurschildering van de tatoeage die ik op mijn arm had: gekruiste zuigers en een schedel aan de boven- en onderkant. Ik dacht dat ik stierf en naar de hemel ging – ik was pas negentien jaar oud en bezat een verdomd gemene Harley. En niet zomaar een Harley: dit was een helikopter die ieders hoofd deed omdraaien.

DE ASSIMILATIE

Hoewel het veel te koud was om op de motor te zitten, was de eerste plaats waar ik met mijn showstopper naartoe reed de middelbare school van mijn vriendin Toni. Ik had beloofd haar op te halen en ik wilde haar niet in de steek laten. Tot mijn grote ontsteltenis liet ik de fiets op de parkeerplaats vallen, waar zo'n honderd kinderen bij waren. Gelukkig kwam de motor er ongeschonden vanaf, maar mijn trots zeker niet. Hoewel ik eindelijk een Harley bezat, was ik gewoon een man op een motorfiets en had ik duidelijk nog een lange weg te gaan voordat ik mezelf een motorrijder kon noemen.

Toen 1974 in 1975 veranderde, verloor Cooke's Equipment Company links en rechts werk. Ik verdiende amper veertig uur per week en het zag ernaar uit dat ik binnenkort ontslagen zou worden. Dat vooruitzicht was niet onaantrekkelijk, aangezien ik de koude winters in New England hartstochtelijk haatte en er al een tijdje over nadacht om te verhuizen.

In februari 1975 overtuigde ik Toni – nu bijna zeventien jaar oud – om met mij naar Tulsa, Oklahoma te verhuizen. Mijn oom had in de jaren zestig ongeveer tien jaar in Tulsa gewoond en hij vertelde me dat daar veel werk was voor iedereen die niet bang was om zijn handen vuil te maken. Het weer was ook een stuk aangenamer dan in Connecticut. Toen we in Tulsa aankwamen, leek het alsof ik was gestorven en naar de hemel was gegaan: het was een prachtige zonnige dag en de temperatuur was midden jaren '70.

We stopten bij een goedkoop motel op de hoek van 11th Street en Memorial en bleven daar de nacht. Ik rolde onmiddellijk mijn trots en vreugde, de Harley dus, uit de trailer en maakte er een ritje mee door de stad. Binnen een dag had ik een appartementencomplex gevonden dat bereid was wat onderhoudswerkzaamheden uit te ruilen voor de betaling van de huur. Het heette Orchard Park Apartments en lag vlak bij 64th Street en Peoria in een mooie omgeving, niet ver van de Oral Roberts University. Ik kon de

DE ASSIMILATIE

Harley door de schuifdeur aan de achterkant manoeuvreren en parkeerde hem in mijn slaapkamer, waar ik wist dat hij veilig zou zijn. Om de eindjes aan elkaar te knopen, nam ik een tijdelijke baan aan als arbeider bij een frameploeg, terwijl ik bij de plaatselijke dealers van zware bouwmachines zocht naar een baan als monteur. Begin april kreeg ik een baan bij een John Deere-dealer en begon ik een vaste routine te krijgen. Overdag werkte ik als monteur van zwaar materieel en als onderhoudsman rond het appartementencomplex, 's avonds en in het weekend als dat nodig was.

De weinige tijd die ik voor mezelf had, gebruikte ik om met mijn motorfiets een paar kilometer naar het plaatselijke Arby's Restaurant te rijden, dat precies in het midden lag van wat bekend stond als Tulsa's "Restless Ribbon". The Ribbon was een drie kilometer lange strook van Peoria Avenue waar alle kinderen in de stad op zomeravonden rondhingen. Verschillende groepen en kliekjes kwamen samen in verschillende horecagelegenheden en omdat ik mezelf nu als een motorrijder beschouwde – ik liet mijn Harley niet langer vallen – sloot ik me meestal aan bij de motorrijders van de stad die samenkwamen bij Arby's.

Nadat ik op een avond de parkeerplaats verliet, werd ik door de politie aangehouden omdat ik geen veiligheidsbril droeg. Toen de agent ontdekte dat ik een kentekenplaat uit Connecticut op de fiets had, besloot hij deze in beslag te nemen. Ik had geen idee dat hij zoiets kon doen en uitte resoluut mijn afkeuring. Tijdens het proces escaleerde de situatie in een aanklacht wegens "verzet tegen arrestatie". Binnen de kortste keren bungelde mijn fiets aan de achterkant van een sloopslinger en werd ik naar de gevangenis gesleept. Omdat ik driehonderd dollar nodig had voor een borgsom, en ik wist niet dat ik iemand kon bellen – Toni verzette zich tegen een baan alsof het een ziekte was en had geen cent op haar naam staan – ik had geen idee welke kant ik op moest.

DE ASSIMILATIE

Terwijl ik over mijn hachelijke situatie nadacht, was ik aangenaam verrast toen ik plotseling te horen kreeg dat mijn borgsom was betaald en dat ik uit de gevangenis werd vrijgelaten. Toen ik naar buiten liep, zag ik dat een aantal motorrijders met wie ik omging bij Arby's op mij wachtten. Ze hadden me zien arresteren, hadden gezien hoe mijn fiets in beslag werd genomen en wisten zeker dat ik in de file zat. Ze gingen naar de gevangenis en een van hen borg mij vrij. Vervolgens begeleidden ze mij naar het in beslag genomen perceel en betaalden om mijn Harley vrij te krijgen. Drie uur nadat ik was gearresteerd, was ik terug bij Arby. Ik had nog nooit zo'n gevoel van broederschap en een gevoel van verbondenheid ervaren.

***

In het voorjaar van 1976 was ik een aantal keren verhuisd en had ik een aantal verschillende baanwisselingen ondergaan. Rond deze tijd ervoer ik een beetje een cashflowprobleem, dus met pijn in het hart verkocht ik mijn gewaardeerde Harley Panhead uit 1963 om de rekeningen te betalen. Maar ik ging mezelf niet beroven van het bezitten van een andere fiets: ik gebruikte een deel van het geld om een oud Harley-frame en het grootste deel van een motor te kopen. Deze keer wilde ik mijn eigen motor bouwen, een 80-inch stroker.

Ik ging naar de Harley-winkel in Sand Springs en vond een set ULH 80-inch vliegwielen en een set fatsoenlijke koffers waarvoor ik vrijwel niets moest betalen. Ik stuurde alle motoronderdelen naar Truett & Osborn in Wichita, Kansas en liet ze een verbluffende strokermotor bouwen. Ondertussen had Toni besloten dat het een goed idee zou zijn om daadwerkelijk bij te dragen aan onze kosten van levensonderhoud, in plaats van een kostenpost te zijn, en ze had een baan bij een plaatselijke bar.

DE ASSIMILATIE

Op een dag zat ik aan de bar met Richie, die zich bij ons had aangesloten in Tulsa, en een andere vriend, Chris, toen Toni me vertelde dat een klant het haar moeilijk maakte. Ik keek om en zag een motorrijder alleen in een hoek zitten, dus ging ik erheen om te zien wat er aan de hand was. Voordat ik zelfs maar een woord zei, snauwde hij dat hij met ons alle drie zou vechten als het zo zou gaan. Hij kwam meer humoristisch dan intimiderend over. Ik vertelde hem dat we niet van plan waren om te vechten, dat we alleen maar wilden dat hij langskwam en met ons een biertje kwam drinken.

"Ik ben Ed, en dat zijn mijn vrienden Richie en Chris," zei ik terwijl ik hem naar onze tafel leidde. Hij stelde zichzelf voor als Lee McArdle en zei dat hij zojuist vanuit Maine Tulsa was binnengereden. Lee vertelde ons dat hij was opgegroeid in Detroit, een tijdje in New Mexico had gewoond en daarna een jaar in Maine had doorgebracht. Hij had gewerkt als tuinarchitect, elektricien en chef-kok in een chique restaurant. Hij klonk als mijn soort mensen en ik vond hem meteen leuk. Die middag smeedden we een relatie waarvan we wisten dat die een leven lang zou duren, die snel onafscheidelijk zou worden en al onze vrije tijd samen zou doorbrengen. In juni, net op tijd voor mijn verjaardag, arriveerde de motor van Truett & Osborn uit Wichita en de daaropvolgende weken heb ik de laatste hand gelegd aan mijn nieuwe fiets.

Al snel was ik weer bij Arby's aan het rondhangen met de motorploeg en ontdekte dat een van de vaste gasten, Johnny Cook, op zoek was gegaan naar een club genaamd de Rogues. Dit was een groot probleem voor ons, onafhankelijken, en we keken allemaal met nieuwe bewondering naar Johnny op. Hoewel hij een familieman was en ouder dan de rest van ons, beschouwden we Johnny allemaal als een van ons en hij was erg geliefd.

DE ASSIMILATIE

Op een avond, terwijl we allemaal bij Arby's rondhingen, reed Johnny de parkeerplaats op in zijn nieuwe 'prospect'-kleuren. Een vreemdeling, die in een auto reed, volgde hem het parkeerterrein op. Toen Johnny van zijn motorfiets stapte, stapte de vreemdeling uit zijn voertuig, liep naar onze groep toe en bedreigde de Rogues door twee afgezaagde jachtgeweren op hem te richten. Omdat ik wist dat Johnny het type man was dat met niemand ruzie had, ging ik er meteen van uit dat de vreemdeling een probleem had met iemand van de Rogues, en dat hij geen idee had wie Johnny was.

Ik deed iets heel stoms en impulsiefs en kwam tussen de met het jachtgeweer zwaaiende vreemdeling en Johnny terecht. Terwijl ongeveer twintig mensen vanaf drie meter afstand toekeken, zei ik tegen de man dat hij door moest gaan en mij neer moest schieten; Ik liet hem Johnny niet neerschieten. Ik legde uit dat Johnny een vriend van ons was en dat hij een getrouwde man was met een stel kleine kinderen. Ik beëindigde mijn gesprek door hem te vertellen dat hij genoegen moest nemen met de echte Rogues waarmee hij problemen had, en niet met Johnny, alleen maar omdat hij toevallig een prospect in de club was. Ik wist niet zeker welke kant dit op zou gaan, maar tot mijn opluchting stapte hij weer in zijn auto en reed weg. Het enige wat ik daarna kon zeggen was dat ik een biertje nodig had, en dankbaar dat Johnny maar al te graag wilde helpen.

Eind september nodigde de Rogues Motorcycle Club, als direct gevolg van het incident bij Arby's, mij uit om een van hun bijeenkomsten bij te wonen. Ze waren erg dankbaar voor wat ik voor een van hen had gedaan en ze wilden zien waar het mij om ging. Een van de andere jongens die regelmatig bij Arby's rondhingen, Rickie "Smoker" Miles, ging met mij mee. We maakten kennis met alle twaalf leden van de Tulsa-afdeling, van wie er vier prospects waren.

DE ASSIMILATIE

We kwamen erachter dat de Rogues begin jaren zestig in Chicago waren opgericht door ex-leden van de Outlaws Motorcycle Club. In 1966 verhuisde een van de oprichters, Fred "Thumper" Knippenberg, naar Oklahoma en begon een afdeling in Oklahoma City; een paar jaar later stopte het hoofdstuk uit Chicago en werd Oklahoma de thuisstaat voor de club. Hoewel het in wezen een organisatie uit Oklahoma was, waren er ook een paar afdelingen in het noorden van Texas en het zuiden van Kansas.

De Tulsa-afdeling was vorig jaar opgericht door Edwin "EJ" Nunn, Roy Green, Marvin Brix, Robert "Rob" Reynolds, Charles "T-Chuck" Schlegel, Dennis "Rev" Isaacson en Keith Vandervoort. Omdat we een paar jonge dollars waren, waren Smoker en ik erg onder de indruk van de Rogues, de eerste outlaw-club waar ik zo dichtbij was geweest. Ik dacht terug aan de motorrijders die ik zeven jaar eerder op het North Branford-carnaval had gezien, en bedacht hoe cool het zou zijn om lid te zijn van een motorclub. Ik kon mijn oren niet geloven toen we werden uitgenodigd om te prospecteren voor het Rogues Tulsa-hoofdstuk.

Ik wist niet precies wat prospectie zou inhouden, behalve dat we allerlei dingen zouden moeten doen – zoals vierentwintig uur per dag op de wenken staan van de volledige patchhouders – om te zien of we het waard waren om lid te worden. Ze vertelden Smoker, die een Kawasaki KZ1000 bezat, dat hij een Harley zou moeten kopen als hij lid wilde worden van de club. Outlaw-motorrijders rijden niet op "rijstraketten", zei een van de jongens. Hoewel ik lid wilde worden van de club, heb ik deze kans niet zomaar aangegrepen; Roker ook niet.

Er werd ons verteld dat het een fulltime verbintenis zou zijn en dat de club boven alles in ons leven zou komen. Een baan van acht uur per dag was prima, maar de overige zestien uur waren eigendom van de club. Het kostte ons een paar dagen om tot een besluit te komen, maar we besloten de zoektocht naar de Rogues eens te proberen. Smoker vond zichzelf een versleten oude Harley Sportster en een week later begonnen we allebei rond te hangen. Een paar weken later begon ik officieel met prospecteren en naaide ik trots mijn prospect-patches op een oud blauw spijkerjack.

Helaas was ik pas een paar maanden een Rogues-prospect toen ik merkte dat ik niet langer rond kon komen in Tulsa en met tegenzin een baanaanbieding accepteerde bij een dealer van zwaar materieel in Richmond, Virginia. Het brak mijn hart, maar ik had geen keus: ik moest de Rogues verlaten. Iedereen in de club steunde en begreep mijn situatie en vertelde me dat ik op elk moment welkom zou zijn en verder zou gaan waar ik was gebleven.

Toni en ik pakten onze spullen in en verhuisden vlak voor Thanksgiving in 1976 naar Virginia. Kort nadat we in Richmond waren aangekomen, kregen we echter een enorme ruzie en ging ze terug naar Tulsa. Aangezien onze relatie het ene moment draaide om vechten als katten en honden, en het volgende moment rondfladderde als een stel perzikkleurige tortelduifjes, was het uit elkaar gaan en weer bij elkaar komen de gewoonste zaak van de wereld. Ik wist dat ze terug zou komen en vestigde zich in een appartement aan de noordkant van Richmond.

Binnen een paar dagen na aankomst in Richmond begon ik te werken bij de Rish Equipment Company, een internationale dealer van bouwmachines waarvan de geschiedenis helemaal teruggaat tot 1934. Omdat ik de mechanische vaardigheden die ik had geleerd bij Cooke's Equipment in Connecticut niet was vergeten. een paar jaar eerder werkte ik me in slechts een paar weken op naar een veldwagenpositie. Dit betekende dat ik niet vastzat in de winkel, maar naar verschillende locaties dwaalde om ter plaatse aan bouwmachines te werken zonder dat een supervisor mij de baas was of over mijn schouders leunde. En het beste van de functie was het feit dat ik al mijn persoonlijke monteursgereedschap bij me had als ik 's avonds naar huis ging, wat mijn vermogen om aan de fiets te werken vergemakkelijkte. Ik was er voortdurend mee aan het spelen, waardoor het beter en betrouwbaarder werd, terwijl mijn zelfvertrouwen als motormonteur werd vergroot.

Nu ik goed geld verdiende, begon ik heen en weer te reizen naar Connecticut, waar ik Harley-onderdelen kocht en verkocht om de reizen te betalen. Ik begon een echte wheeler-dealer te worden in Harley-onderdelen en had een mooie inventaris opgebouwd van front-ends, Shovelhead-top-ends en transmissies. Ik had ook een extra stijf Harley-frame, een set motorbehuizingen waarvan ik de serienummers had verwijderd omdat ze waren gestolen, en een bouwtitel uit Oklahoma. In wezen bevatte de titel van de bouwer een serienummer waarmee de houder een motorfiets kon monteren met behulp van verschillende onderdelen en dat serienummer vervolgens op het frame en de motorbehuizingen kon stempelen.

***

Hoewel ik wist dat ik er onmogelijk een kon betalen, duurde het niet lang voordat ik een vrij nieuwe Superglide vond met nog maar honderd kilometer op de teller. De eigenaar was een totale eikel; een motorrijder die de Harley direct in de showroom had gekocht en nu besloot dat hij hem wilde verkopen. Ik denk dat hij besefte dat hij niet geschikt was om motorrijder te worden. Misschien had zijn vrouw hem opgedragen het te verkopen, of misschien had hij het geld nodig. Ik heb het niet gevraagd. Hij liet mij er zelf een proefrit mee maken – een ernstige fout – en ik verzuimde hem onmiddellijk terug te brengen.

DE ASSIMILATIE

Het leek alsof mijn oude gewoontes – toen ik regelmatig auto's stal – wat sporen op mij hadden achtergelaten en mijn geweten er geen last van had. Een paar uur later, terug in mijn appartement, had ik de motorfiets volledig uit elkaar gehaald en vervolgens het frame en de motorbehuizingen in een plaatselijke rivier weggegooid. Een week later vertrok ik naar het huis van Cecil Pullen in Durham, Connecticut met mijn stijve Harley-frame en de onderdelen van de Superglide die ik had meegenomen voor een proefrit.

Ik had Cecil veel meer gezien sinds ik in Richmond woonde. Deze historische stad, een van de oudste in de Verenigde Staten en een belangrijk centrum tijdens de Revolutionaire en Burgeroorlogen, was slechts een reis van ongeveer acht uur van mijn huis naar het zijne. Cecil had een goed uitgeruste motorwinkel in de kelder van zijn huis waar hij mij mijn nieuwe fiets liet bouwen. De daaropvolgende maanden reisde ik om het weekend heen en weer naar Connecticut om aan de motorfiets te werken. Uiteindelijk bezat ik weer een geweldige Harley. De motor was in wezen een gloednieuwe Superglide, zorgvuldig in een oud stijf Harley-frame gestopt, met elektrische start en zo. Wederom heb ik een prachtige verfbeurt laten aanbrengen op het frame en de spatborden en de benzinetank versierd met gekruiste zuigers en een schedel. Ik was trotser dan een pauw toen ik de voltooide fiets terugbracht naar Virginia. Ik had nu twee Harleys in een klein appartement met één slaapkamer geperst. Ik wist gewoon dat het een geweldige zomer zou worden.

Het was nog steeds winter buiten in maart 1977 toen ik op mijn prachtige nieuwe fiets ging rijden, maar ik was zo opgewonden dat ik de kou nauwelijks voelde. Nadat ik de fiets aan enkele vrienden had laten zien in mijn plaatselijke fietsenwinkel, maakte ik een kleine rondleiding door Richmond en werd prompt tegengehouden door een politieagent. Nadat hij naar mijn fiets en mijn kentekenpapieren had gekeken, schakelde hij de plaatselijke autodiefstalrechercheurs in. Een kwartier later zag ik hoe mijn dierbare Harley op een dieplader werd geladen en voor onderzoek naar het in beslag genomen terrein werd vervoerd. Het lijkt erop dat de rechercheur van de autodiefstal dacht dat de motorfiets gestolen was. De daaropvolgende maand maakte ik ruzie met de rechercheur over de wettigheid van de onderdelen van mijn in beslag genomen fiets. Ik had bonnen voor alle onderdelen, maar er was nog steeds het feit dat er geen serienummers op de motorbehuizingen stonden; alle Harley-motorbehuizingen moesten serienummers hebben.

Ik bleef bij mijn verhaal dat ik de motorbehuizingen op die manier had gekocht. Uiteindelijk waren de tests die op de kasten werden uitgevoerd om de serienummers te lokaliseren negatief. De rechercheur was buiten zichzelf, want in het daadwerkelijke rapport dat hij had ontvangen stond dat er nooit een serienummer op een van de helften van de motorbehuizing had gestaan. Hij wist dat dit onmogelijk was, tenzij de motorbehuizingen uit de Harley-fabriek waren gestolen voordat de serienummers erin waren geslagen. Uiteindelijk hebben we een deal gesloten: de rechercheur zou een vrijgave ondertekenen waarmee ik de hele motorfiets in bezit mocht nemen, minus de motorbehuizingen.

Ik stemde ermee in om de fietsmotor op het in beslag genomen terrein te demonteren, waarbij ik het gereedschap van mijn veldwagen zou gebruiken. Hij vertelde me dat hij de koffers wilde gebruiken voor een tentoonstelling, waarin hij liet zien wat iemand zou kunnen doen om de serienummers te verwijderen als hij de kennis had. Ik maakte het hem echter nogal moeilijk, want toen ik de motor uit elkaar haalde, sloeg ik de koffers in ongeveer dertig stukken, stopte ze allemaal in een grote plastic zak en liet ze bij de berging achter, zodat hij ze kon ophalen. Ik heb nooit meer iets van hem gehoord, maar ik wed dat hij niet zo blij was toen hij de tas vol gebroken metaal kreeg.

Terwijl ik erover nadacht wat ik moest doen met alle fietsonderdelen die ik nu overal in mijn appartement had verspreid, kwam mijn jeugdvriend uit Connecticut, Pete Hansen, op bezoek terwijl hij met verlof was van de Amerikaanse marine. Hij was opgewonden toen hij ontdekte dat ik mijn andere stroker-chopper nog had en haalde me over om hem ermee te laten rijden. Ik dacht dat hij de oude fiets geen kwaad kon doen, en zelfs als hij hem neerlegde, kon de verfbeurt gemakkelijk worden bijgewerkt; het kwam tenslotte om te beginnen uit een Krylon-spuitbus. Zoals het lot het wilde, verloor Pete de controle over de fiets en vernielde hem, waarbij hij zichzelf in het ziekenhuis belandde.

Gelukkig herstelde hij snel van zijn lichamelijke verwondingen, maar het duurde een tijdje voordat hij zijn trots terugkreeg. Er was iets goeds aan het feit dat Pete de fiets vernielde. Ik wist nu precies wat ik met al mijn onderdelen moest doen. Ik nam de legale motorbehuizingen en de legale Harley-titel van de motor die Pete had vernield, gebruikte alle onderdelen die overbleven van de in beslag genomen Superglide en bouwde een volledig legale, gloednieuwe Harley in de woonkamer van mijn appartement. Het enige echte verschil zat in de stijl van de motor-behuizingen: in plaats van een set gestolen dynamobehuizingen uit 1970 die de motor bij elkaar hielden, werd de motor omringd door een set generatorbehuizingen uit 1958.

Kort nadat ik de motorfiets had herbouwd en weer op de weg kon zetten, kon ik van baan veranderen en aan de slag gaan bij de plaatselijke Caterpillar-dealer voor bouwmachines. Sinds ik bij Cooke's Equipment aan zwaar materieel had gewerkt, was het mijn droom om voor Caterpillar te werken. Maar het leek erop dat ik altijd de vereiste ervaring miste. Nu ik genoeg ervaring had, had ik bij Richmond Caterpillar eindelijk iemand gevonden die mij een kans wilde geven. Caterpillar was de Cadillac van de wereld van zwaar bouwmaterieel en het was een enorme stap vooruit, zowel qua prestige als qua beloning. Ik werkte voornamelijk in de winkel, maar ging af en toe het veld in om eenvoudige reparaties uit te voeren. Ik begon vooral geïnteresseerd te raken in hun serie grote bulldozers en ontwikkelde er in zeer korte tijd een redelijk goede kennis van.

Op een dag was ik in de werkplaats een bulldozerblad aan het lassen toen de ketting die het blad omhoog hield, brak. Dit zorgde ervoor dat het mes van duizend pond op mijn voet viel en enkele botten brak, ondanks de laarzen met stalen neuzen die ik droeg. Als gevolg hiervan was ik genoodzaakt verlof op te nemen van mijn werk, zodat de voet goed kon genezen.

Terwijl ik herstelde, hing ik rond bij Departure Bike Works in Hull Street om de medewerkers daar te leren kennen. De meesten van hen waren een paar jaar eerder betrokken geweest bij een motorclub die bekend stond als de Confederate Angels. Blijkbaar waren de Confederate Angels uit elkaar gegaan toen een deel van de club besloot Hells Angels in North Carolina te worden, en de rest weigerde de verandering door te voeren. Om de vrede te bewaren, werd de club alleen in naam ontbonden en de overgebleven leden in de omgeving van Richmond handhaafden de kameraadschap en de organisatiestructuur van de club.

Het heeft een tijdje geduurd, maar tegen het einde van de zomer lieten ze me regelmatig sociaal rondhangen. Ik nam met hen deel aan mijn eerste "clubloop", en ook al droegen ze geen kleuren, ze gedroegen zich nog steeds als een motorclub. Rond deze tijd was ik ook aanwezig bij mijn eerste motorbegrafenis. Een van de ex-Confederate Angels, die in Florida woonde, was gedood tijdens een bargevecht door een lid van de Outlaws Motorcycle

DE ASSIMILATIE

Club. Ik werd uitgenodigd om zijn begrafenis bij te wonen, die in Virginia zou plaatsvinden. De daadwerkelijke begrafenis was heel anders dan wat ik tot nu toe had meegemaakt en ik was enorm onder de indruk van de manier waarop het werd afgehandeld. Nadat de kist van de overledene in de grond was neergelaten, schepten zijn broers er persoonlijk het vuil bovenop totdat het graf vol was. Ze stapelden alle bloemen op het graf en dronken daar een paar biertjes voordat ze de begraafplaats verlieten. We vertrokken uiteindelijk in een grote groep motorfietsen, die het lichaam eerder van de kerk naar het graf hadden begeleid.

Vanwege de blessure aan mijn voet en de hoeveelheid tijd die nodig zou zijn om te genezen, besloot de Caterpillar-dealer mij los te laten. Ik ontving van hen een kleine schikking en we gingen op goede voet uit elkaar. Toni, die inmiddels weer in mijn leven was gekomen, zei nu dat ze heimwee had en ik besloot met haar terug te verhuizen naar Connecticut. Ik had gemengde gevoelens over de verhuizing, maar in de herfst van 1977 laadden we onze bezittingen in en keerden naar huis terug. Het enige wat ik kon doen was hopen dat de verandering het beste zou zijn.

Binnen een paar dagen vond ik een prachtig herenhuis op de top van een berg net ten noorden van New Haven, op de stadslijn Hamden-New Haven. Het was drie verdiepingen hoog en had een grote garage die de hele begane grond besloeg: het was een ideale plek om aan mijn motorfietsen te werken en mijn schat aan onderdelen op te slaan. Als extra bonus was mijn vriend Pete bereid een kamer van mij te huren om de rekeningen te helpen betalen. Pete was ontslagen bij de marine en had zijn eerste nieuwe Harley gekocht, een grijze Low Rider uit 1978.

Een paar weken later, nadat we ons hadden geïnstalleerd, was ik verrast dat ik blij was weer in Connecticut te zijn. Het was fijn om thuis te zijn, maar opnieuw duurde het niet lang voordat Toni en ik ruzie kregen. Deze keer vertrok ze naar Californië; zoveel voor heimwee!

***

In juli vertrok ik op mijn fiets voor een vakantierit naar Bowling Green, Kentucky, waar elk jaar een grote motorrally werd gehouden. Ik had plannen gemaakt om de bemanning van Tulsa daar te ontmoeten en was blij te zien dat mijn oude vriend Lee McArdle zich onder hen bevond. Hij had de reis gemaakt met een paar nieuwe vrienden van hem die lid waren van een Californische motorclub genaamd de Mongols. Ik had nog nooit van de Mongolen gehoord en was verrast toen ik hoorde dat ze in Tulsa woonden.

Ik was zelfs nog meer verrast toen ik zag dat de Mongolen hun kleuren niet droegen; alle leden van de motorclub die ik kende droegen hun patches overal waar ze gingen. Vele jaren later hoorde ik dat de Mongolen op dat moment midden in een oorlog met de Hells Angels zaten, en de Mongolen wisten niet zeker of de Hells Angels het evenement in Bowling Green zouden bijwonen. Als de Engelen aanwezig waren, wilden de Mongolen zich niet identificeren door hun kleuren te tonen, omdat dit zeker tot een confrontatie zou hebben geleid. Hoewel dit op het eerste gezicht verstandig leek, leek het mij vreemd om je kleuren niet te dragen om anoniem te blijven.

Toen ik in Bowling Green was, kwam ik voor het eerst in mijn leven de Outlaws Motorcycle Club tegen; het bleek een ontmoeting die een dramatische impact op mij zou hebben. Ik droeg een T-shirt en de gekruiste zuigers en de schedeltattoo op mijn arm waren duidelijk zichtbaar. Lee had eerder een grapje met me gemaakt dat de tatoeage veel leek op de middenpatch van de Outlaws, die in clubkringen gewoonlijk "Charlie" wordt genoemd. Ik denk dat ik niet verrast had moeten zijn toen ik plotseling werd omringd door een groep Outlaws die op zoek waren naar problemen. Ze waren erg geïrriteerd over mijn tatoeage en hun leider, een man genaamd Wildman, eiste dat deze onmiddellijk zou worden verwijderd.

Voordat ik in een woordenwisseling terechtkwam waarvan ik wist dat ik die zeker zou verliezen, dacht ik dat ik zou proberen me uit de situatie te praten. Ik legde uit dat ik de afbeelding aan de muur van een tattooshop in Rhode Island had gezien en dat ik hem toevallig leuk vond. Ik had destijds geen idee dat de Outlaws Motorcycle Club überhaupt bestond. Afgaande op de uitdrukking op het gezicht van Outlaw Wildman leek mijn verhaal niet veel gewicht in de schaal te leggen. Klaar om vechtend ten onder te gaan, zei ik tegen hem dat als hij dacht dat het nodig was, hij de huid met de tatoeage moest afsnijden of mij mijn gang moest laten gaan.

De blik in de ogen van Outlaw Wildman vertelde me dat ik een ernstige fout had gemaakt; hij haalde zijn mes tevoorschijn en voordat ik het wist, grepen drie van de andere Outlaws me vast. Voordat Wildman de geïmproviseerde operatie voor het verwijderen van tatoeages kon uitvoeren, verscheen er echter uit het niets een vreemdeling die de Outlaws vroeg wat ze dachten dat ze aan het doen waren. De vreemdeling was toevallig lid van de Rogues Motorcycle Club uit Oklahoma City; zijn naam was John "Little Wolf" Killip. Ik herinnerde me hem nog van toen ik twee jaar eerder een prospect was in het Rogues Tulsa hoofdstuk. Het bleek dat Rogue Little Wolf de meeste Outlaws kende die mij hadden omringd en hij leek Outlaw Wildman beter te kennen dan de rest. Terwijl ik God in stilte dankte, legde Outlaw Wildman de situatie uit aan Rogue Little Wolf. Kleine Wolf vertelde Wildman dat hij mij goed kende, en dat ik een stand-up-man was die regelmatig op mijn fiets door het land trok. Hij verzocht om een soort compromis om de situatie recht te zetten en de woordvoerder van de Outlaws gehoorzaamde.

Outlaw Wildman beval me om de tatoeage binnen dertig dagen te laten verbergen, en zei dat ik zo snel mogelijk naar het Dayton, Ohio Outlaws clubhuis moest komen om hem te bewijzen dat de tatoeage inderdaad was verwijderd. De groep Outlaws verspreidde zich en ik bedankte Kleine Wolf voor zijn tussenkomst. Ik hoorde dat Rogue Little Wolf een frequente bezoeker was van het Outlaws-clubhuis in Dayton. Hij vertelde me dat het een geweldig stel jongens was. Kleine Wolf vertelde me ook dat deze jongens de echte deal waren, en dat ze veel serieuzer waren met uitgaan dan de Rogues. Hij zei dat ik niet verbaasd moest zijn als hij op een dag een Outlaw zou worden. Voordat we uit elkaar gingen, vroeg Kleine Wolf me om terug te komen naar Oklahoma en me weer bij de Rogues te voegen. Ik vertelde hem dat ik het serieus zou overwegen.

Toen ik terugkwam in Connecticut, liet ik onmiddellijk de aanstootgevende tatoeage verbergen. Ik regelde wat vrije tijd van mijn werk en vertrok voor een wervelende reis naar Oklahoma, waar ik van plan was een lading Harley-onderdelen te kopen bij de fietsenwinkel van Lee McArdle voor wederverkoop in Connecticut. Ik bracht een nacht door in Tulsa, waar ik Rogue T-Chuck tegenkwam, een van de jongens die ik had ontmoet toen ik voor het eerst werd uitgenodigd in het clubhuis van de Tulsa Chapter. Ik vertelde hem alles over de Outlaws en Rogue Little Wolf, en dat ik erover dacht terug te verhuizen naar Oklahoma. T-Chuck vertelde me dat hij me graag terug zou zien komen, en dat ik meer dan welkom zou zijn om verder te gaan met de Rogues waar ik was gebleven.

Op de terugweg van Oklahoma naar Connecticut stopte ik om de Outlaws te zien in hun clubhuis in Dayton. Deze keer was ik voorbereid en droeg ik ter bescherming een Colt 45 automatisch. Ik dacht dat als het niet goed zou gaan, ik op zijn minst een paar Outlaws mee kon nemen. Toen ik bij het clubhuis aankwam, was het bijna donker. Ik klopte op de zware deur, die werd beantwoord door een berg man die zichzelf voorstelde als Outlaw Sampson; zijn echte naam, zo hoorde ik later, was James Marr. Ik legde hem uit dat ik zijn broer, Outlaw Wildman, moest zien, maar weigerde hem te vertellen waarom. Outlaw Sampson vertelde me dat Wildman er niet was en dat ik gewoon een andere keer terug moest komen. Hij stond klaar om de deur in mijn gezicht dicht te gooien, maar ik blokkeerde hem en legde uit dat ik op weg naar huis was van Oklahoma naar Connecticut en dat een andere keer terugkomen geen optie was.

Als een volslagen idioot eiste ik een gesprek met de chapterpresident. Sampson grinnikte om mijn durf en gebaarde dat ik net binnen de deur moest wachten. Hij stuurde een ander lid om hun president te halen, die boven leek te zijn. Ik wist dat als de man sliep, hij niet zo blij zou zijn als hij wakker werd gemaakt door een beginnende vreemdeling. Ik merkte dat er ongeveer tien andere Outlaws in de kamer waren; als het slecht ging, kon ik ze onmogelijk allemaal neerschieten. Ik legde me erbij neer dat de kans groot was dat ik binnen tien minuten dood zou zijn.

De toenmalige president van de Dayton Outlaws was Kenneth "Hambone" Hammond, die ongeveer tweeëndertig jaar oud was. Het duurde niet lang voordat hij naar beneden kwam en het was duidelijk dat ik hem uit bed had gehaald – dit was geen goede manier om dingen op gang te brengen. Tot mijn verbazing viel Outlaw Hambone me niet aan omdat ik hem wakker had gemaakt. Maar in plaats van mij uit te nodigen om aan de bar te komen zitten, waar hij zich op een kruk liet vallen, 'beval' hij mij dat te doen.

"Wil je drinken, jongen?" zei hij tegen mij terwijl ik bij hem op een van de krukjes kwam zitten.

DE ASSIMILATIE

"Tuurlijk, wat je ook drinkt. Bedankt", antwoordde ik, omdat ik dacht dat het tijd was om een beetje beleefdheid te tonen.

Outlaw Hambone knikte naar de potentiële barman, die vervolgens twee Pepsis uit de koelkast haalde, die veel meer bier dan frisdrank bevatte. Ik was verrast toen ik hoorde dat Hambone geen alcohol dronk, maar hij hield blijkbaar van zijn Valiums.

"Dus waar heb ik het plezier van uw gezelschap aan te danken?," zei hij zonder een zweem van sarcasme in zijn stem. Voordat ik antwoord kon geven, zei hij op gelijkmatige toon: "Je kunt maar beter een hele goede reden hebben om hier te zijn. Ik hou er niet zo van als een klootzak me wakker maakt, vooral als het een klootzak is die ik niet eens ken."

Ik ging verder met uitleg over de tatoeage en wat er een paar weken eerder tussen mij en Outlaw Wildman in Bowling Green was gebeurd. De rest van de jongens hingen allemaal rond de bar – meestal om mij heen – en luisterden met afstandelijke belangstelling naar mijn verhaal en hielden hun chaptervoorzitter in de gaten alsof ze wachtten tot hij zou reageren, om een soort signaal te geven om op mij af te springen en versla mij om het koninkrijk te laten komen. Ik rolde mijn mouw op en liet Hambone mijn arm zien, nu zonder de imitatie "Charlie" tatoeage. Hij keek naar mijn arm en knikte.

"Nou, luister, bedankt voor je tijd. Ik kan maar beter op pad gaan," zei ik. "Sorry dat ik zo onaangekondigd langskom, maar je broer Wildman zei dat ik binnen dertig dagen hierheen moest komen en bewijzen dat ik van de tat af was. Ik heb hem gezegd dat ik dat zou doen en dat ik een man van mijn woord ben."

"Ja-ja, dat is prima. Geen probleem," zei Hambone met een afwijzend handgebaar, terwijl hij me aankeek alsof hij me opnam. Op dat moment werd de toch al gespannen sfeer nog gespannener, omdat hij me vertelde dat hij me op geen enkele manier kon laten vertrekken. Alle Outlaws in de kamer waren gespannen en wachtten op het minste excuus om mij in te slaan. Ik wist niet wat ik moest doen. Ik twijfelde of ik voor mijn Colt zou gaan, maar ik wist dat als ik dat deed, ik het point of no return zou overschrijden.

"Rustig man. Ontspan," zei Hambone met een flauwe glimlach op zijn gezicht. "Je hebt een lange weg afgelegd, je hoeft niet weg te rennen. Laten we elkaar een beetje leren kennen."

Dit nam meteen de scherpte weg en iedereen in de kamer ging verder met waar ze mee bezig waren voordat ik arriveerde. Terwijl Outlaw Hambone en ik aan de bar zaten, onthulde hij dat hij met zowel Little Wolf als Wildman over mij had gesproken, en wist dat ik binnenkort in het clubhuis zou verschijnen.

"Je hebt een beetje een slechte timing, maar alles komt goed. Je bent een materiële man van één procent. Is dat niet zo jongens?" zei hij tegen zijn broers.

De andere mannen in de zaal waren het daar meteen mee eens, wat mij een echte boost aan zelfvertrouwen gaf. Ik was nog steeds een zelfstandige fietser, maar ik wist dat daar snel verandering in zou komen. Voordat we uit elkaar gingen, liet Outlaw Hambone me beloven dat ik elke keer als ik door Dayton kwam, zou langskomen om hem te bezoeken. Hij beloofde me dat wanneer en als ik terug zou verhuizen naar Oklahoma, hij me zou bezoeken als hij in de buurt was.

Toen ik de deur van het clubhuis uitliep, haalde ik diep adem en vroeg me af hoe ik daar levend uit was gekomen. Ik had geen idee van de relatie die ik zojuist had opgebouwd of de betekenis van onze ontmoeting. Het zou jaren duren voordat ik besefte dat het incident bij Bowling Green weer een belangrijk keerpunt in mijn leven was geweest.

DE ASSIMILATIE

Jaren later vertelde Hambone me dat hij onder de indruk was geweest dat ik die avond in mijn eentje hun clubhuis was binnengelopen, en hij wist op dat moment dat we vrienden voor het leven zouden worden. Helaas zou de Vietnamveteraan geen hoge leeftijd bereiken. Hambone werd op 20 januari 1989 dodelijk neergeschoten in een bar in Ohio; hij was tweeënveertig jaar oud.

DE ASSIMILATIE

Hoofdstuk

-6-

Leven Op Geleende Tijd

Het grootste deel van die trieste maandag na onze terugkeer uit Sturgis bromden Bandidos Canada Presidente Alain en ik door mijn huis en verwerkten ons verdriet, waarbij we deden wat we konden om grip te krijgen op de tragedie die ons was overkomen. We praatten veel over het leven en de dood van Bandido Tout, een broer waar we allebei een hoge dunk van hadden. Alain kende Tout al voordat ze betrokken raakten bij de Rock Machine. Terugdenkend aan zijn eerste ontmoeting met Tout, vertelde Alain me dat hij in de motorwereld over hem had gehoord als een top Harley-monteur.

"Het was in 1991. Ik had een Harley die ik drie jaar eerder had gekocht. Het was mijn eerste Harley en hij had echt wat reparaties nodig," zei Alain. "Dus toen ik hoorde dat Tout een van de beste Harley-jongens was, ging ik naar zijn motorwinkel in de buurt van Montreal. Vanaf die dag zijn we echt goede vrienden geworden. En, nou ja, weet je... we zaten samen in de Rock Machine."

Ik vroeg Alain hoe het zoeken naar de Rock Machine er destijds uitzag. Hij had inmiddels uit de eerste hand ervaren hoe de Amerikaanse Bandidos met hun prospects omgingen, wat geen mooi plaatje was. Alain legde uit dat je, om kans te maken op de Rock Machine, er regelmatig moest zijn en gewoon met de jongens om moest gaan. Je werd niet als een deurmat beschouwd en de club waardeerde nieuwe leden.

"De gewone jongens behandelden prospects met respect en klasse, vergelijkbaar met hoe de Europese Bandidos hun prospects behandelen," zei Alain.

131

DE ASSIMILATIE

Hoewel ik behoorlijk wat wist over de geschiedenis van de Rock Machine, onderbrak ik Alain niet toen hij me vertelde over het begin van de club en de daaropvolgende verwikkeling met de Hells Angels. Hij legde uit dat de Rock Machine voor het eerst het levenslicht zag in 1986, min of meer een direct gevolg van de beruchte Lennoxville Purge. De club werd opgericht door Salvatore Cazzetta, die samen met zijn vriend Mom Boucher lid was geweest van een kleine motormotorclub die bekend staat als de SS. Het waren duidelijk Hells Angels-materiaal, maar een incident in Lennoxville, Quebec, waar vijf leden van de Hells Angels North-afdeling werden vermoord door hun eigen broers, bracht Boucher en Cazzetta in tegengestelde richtingen.

Cazzetta vond wat er in Lennoxville was gebeurd verontrustend. Hij noemde het een onvergeeflijke schending van de outlaw-code. In plaats van zich bij de Hells Angels aan te sluiten, besloot hij samen met zijn broer Giovanni de Rock Machine te vormen. In tegenstelling tot de Angels en andere outlaw-clubs identificeerden Rock Machine-leden zichzelf niet met kleuren of vlekken; in plaats daarvan droegen ze een gouden ring met een adelaarsinsigne. Het oorspronkelijke doel van de Rock Machine was niet zozeer het motorrijden als wel de bescherming tegen de agressieve Hells Angels die erop uit waren hun territorium over te nemen.

Ondertussen sloot Boucher zich, niet vies van de modus operandi van de Hells Angels, aan bij de club en klom snel door de gelederen. Jarenlang hebben de Hells Angels en de Rock Machine vreedzaam naast elkaar bestaan, naar verluidt vanwege Bouchers respect voor de charismatische, met de Quebecse maffia verbonden Cazzetta. Maar in 1994, nadat Cazzetta was gearresteerd en opgesloten wegens drugsbeschuldigingen, begon Boucher, die was aangesteld als president van de afdeling

DE ASSIMILATIE

Hells Angels Montreal, druk uit te oefenen op de tijdelijk leiderloze Rock Machine.

Destijds telde de Rock Machine naar schatting ongeveer zestig leden en medewerkers in de twee hoofdstukken, Montreal en Quebec City, die ongeveer half zo groot waren als de Hells Angels. En de Rock Machine had lang niet zoveel supportclubs. Want Boucher en de goed georganiseerde Hells Angels die het tegen elkaar opnamen en de zeer ongeorganiseerde Rock Machine verpletterden, moeten de aantrekkingskracht hebben gehad van het schieten van eenden in een vijver. Het had gemakkelijk moeten zijn om de in de minderheid zijnde Rock Machine te assimileren of weg te vagen. Maar zoals de geschiedenis uiteindelijk zou bevestigen, bleek de Rock Machine geduchte tegenstanders te zijn. In feite heeft nog nooit iemand zich zo tegen de machtige engelen verzet als de Rock Machine, en het is zeer onwaarschijnlijk dat iemand dat ooit zal doen.

Boucher begon zijn overnamebod door zich te richten op door Rock Machine gecontroleerde bars en te proberen de eigenaren en plaatselijke drugsdealers ervan te overtuigen hun bedrijf over te dragen. Toen deze toenaderingen op weerstand stuitten, begon het onvermijdelijke bloedvergieten. Na de moord op de Rock Machine-medewerker in Montreal en de daaropvolgende treffer op Armand Baker in Mexico was de oorlog officieel begonnen.

In 1997, nu beide broers Cazzetta achter de tralies zaten, werd door velen beschouwd dat de Rock Machine op zijn laatste adem was. De Hells Angels bleven, als gieren die rond een stervend dier cirkelen, druk uitoefenen op de club, ervan overtuigd dat het einde nabij was en dat hun grootste rivalen er niet meer zouden zijn. Maar een ambitieus jong lid, Fred Faucher, die drie jaar eerder was gearresteerd wegens plannen om leden van de Hells Angels-poppenclub The Evil Ones te vermoorden, begon met een reeks manoeuvres die het voortbestaan van de Rock Machine in een of andere vorm zouden verzekeren. en leg het lot van de club in zijn handen.

Faucher, vergezeld door collega-Rock Machine-leden Tout Leger en Johnny Plescio, vloog op 18 juni 1997 naar Zweden met de bedoeling de Bandidos Helsingborg "Memory Run" voor gevallen broers bij te wonen. De Zweedse autoriteiten hadden echter andere plannen met het trio. Ze hielden de inwoners van Quebec vierentwintig uur lang vast en deporteerden hen onmiddellijk terug naar Canada.

Faucher bleef onaangedaan en vastbesloten om zichzelf en de Rock Machine te integreren in de Bandidos Nation. Op 14 juli 1997 ging Faucher met Plescio en Paul "Sasquatch" Porter, een andere Rock Machine, naar een motorshow in Luxemburg waar ze leden van de Europese Bandidos ontmoetten.

In schril contrast met Touts ervaring met de Houston Bandidos een paar jaar eerder werden de Rock Machine-leden met open armen ontvangen. Omdat de bendeoorlog met de Hells Angels op dat moment nog steeds in Scandinavië woedde, hadden de Bandidos en Rock Machine een gemeenschappelijke vijand. Er ontstond meteen een vriendschap en dit zou er uiteindelijk toe leiden dat de Rock Machine door de Europese Bandidos werd aangewezen als hangaround-club.

Niet lang na zijn terugkeer uit Luxemburg werd Faucher de hoofdverdachte van de politie bij de poging tot moord op Hells Angels Nomad-lid Louis "Melou" Roy op 24 juli 1997. Maar het bleef daarbij, want er was geen bewijs dat Faucher met de misdaad in verband bracht en niemand werd aangeklaagd. Op 11 september nam Faucher het presidentschap van de afdeling Quebec City van Rock Machine over van Claude "Ti-Loup" Vézina, die was gearresteerd wegens drugshandel.

DE ASSIMILATIE

Vanaf dat moment werd Faucher, die al zeer gerespecteerd werd binnen de club, een belangrijke woordvoerder van de Rock Machine. Gesterkt door de vooruitgang die hij had geboekt bij de Europese Bandidos in Luxemburg, nodigde Faucher George Wegers – destijds een van de twee vice-presidenten van de Amerikaanse Bandidos – uit om naar Quebec City te komen voor een bijeenkomst. Faucher hoopte dat Wegers de kans zou aangrijpen om de Bandidos uit te breiden naar Canada en de Rock Machine te patchen. Volgens hem zou de fusie het perfecte tegengif zijn voor de problemen van de Rock Machines met de Angels.

"De Hells Angels, een wereldwijde organisatie en goed georganiseerd, zullen nooit met zo'n kleine groep mensen om de tafel gaan zitten als de Rock Machine," verklaarde Faucher voorafgaand aan het bezoek van Wegers aan de pers. "Het belangrijkste doel was om deel uit te maken van een internationale club, dus een dezer dagen zullen ze wel eens met ons willen praten."

In oktober 1977 organiseerde Faucher een uitgebreid etentje voor Wegers in het chique restaurant L'Astral in Quebec City. De bijeenkomst kwam echter abrupt tot een einde toen de politie het restaurant binnenviel en Faucher en tweeëntwintig mede-Rock Machine-leden arresteerde. Wegers werd gearresteerd en onmiddellijk gedeporteerd. Uiteindelijk werden slechts drie Rock Machine-leden die bij de inval in L'Astral aanwezig waren, door de rechtbank veroordeeld wegens vuurwapenbezit.

Het is niet verrassend dat de Hells Angels het bezoek van Wegers aan het Canadese grondgebied van de Hells Angels opvatten als een teken van kwade trouw, vooral in het licht van de Scandinavische wapenstilstand, die onlangs van kracht was geworden. Toen ze zich realiseerden dat de Bandidos in contact stonden met de Rock Machine, belegden de Angels een ontmoeting met Wegers en maakten hem bekend hun vijanden niet op te nemen. Wegers, die altijd probeerde iedereen met wie hij te maken had, te sussen, verzekerde dat de Rock Machine geen Bandidos zou worden.

Terwijl ik het over de Rock Machine had, was ik benieuwd hoe en wanneer Alain bij de club betrokken raakte. Hoewel hij er niet veel over wilde praten, vertelde hij dat hij begin jaren negentig zijn eerste Rock Machine-lid ontmoette en dat hij in 1995, toen hij halverwege de dertig was, patchholder werd.

"Weet je, als ik niet bij de club was geweest, zou Tout misschien ook niet lid zijn geweest en zou hij dat nog steeds zijn..." Alains stem stierf weg en hij verzonk in zijn eigen gedachten. Toen hij uit zijn mijmeringen ontwaakte, legde hij verder uit dat Tout veel redenen had om de Quebec Hells Angels te haten: hij was daar aan het begin van de motoroorlog geweest en een goede vriend van hem was een van hun eerste doelwitten. . In augustus 1994 hadden Tout en Rock Machine Normand Baker hun vrouwen meegenomen op vakantie naar Mexico. Toen ze in Canada in het vliegtuig stapten, hadden ze een paar leden van de Hells Angels onder de passagiers opgemerkt, maar dachten er niet al te veel over na.

Hoewel een Hells Angels-sympathisant, Pierre Daoust, op 13 juli was vermoord, en de volgende dag een medewerker van Rock Machine, was het deksel nog niet helemaal van de motorsnelkookpan uit Montreal geblazen, wat zou leiden tot de tit-for-tat-moorden die zouden leiden tot moorden. uiteindelijk meer dan honderdzestig levens kosten. Op dezelfde dag als de moord op de Bandidos-medewerker op 14 juli werden Fred Faucher en vier medeleden van de Quebec City-afdeling van de Rock Machine gearresteerd in een hotelkamer omdat ze een wraakaanval planden op de Evil Ones, een Hells Angels-poppenclub. Volgens de politie werden twee pistolen, drie radiobommen en twaalf pond dynamiet in beslag genomen. Faucher, die zich begin jaren negentig bij de Rock Machine had aangesloten, werd veroordeeld maar kreeg slechts een korte gevangenisstraf. Toen hij vierentwintig jaar oud was en een van de jongste leden van de Rock Machine was, was Faucher voorbestemd om een belangrijke rol in de club te spelen.

Een paar dagen na hun Mexicaanse vakantie gingen Baker en zijn vrouw uit eten. Op het laatste moment hadden Tout en zijn vrouw besloten om in het hotel te blijven, zodat beide stellen een privédiner konden krijgen. Terwijl Normand en zijn vrouw van hun maaltijd genoten, liep een Hells Angels-prospect plotseling het restaurant binnen en schoot Baker rond in zijn achterhoofd, waardoor hij op slag dood was. Zijn geschokte vrouw werd bespat met stukken van zijn schedel en hersenen. Normand Baker werd de eerste Rock Machine met volledige patch die stierf door toedoen van de Angels... de motoroorlog in Montreal was begonnen.

De kandidaat die Baker vermoordde, werd gepakt, maar bracht slechts één jaar in de gevangenis door. De Canadese Hells Angels kwamen hem te hulp en betaalden het corrupte Mexicaanse rechtssysteem om hem vrij te laten en de aanklacht te verwerpen. Tout was ervan overtuigd dat hij samen met Baker zou zijn gestorven als hij bij zijn vriend was komen eten. Hij wist niet dat hij in geleende tijd leefde.

DE ASSIMILATIE

Hoofdstuk

-7-

Dwazen Die Zich Voordoen Als Meesterbreinen

Op dinsdag 14 augustus 2001 nam ik Alain mee naar het vliegveld van Tulsa voor zijn terugreis naar huis. Langzaam, gedurende de volgende paar dagen, keerde mijn leven terug naar een schijn van normaliteit. Ik raakte gewend aan mijn gebruikelijke routines met mijn gezin, mijn zakelijke inspanningen en de Oklahoma Bandidos.

Maar in Canada zou het allesbehalve normaal zijn voor de Bandidos. Op vrijdag 17 augustus, terwijl hij op weg was naar de begrafenis van Bandido El Secretario Tout, werd William Ferguson, een Kingston Bandido, door de politie van Quebec gearresteerd omdat hij een pistool in zijn bezit had. Daar bleef het niet bij. Het werd steeds erger. Minder dan twee weken later, op vrijdag 24 augustus, werd een andere officier van het Canadese Bandidos-hoofdstuk vermoord. Deze keer was het Sargento de Armas Sylvain "Sly" Gregoire. Bandido Sly werd vermoord op de parkeerplaats voor gebruikte auto's die hij bezat in het centrum van Montreal. Terwijl hij te maken had met twee mannen van wie hij dacht dat het potentiële kopers waren, werd hij door een van hen in het hoofd geschoten toen hij zich omdraaide om enkele documenten uit een archiefkast te halen.

Bandido Sly was pas drieëndertig jaar oud; net als Bandido Tout liet hij een vrouw en gezin achter. Opnieuw werden de Canadese Bandidos midden in een oorlogsgebied betrapt. Het leek erop dat het enige alternatief was dat de Bandidos in Canada terugvechten, net zoals ze hadden gedaan toen ze nog de Rock Machine waren. Bandidos Canada was nu omringd

DE ASSIMILATIE

door vier vijanden: Hells Angels aan de achterkant, wetshandhaving aan de voorkant, publieke wrok aan de linkerkant en de media aan de rechterkant.

Niemand was verrast toen sommige leden van de Bandidos, individueel, via hun medewerkers, hangarounds of vrienden, terug begonnen te vechten. Iedereen regelde de zaken op zijn eigen manier en onder zijn eigen voorwaarden. In september 2001 werden veel van de bars die zaken deden met de Hells Angels platgebrand. Sommige bareigenaren logen over het feit dat ze drugshandel deden met de Hells Angels, en sommigen wisten waarschijnlijk niet dat hun werknemers drugs verkochten voor de Hells Angels.

Andere barbezitters en gebouweigenaren sprongen op de kar en brandden hun eigen plekken af, alleen maar om de verzekering te innen. De brandstichtingen gingen door tot in oktober en uiteindelijk werden zestien mensen gearresteerd. Zoals gebruikelijk legden krantenartikelen uit dat de brandstichtingen deel uitmaakten van een strijd om controle over de illegale drugshandel. De waarheid was dat het enige wat de Bandidos wilden vrede was, maar om de Hells Angels tot overeenstemming te brengen moesten hun illegale zakelijke inspanningen worden beïnvloed.

***

Medio oktober 2001 besloot ik dat ik niet naar Canada wilde terugkeren om mijn komende immigratiehoorzitting, die gepland was voor 22 oktober, bij te wonen. Deze beslissing werd genomen als een direct gevolg van twee grote gebeurtenissen: de tragische verwoesting van het World Trade Center in New York City op 11 september, en de biologische besmetting van het gebouw van de Amerikaanse Senaat met miltvuur.

139

DE ASSIMILATIE

Begin oktober werden vliegtuigen nog steeds niet als een veilig vervoermiddel beschouwd; reizen was buitengewoon moeilijk vanwege de algemene staat van verhoogde veiligheid. Dag en nacht wakkerden de regering en een melodramatische media het vuur van onze op angst gebaseerde samenleving aan door het Amerikaanse publiek bloot te stellen aan het uitgangspunt dat er meer aanvallen op de Verenigde Staten op handen waren. Dit resulteerde in een tastbaar klimaat van angst, waar alles en iedereen doorheen leek te dringen.

Mijn achtjarige dochter Taylor wilde, begrijpelijkerwijs, niet dat ik haar verliet. Taylor was bang dat als ik naar Canada zou gaan, ik misschien niet meer zou mogen terugkeren. Ik nam de enige beslissing die ik kon nemen... blijf thuis. Ik was niet van plan haar te verlaten, wat de kosten voor mij ook zouden zijn, wat neer zou komen op ten minste de borg van $ 20.000 die ik had betaald om mijn vrijlating veilig te stellen, de advocaatkosten en het toekomstige onvermogen om vrij naar Canada te reizen. Hoewel het geen prettig voorstel was om een hoop geld te verliezen door zoiets belachelijks als deze immigratiezaak, stoorde het me enorm dat ik in de toekomst niet meer naar Canada kon reizen.

Op 18 oktober schreef mijn Canadese advocaat Josh Zambrowsky een brief aan de scheidsrechter die aan mijn immigratiezaak was toegewezen, de heer Rolland Ladouceur, en vertelde hem dat ik de volgende geplande hoorzitting om de bovengenoemde redenen niet zou bijwonen. De heer Ladouceur was altijd een uiterst eerlijke en onpartijdige rechter geweest en werd zeer gerespecteerd door alle advocaten aan beide kanten van mijn immigratiehoorzittingen. Hij was dezelfde jurylid die mij had toegestaan terug te keren naar Oklahoma na mijn tijdverspillende hoorzitting van 17 januari.

DE ASSIMILATIE

Naar mijn bescheiden mening was deze hele immigratiezaak belachelijk, een verspilling van overheidstijd en een nog grotere verspilling van belastinggeld. Ik had altijd geloofd dat de heer Ladouceur mijn inschatting deelde, dus het kwam voor mij niet als een verrassing toen hij op 19 oktober mijn zaak afwees. Josh was echter verrast dat de rechter het lef had om op te komen tegen de idioten van Immigration Canada. Hij gaf grif toe dat de logische manier van denken van de jury diepgaand, briljant en een daad van puur gezond verstand was. De heer Ladouceur heeft mijn zaak afgewezen uitsluitend op grond van het feit dat ik al in de Verenigde Staten was. Om de schertsvertoning voort te zetten door mij terug te brengen naar Canada, alleen maar om "officieel" naar de Verenigde Staten te worden gedeporteerd, was volgens de heer Ladouceur een oefening in nutteloosheid die alleen een idioot kon begrijpen.

***

In een brief aan mijn advocaat wilde jurylid Rolland Ladouceur duidelijk de dwaasheid van Immigration Canada achter zich laten.

Betreft: Edward Winterhalder Bestandsnummer: AI-00022

Na uw brief van 18 oktober 2001 begrijp ik dat uw cliënt zich nog steeds buiten Canada bevindt en niet aanwezig zal zijn bij de voortzetting van zijn onderzoek dat op 22 oktober zal worden voortgezet.

Gezien het feit dat de aantijgingen tegen uw cliënt in overeenstemming waren met paragraaf 27(2)(a) van de Immigration Act of Canada, en dat uw cliënt niet langer "…een persoon die zich in Canada bevindt..." is, beschouw ik daarbij het onderzoek van de heer Edward Warren Winterhalder wordt afgerond.

De door partijen overgelegde documentatie is vernietigd, aangezien deze nog niet als bewijsmateriaal zijn ingediend.

Wat betreft de borg van $20.000, het paspoort van uw cliënt en zijn Bandido-vest, raad ik hem aan contact op te nemen met Immigration Canada voor restitutie.

Informeer uw klant hierover.

Rolland Ladouceur – Adjudicator

***

De aanklagers van Immigration Canada, niet degenen die hun dwalende gedrag op de voet volgen, gingen ballistisch! Ze stuurden een brief terug naar de heer Ladouceur met het verzoek om opheldering van zijn bevel, alsof het niet duidelijk genoeg was omschreven. Ze stelden zinloze vragen, *zoals wat bedoel je met afgerond* en *is het onderzoek nog steeds opgeschort?* Het moet voor de heer Ladouceur een lastige opgave zijn geweest om op de beleefde manier te reageren die hij deed. Misschien was hij zo gewend aan de omgang met dwazen die zich voordeden als genieën, dat het voor hem "zaken zoals gebruikelijk" was.

***

Adjudicator Ladouceur schreef deze lange brief, waarin hij geen blad voor de mond nam, aan Immigration Canada nadat zij hadden geëist waarom hij hun zaak had afgewezen.

DE ASSIMILATIE

Betreft: Edward Winterhalder Bestandsnummer: AI-00022

31 oktober 2001

Mevrouw Lynn Leblanc en de heer Toby Hoffman

Burgerschap en Immigratie Canada

PER FAX : (613) 952-4770

Op 19 oktober 2001, nadat ik de bevestiging had ontvangen dat de heer Winterhalder niet aanwezig zou zijn bij de voortzetting van zijn onderzoek, informeerde ik de partijen dat het onderzoek was afgerond. Hier zijn de redenen.

Het onderzoek werd geopend op 17 januari 2001. Op verzoek van Citizenship and Immigration Canada werd de zaak uitgesteld tot mei 2001. Op verzoek van de minister werd een tweede uitstel verleend tot 22 oktober 2001. In de tussentijd had de heer Winterhalder keerde terug naar zijn land van staatsburgerschap (VS) en zou naar verwachting op 22 oktober 2001 terugkeren om zijn onderzoek bij te wonen.

Op 17 januari 2001 presenteerde Citizenship and Immigration Canada een onderzoeksrichting en een rapport overeenkomstig paragraaf 27(2)a) van de Immigration Act.

"Een immigratieambtenaar of een vredesfunctionaris zal, tenzij de persoon is gearresteerd op grond van lid 103(2), een schriftelijk rapport doorsturen naar de vice-minister met de details van alle informatie in het bezit van de immigratieambtenaar of vredesfunctionaris waaruit blijkt dat een persoon in Canada, anders dan een Canadees staatsburger of permanente inwoner, een persoon

143

DE ASSIMILATIE

is die lid is van een niet-toelaatbare klasse, anders dan een niet-toelaatbare klasse beschreven in paragraaf 19(1)(h) of 19(2)c)."

Op 19 oktober 2001 deelde de heer Zambrowsky, de raadsman van de heer Winterhalder, het tribunaal mee dat zijn cliënt niet voor zijn onderzoek naar Canada zou terugkeren.

Overwegend dat de Vreemdelingenwet niets zegt over de conclusie van een onderzoek in dergelijke gevallen;

Overwegend dat het doel van het onderzoek was om vast te stellen of de heer Winterhalder van het Canadese grondgebied verwijderd moest worden;

Overwegend dat de heer Winterhalder zich niet langer op Canadees grondgebied bevindt;

Het tribunaal heeft besloten het onderzoek af te ronden omdat de kwestie onbeslist is geworden.

Mocht de heer Winterhalder op een dag terugkeren naar Canada, dan kan Citizenship and Immigration Canada verzoeken om zijn verwijdering uit Canada door een nieuw onderzoek te laten instellen, zoals bepaald in sectie 34 van de Immigration Act.

Bovendien presenteerde Citizenship and Immigration Canada tijdens een pre-hoorzitting op 5 oktober 2001 meer dan 100 documenten die zij als bewijsmateriaal wilden indienen. Aangezien deze documenten niet aan de raadsman van de heer Winterhalder waren bekendgemaakt, werden ze niet in het dossier opgenomen. De Raad heeft zijn besluit ter zake aangehouden, dat zou worden genomen bij de voortzetting van het onderzoek, gepland voor 22 oktober.

Aangezien deze documenten niet als bewijsmateriaal waren ingediend, zijn ze na afloop van het onderzoek vernietigd.

DE ASSIMILATIE

Rolland Ladouceur

Adjudicator

C.C.: De her Josh Zambrowsky,

***

Ik was zeer opgetogen over het standpunt van de heer Ladouceur en de aardige mensen van Immigration Canada waren grondig pissig. Het enige resterende probleem was de teruggave van mijn borggeld en persoonlijke eigendommen, waaronder mijn paspoort en Bandidos-kleuren. Josh Zambrowsky schreef Immigration Canada een aantal brieven waarin hij de teruggave van mijn geld en eigendommen eiste, maar de wraakzuchtige functionarissen vertelden hem in feite dat hij "er mee moest ophouden". Ik had niet minder moeten verwachten van deze onbekwame, slechte verliezers. David Olsen, een manager van Immigration Canada, beweerde op 29 november 2001 dat mijn contante borg werd verbeurd verklaard (verbeurd) overeenkomstig sectie 94 (1) (e) en (f) van de Immigration Act. De pin waar ze hun hoed aan hingen was dat ik niet op de hoorzitting was verschenen; het enige probleem met die redenering was dat mijn zaak werd afgewezen omdat deze betwistbaar was.

Door de jaren heen heb ik vier Canadese advocaten ingeschakeld om de teruggave van mijn geld na te streven. Meer dan drie jaar nadat ik de borgsom had gestort, en meer dan twee jaar nadat mijn zaak was afgewezen, was het uiteindelijke standpunt van Immigration Canada dat ik nooit het borgbedrag had gestort omdat Jean "Charley" Duquaire dat wel had gedaan. Uiteindelijk deed ik het slimme en schreef het hele nummer af naar een verloren zaak. Het zou me een fortuin gaan kosten om dit voor het Canadese hof van beroep te bepleiten. Ik wist dat het zinloos was. Ik zou goed geld naar kwaad geld hebben gegooid. Het spel was tegen mij gestapeld en meer dan waarschijnlijk zou ik de zaak nooit winnen.

***

Ondertussen bleef voor Bandidos Canada alles in beweging toen 2001 ten einde liep; het was een bewogen jaar en het is met een knaller uitgegaan. Er kwam een allegaartje nieuws mijn kant op in Oklahoma. Op 12 november 2001 raakten enkele van onze eigen jongens in Beaver Lake op Mount Royal, net ten noorden van het centrum van Montreal, in een verhitte discussie verwikkeld. De basis van de woordenwisseling werd nooit duidelijk gemaakt. Een van de betrokken Bandidos, Stephane Lalonde, werd neergeschoten en gedood.

Hoe moeilijk het ook was om te accepteren dat het leven van Bandido Stephane werd afgebroken door een van zijn eigen levens, het deed me denken aan het oudtestamentische verhaal van Kaïn en Abel: broers die broers vermoorden is helaas zo oud als de tijd zelf.

Een paar weken later, op 27 november, werd Alain Chenier, een vriend van enkele Bandidos-leden, beschuldigd van moord. Er werd beweerd dat hij een medewerker van Hells Angels, Steve Purdy, had doodgeschoten tijdens een ruzie op 11 augustus in Buckingham, Quebec, een kleine gemeenschap vlakbij de grens tussen Quebec en Ontario. Er werd gezegd dat Chenier Purdy neerschoot alleen maar om indruk te maken op zijn Bandidos-vrienden - geen van zijn vrienden was onder de indruk! Het is niet verrassend dat kranten Chenier identificeerden als lid van de Bandidos.

DE ASSIMILATIE

***

Er was echter goed nieuws uit het noorden van de grens. Op de eerste dag van december 2001 werden vijfenveertig Canadese Bandidos volledige patchleden. Iedereen die een jaar proeftijd had gehad, ontving zijn "1%"-patch en zijn nieuwe "Canada" bottomrockers. Met het bereiken van de status van volledig lidmaatschap waren de Canadezen nu vrij om hun eigen koers uit te stippelen en hoefden ze niet langer verantwoording af te leggen aan de in de VS gevestigde Bandidos.

Er werd opnieuw een volledig patchfeest gehouden in Kingston, dit keer in een hotel in plaats van in het clubhuis. De politie, waakzaam als altijd, kampeerde rond de omtrek van het hotel in de hoop hun dag goed te maken door alle mogelijke aanklachten in te dienen, maar er werd geen enkele aanklacht ingediend en er werden geen arrestaties verricht. Immigratie Canada had beloofd alle bezoekende Amerikaanse Bandidos te arresteren en te deporteren, maar dat gebeurde ook niet. Ongeveer honderd gasten, waaronder nieuwe rekruten op proef, waren aanwezig om het feest te vieren met de nieuwe volledige patchleden. Ik had niets liever gewild dan het feest bijgewoond te hebben, maar ik wist dat het geen zin had om daar zelfs maar aan te denken. In feite koesterde niemand van de Amerikaanse Bandidos de gedachte: iedereen bleef thuis.

De Canadese autoriteiten waren uiteraard verre van opgetogen over hun onvermogen om de Bandidos ervan te weerhouden zich in hun land te vestigen. Op de avond van het volledige patchfeest bracht de politie de gebruikelijke media-uitingen uit, zoals *"ze vreesden dat de nieuwe leden zouden proberen zichzelf te bewijzen door de controle over de drugsmarkt aan de Hells Angels te ontnemen."*

DE ASSIMILATIE

En natuurlijk zongen ze hetzelfde oude liedje dat de Bandidos, net als alle 1%-ers, *"op elke mogelijke manier geld verdienden, inclusief het witwassen van geld, de distributie van drugs, woekeraars en prostitutie"*. Ik zou de laatste zijn om te beweren dat er Bandidos zijn die op die manier geld verdienen, maar om alle Bandidos en andere 1%-ers met zulke brede lijnen af te schilderen komt neer op het zeggen dat omdat sommige mensen criminelen zijn, alle mensen criminelen zijn.

Op het patchfeest zond Bandidos Canada, in een verklaring die het wereldwijde sentiment van onze club accuraat weerspiegelde, de boodschap uit dat ze nog steeds vrede verlangden, ondanks alles wat er de afgelopen jaren was gebeurd. In een artikel geschreven door Gary Dimmock van de Ottawa Citizen, die verslag deed van het feest in Kingston, nam hij het volgende citaat op van een van de nationale functionarissen: *"Het is een geweldige dag en we zijn allemaal erg trots om deel uit te maken van de beste motorclub ter wereld. wereld. We werken hard en het publiek heeft niets te vrezen. Wij doen ons best om iets voor de gemeenschap te betekenen. We hoeven niet samen te feesten (met Hells Angels), maar er is geen reden waarom we ons niet allemaal samen kunnen gedragen."*

Helaas leek niet iedereen de boodschap te hebben begrepen. Woensdagochtend vroeg, 5 december, werd zijn buik opengesneden tijdens een gevecht met drie mannen in het centrum van Oshawa. Eric had rond 02.15 uur een nachtclub verlaten toen hij in een hinderlaag liep terwijl hij naar de wachtende auto van een vriend liep. Ondanks dat hij ernstig gewond raakte en werd beschoten toen hij vluchtte, slaagde Eric erin de auto van zijn vriend te bereiken, die vervolgens wegreed naar het Oshawa General Hospital. Drie lokale Hells Angels-leden werden later als gevolg van de aanval in hechtenis genomen.

DE ASSIMILATIE

Dit incident heeft, net als de dood van Tout en de poging tot moord op Alain, een grote impact op mij gehad. Bandido Eric was een oprechte kerel en maakte op vijfentwintigjarige leeftijd deel uit van een voorhoede van jongere leden van wie ik dacht dat ze de toekomst van de club waren. Ik had veel vertrouwen in hem en geloofde dat hij een belangrijke rol zou spelen bij het uitstippelen van een positieve en progressieve koers voor Bandidos Canada. Eric herstelde van zijn wonden en kreeg van de Toronto Bandidos-afdeling het bevel geen wraak te nemen. Ik had geen contact meer met Eric na zijn herstel, maar het lijkt erop dat hij gedesillusioneerd raakte in de Bandidos, die op hun beurt gedesillusioneerd waren geraakt in hem. Blijkbaar stond hij om onbekende redenen aan de slechte kant van El Presidente George en een paar maanden na de steekpartij verliet hij de club.

Ondanks zijn vriendschap met het prominente lid van de Outlaws Motorcycle Club Canada, James "Big James" Williams, die lid was geweest van de oorspronkelijke Bandidos Toronto North-afdeling, werd Eric afgewezen door de Outlaws toen hij bij de club lobbyde voor een proeflidmaatschap nadat hij de Bandidos had verlaten. Hij verdween eind 2002 uit de Canadese motorwereld en wijdde zich vermoedelijk fulltime aan zijn hondenfokkerij.

Een voormalige Toronto Bandido, die Eric vrij goed kende, vertelde me een paar jaar later dat Eric nooit echt een motorrijder was, en beweerde dat hij een "lifestyle" patchhouder was, in tegenstelling tot een fietser met een "patch". Misschien had ik Bandido Eric the Red overschat; Ik wist het nog maar kort. Misschien veranderde hij nadat hij door de Hells Angels met de dood in aanraking was gekomen. Persoonlijk heb ik goede herinneringen aan de stoere jongen uit Oshawa, maar uiteindelijk vraag ik me af of we ooit echt iemand leren kennen.

DE ASSIMILATIE

Volgens de politie was de aanval op Eric de Rode de eerste duidelijke aanwijzing dat de motoroorlog in Quebec over Ontario was verspreid, iets wat ze al meer dan een jaar voorspelden. Gary Dimmock meldde in de Ottawa Citizen dat leden van zowel de Angels als de Bandidos hem hadden verteld dat *"het gevechtsverbod van kracht bleef"*. Dimmock schreef verder dat *"hierdoor sommige outlaw-motorrijders zich afvroegen of de recente aanvallen waren gelanceerd om oude, persoonlijke rekeningen te vereffenen"*. Wanneer we de geschiedenis van Eric the Red met de oorspronkelijke Toronto Bandidos in ogenschouw nemen, van wie de meesten waren overgelopen naar de Hells Angels, zat deze inschatting waarschijnlijk veel dichter bij de waarheid.

Op 12 december 2001 ging Bandidos Presidente Alain opnieuw naar de media om te proberen onze bedoelingen uit te leggen. *"We steken onze handen uit. We willen gewoon in vrede leven en kunnen werken en plezier hebben. We willen dat de situatie lange tijd stil blijft"*, zei Alain, waarmee hij duidelijk herhaalde wat Bandidos- en Hells Angel-leiders van over de hele wereld wilden.

Zijn inspanningen waren, niet verrassend, aan dovemansoren gericht. Een wereldwijd gepubliceerd krantenartikel speelde in op de angst en onwetendheid van het publiek tegenover motorrijders in het algemeen en de Canadese "motoroorlogen" in het bijzonder. De kop schreeuwde: *Hebzucht, geen vrede, zit achter Biker's bod voor vrede met Quebec Hells.* In het artikel schreef de verslaggever dat een zoektocht naar geld en goede publiciteit, en niet naar vrede, achter het bod van motorrijder Bandidos zit om aardig te worden met de Hells Angels. We waren uiteraard buitengewoon teleurgesteld dat de waarheid opnieuw was opgeofferd in naam van het sensatiezucht.

DE ASSIMILATIE

We waren serieus met het beëindigen van het geweld en waren bereid alles te proberen om het te laten stoppen, maar onze intenties en opmerkingen waren scheefgetrokken om in lijn te blijven met het meedogenloze, bloeddorstige motorrijderimago dat door de media, televisie en Hollywood werd neergezet. Aan de andere kant is dat beeld zo ingebed in de perceptie van het publiek dat al het positieve aan motorrijders door de meerderheid van de mensen buiten beschouwing zou worden gelaten. In een samenleving die wordt gedreven door negativiteit, wordt al het positieve met argwaan bekeken. Niemand wil lezen over "goede" motorrijders, welke goede bedoelingen ze ook hebben of welke goede daden ze ook verrichten. Wanneer motorrijders goede bedoelingen naar voren brengen en goede daden verrichten, wordt er automatisch van uitgegaan dat daar bijbedoelingen achter zitten.

Ironisch genoeg vraag je het aan elke burger die een motorrijder persoonlijk kent – of hij een buurman of collega is – en negen van de tien keer krijg je een positief antwoord. Veel mensen vinden het zelfs leuk om een motor- of motorclubhuis in hun straat of in hun buurt te hebben, omdat ze zich daardoor juist veiliger voelen. In een buurt waar een motorrijder of motorclubhuis woont, zijn misdaden zoals inbraak, autodiefstal, wat dan ook, meestal niet aanwezig. De meeste gewone mensen kennen motorrijders echter alleen door wat ze in de krant lezen of op televisie zien: niet bepaald een informatiebron gebaseerd op empirische gegevens.

***

Het nieuwe jaar begon onheilspellend voor alle motorclubs in Canada. Op 7 januari 2002 werd de federale anti-bendewetgeving C-24 van de Canadese regering van kracht. Volgens C-24 *riskeren de daders die banden hebben met een criminele organisatie veertien jaar bovenop eventuele inhoudelijke aanklachten. Degenen die een criminele organisatie blijken te leiden, kunnen een levenslange gevangenisstraf tegemoet zien.* C-24 maakte het ook illegaal voor een criminele organisatie om nieuwe leden te rekruteren.

Dit versterkte alleen maar de vastberadenheid van de leden van Bandidos Canada om volledig legitiem te worden. Degenen die dat nog niet waren, werden aangespoord om hun daden op te ruimen; degenen die legitiem waren, werden aangespoord om legitiem te blijven. Ieder lid wist inmiddels dat dit de enige manier was waarop de club op de lange termijn zou overleven. Helaas voor alle leden van Bandidos Canada in Quebec was hun toekomst al in steen gebeiteld en de passage van de C-24 maakte slechts de weg vrij voor wat ging komen. Tegen die tijd, wat de leden van Bandidos Canada in Quebec ook deden of probeerden te doen, hun wereld was voorbestemd om spoedig in te storten. De enige vijand die ze voor zich hadden en die ze duidelijk konden zien, de wetshandhaving, was eindelijk klaar om de motoroorlog en de clubs voor eens en voor altijd te beëindigen.

Het begin van het einde voor de Bandidos-organisatie in Quebec was misschien aanstaande, maar de hamer viel eerst op de Outlaws Motorcycle Club, die ironisch genoeg niet eens betrokken was bij de motoroorlog. De landelijke opmars van Outlaws-leden, die in 2001 was begonnen, werd op 8 januari voortgezet in Londen, Ontario met de arrestatie van mijn vriend Thomas "Holmes" Hughes. Outlaw Holmes was de president van de Londense afdeling van de club en een prominente leider in de Outlaws-hiërarchie. Hij werd beschuldigd van poging tot moord op vier leden van een Hells Angel-supportclub de avond ervoor tijdens een woordenwisseling: het vuurgevecht was het hoogtepunt van een tumultueuze winter waarin de meeste London Outlaws van kant waren gewisseld en lid waren geworden van de Hells Angels.

DE ASSIMILATIE

Eind januari, als gevolg van de decimering van de Outlaws London-afdeling, vormden Bandidos Canada en de Outlaws een informele alliantie om zoveel mogelijk samen rond te hangen in een blijk van eenheid tegen de Hells Angels en de autoriteiten. Op een motorruilbijeenkomst georganiseerd door de Hells Angels in Londen in het eerste weekend van februari arriveerde een groep van twintig Bandidos en dertig Outlaws onverwachts om "de exposities in beslag te nemen".

Deze demonstratie van solidariteit verraste iedereen, van het publiek tot de wetshandhavers en vooral de Hells Angels. Omringd door politie en leden van de Hells Angels liepen de Bandidos en Outlaws door de ruilbeurs alsof ze een zondagmiddagwandeling door het park maakten. Bandidos Presidente Alain vermeldde later dat de spanning in het gebouw koortsachtig was; Iedereen keek vol verwachting naar iedereen, niet zeker wat te doen en wilde niet degenen zijn die het kruitvat zouden laten ontploffen.

Om de situatie onschadelijk te maken, haalde het wetshandhavingspersoneel, zeer diplomatisch handelend, de Bandidos en Outlaws over om te vertrekken en begeleidde hen vervolgens het gebouw uit. "Natuurlijk was het gek, maar het was het zeker waard, omdat ik denk dat we een krachtige boodschap hebben afgegeven dat we het speelveld een beetje gelijker zouden maken," vertelde Alain me. "Bovendien liet het de politie ook zien dat we redelijke mensen zijn... dat we alleen maar een verklaring wilden afleggen."

Of het volgende incident dat de krantenkoppen haalde een reactie was van de Hells Angels op de Bandidos en Outlaws vanwege hun durf op de motorruilbeurs in Londen, is een onderwerp van speculatie. Maar midden maart vond er een enorme explosie plaats voor een sociale club in Woodbridge, een grote buitenwijk net ten noorden van Toronto. De club was verbonden met de nieuwe Toronto-afdeling van Bandidos Canada. Geruchten dat de motoroorlog definitief in Ontario was aangekomen, vlogen overal rond en werden aangewakkerd door onzinnige mediaversies van het evenement. Gelukkig raakte niemand gewond bij de bomaanslag en werd nooit vastgesteld wie verantwoordelijk was of waarom deze plaatsvond.

Ondertussen waren de zaken in Quebec nog steeds slecht en stonden op het punt nog erger te worden. Er leek geen einde te komen aan het geweld – het leek wel een op hol geslagen trein. Ondanks het feit dat de meeste Quebec Hells Angels en de meeste leden van hun ondersteunende clubs in de gevangenis zaten, waren er nog steeds individuen en teams van moordenaars die op jacht waren naar Bandidos.

Op 11 maart schoot de provinciale politie van Ontario een man dood tijdens een vuurgevecht midden op Highway 401 tussen Montreal en Kingston. De overledene bleek Daniel Lamer te zijn, een beroepscrimineel en huurmoordenaar die voor de Hells Angels werkte via een van hun poppenclubs, The Rockers. Lamer was naar verluidt op weg naar Kingston, waar hij Bandidos-presidente Alain zou vermoorden.

Het lijkt erop dat het leven van mijn vriend werd gespaard, simpelweg omdat de politie Lamer had aangehouden wegens te hard rijden. Lamer, kennelijk in de veronderstelling dat hij door de autoriteiten was misleid, had besloten zich een weg uit zijn hachelijke situatie te schieten – geen van de vijf betrokken politieagenten raakte gewond bij het vuurgevecht. Als een officier was gedood, zouden de gevolgen zeker hebben geresulteerd in een nog ijveriger optreden tegen de motorwereld door de autoriteiten.

Drie dagen later gingen de moorden op motorrijders door. Deze had geen happy end en er was helaas een onschuldige burger bij betrokken die zich alleen maar met zijn eigen zaken bemoeide. Het slachtoffer, de 34-

jarige Yves Albert, was zijn auto aan het tanken bij een benzinebar in de buurt van zijn huis in Montreal toen een minibusje naast hem stopte. Een passagier in het busje schoof de zijdeur open en pompte op klassieke wijze negen kogels in het ongelukkige slachtoffer. Niet alleen was de heer Albert op de verkeerde tijd op de verkeerde plaats, hij had ook het duidelijke ongeluk dat hij leek op het eigenlijke beoogde doelwit, Bandido Norman en "Norm" Whissell. Whissell, destijds president van de afdeling Montreal van Bandidos Canada, had een paar maanden eerder een aanslag op zijn leven overleefd. Opnieuw leek de Voorzienigheid hem te hebben gespaard.

Hoewel de moord op de heer Albert alleen kan worden toegeschreven aan een geval van identiteitsverwisseling, was de gelijkenis tussen hem en Bandido Norm werkelijk bizar. De heer Albert reed in hetzelfde type Chrysler Intrepid als Bandido Norm; het kenteken op de Intrepid van Mr. Albert was vrijwel identiek aan de Intrepid van Bandido Norm; beide Intrepids waren groen en bij geen van beide auto's waren wieldoppen geïnstalleerd.

Bandidos Canada was, om nog maar te zwijgen van het publiek, verontwaardigd over de zinloze dood van de heer Albert, een toegewijde familieman die een vrouw en twee kinderen achterliet. *"Als ze elkaar willen vermoorden, is dat prima. Maar om de verkeerde persoon te pakken te krijgen, is het belachelijk. Er zijn mannen die dit verdienen. Yves Albert was niet een van hen,"* zegt een kennis van het slachtoffer.

De volgende schietpartij volgde op 19 maart 2002. Er was geen geval van identiteitsverwisseling toen Steven "Bull" Bertrand, een medewerker van Hells Angels Quebec Nomads, midden op de dag werd neergeschoten terwijl hij lunchte in een sushibar in Montreal. De politie wilde graag een verband leggen en beweerde dat de schietpartij een vergelding was voor de mislukte moord op Bandido Norm. De waarheid

DE ASSIMILATIE

was veel minder dramatisch. Een jonge medewerker van Bandidos Canada, Patrick Hénault, kwam toevallig Bull Bertrand tegen terwijl hij in de sushibar zat en nam in een opwelling de beslissing om hem neer te schieten. Bertrand overleefde de aanval en Hénault werd later veroordeeld voor poging tot moord.

***

Net als iedereen was ik verbijsterd en geschokt door de dood van de heer Albert en de andere motorrijdergerelateerde incidenten die Canada teisterden. Hoewel het motorgeweld in Scandinavië afschuwelijk was geweest, verbleekte het in vergelijking met het schrikbewind van de motorrijders van Quebec. Hun reputatie als de meest gewelddadige ter wereld was zeker niet misplaatst. Ik kon het niet laten om terug te denken aan een gesprek dat ik had met de toenmalige Vice-Presidente George van Bandidos, nadat hij was teruggekeerd van zijn noodlottige dinerbijeenkomst met Rock Machine Fred Faucher in Quebec City. "Wie zou bij zijn volle verstand iets met deze jongens te maken willen hebben," zei George. "Ze zijn verdomd gek!"

In die tijd begon ik veel onderzoek te doen en vroeg ik me af of ik echt een verschil kon maken in de Canadese gemeenschap van outlaw-motorrijders. Ik maakte deel uit van een milieu waar geweld geen onbekende was. Maar zoals de meeste motorrijders ben ik geen gewelddadige man en ben ik een groot voorstander van vreedzaam samenleven met iedereen. Net als de meerderheid van de 1%-ers was ik motorrijder omdat ik van motorfietsen en het concept van een motorbroederschap hield, niet omdat ik een waanzinnige moordpartij wilde ondernemen of het doelwit wilde zijn van iemands kogel. Ik was absoluut

DE ASSIMILATIE

geen heilige, maar ik was ook geen moordenaar, drugsdealer, witwasser, woekeraar, afperser of pooier. In mijn jeugd heb ik het soort misdaden begaan die de verzekeringsmaatschappijen uiteindelijk alleen maar geld hebben gekost. Uiteindelijk betaalde ik mijn schuld aan de samenleving voor mijn indiscreties en de hele ervaring maakte me uiteindelijk tot een beter mens. Ik heb nooit veel geld verdiend met stelen; wat ik ook verdiende, het gaf me niet echt een gevoel van voldoening of voldoening... legaal geld verdienen door hard en slim te werken heeft dat wel gedaan.

Ik heb me heel wat tijd afgevraagd of er ooit een einde zou komen aan de moorden in Canada. De ernst van de situatie kwam tot uiting in een rapport van de Canadese regering waarin de duizelingwekkende kosten van de aanpak van het *"motorfietsprobleem"* werden beschreven. Alleen al in Quebec had de provincie in het voorjaar van 2002 ruim honderd miljoen dollar uitgegeven – onthutsend zelfs! En nog steeds bleven motorrijders doodgaan; ruim honderdvijftig van hen, waaronder zes onschuldige omstanders, waren tegen die tijd aan hun einde gekomen. Naast het dodental waren er honderdvierentwintig pogingen tot moord, negen personen als vermist opgegeven, vierentachtig bomaanslagen en honderddertig meldingen van brandstichting.

Ik was blij dat ik in Oklahoma woonde, waar de meeste motorclubs goed met elkaar overweg konden. De Bandidos, Outlaws, Mongols en Rogues leefden niet alleen naast elkaar, ze gingen ook regelmatig met elkaar om. Zonder twijfel heerste er een aangeboren rivaliteit tussen clubs en dwaze sentimenten als "mijn club is beter dan jouw club" waren er in overvloed, maar dat is hetzelfde als zeggen "mijn hond is groter dan jouw hond". Uiteindelijk is het niets meer dan een hoop bravoure en geneuzel.

***

157

DE ASSIMILATIE

Met het volledige patch-lidmaatschapsfeest in Kingston kwam er een einde aan mijn officiële betrokkenheid bij Bandidos Canada, maar ik wist dat ik ze niet zomaar zou kunnen loslaten. Het was mijn bedoeling om de relaties die ik tijdens mijn bezoek, bijna een jaar eerder, had opgebouwd, actief te houden door middel van regelmatige telefoongesprekken en e-mailcorrespondentie. Als er niets anders zou zijn, zou ik mij beschikbaar stellen als adviseur en advies geven als daarom wordt gevraagd.

DE ASSIMILATIE

Hoofdstuk

-8-

Weer Onderweg

In mei 2002 had ik Bandidos-presidente Alain ervan overtuigd om opnieuw naar Tulsa te komen en mij en de Oklahoma Bandidos te vergezellen op de jaarlijkse Pawhuska Biker Rally, en vervolgens op een roadtrip naar New Mexico voor de Memorial Day Run in Red River. De Memorial Day Run was een van de vier verplichte runs voor Bandidos USA. Ook op de lijst stond de Birthday Run in maart, ter viering van de oprichting van de club door Donald Chambers in 1966; de Labor Day Run begin september en de Thanksgiving Day Run in november.

Als een lid een van deze runs miste, kreeg hij een boete van vijfhonderd dollar, te betalen aan de nationale afdeling. In veel gevallen, vooral voor de minder welvarende leden, of voor degenen die vrij moesten nemen van hun werk, was het goedkoper om de boete te betalen, omdat hardlopen je uiteindelijk wel vijftienhonderd dollar kon kosten. Hoewel ik soms liever alleen de boete had betaald, heb ik als Bandido bijna elke run bijgewoond. Maar voor mij gingen deze evenementen meestal meer over mijn werk dan alleen over plezier maken vanwege mijn positie in de organisatie.

De Pawhuska Biker Rally, die plaatsvindt in Biker Park USA, diep in de groene Osage Hills in het noordoosten van Oklahoma, bestaat eigenlijk uit twee motorrijders. De eerste, bekend als de Mayfit, wordt gehouden in het derde weekend van mei; de tweede, genaamd Biker Days in the Osage, vindt plaats in het derde weekend van september. Flyers en posters die reclame maken voor de evenementen maken duidelijk dat *geen honden,*

159

geen glas en geen vuurwapens worden getolereerd – niemand onder de 18 jaar wordt toegelaten – en dat u uw houding elders moet achterlaten.

De bijeenkomsten vinden plaats op land dat eigendom is van de Osage-indianenstam, wat betekent dat de politie geen gezag heeft op het terrein. Het is interessant op te merken dat er sinds de oprichting eind jaren zeventig bij Pawhuska nooit grote incidenten hebben plaatsgevonden. De jaarlijkse Mayfit is een van de grootste motorfeesten in de staat Oklahoma en trekt maar liefst zevenduizend mensen. Vergeleken met Sturgis en andere grote Amerikaanse rally's is dit cijfer slechts een druppel op de gloeiende plaat, maar Pawhuska is sinds dag één feitelijk een regionale aangelegenheid gebleven. Toen ik aanwezig was, trokken de bijeenkomsten onafhankelijke motorrijders en leden van motorclubs aan binnen een straal van vierhonderd mijl rond Pawhuska, waaronder Outlaws, Sons of Silence, Mongols en Bandidos.

Bandido Alain en zijn vriendin Dawn arriveerden een paar dagen vóór Mayfit, dat op woensdag 15 mei 2002 van start ging, op Tulsa International Airport. Destijds zat ik midden in het beheer van een "geluidsbeperking" project voor de Tulsa International Airport. Airport Authority, dus het was maar een kort uitstapje naar de luchthaven waar ik mijn gasten ontmoette bij de aankomstterminal. Alain leek blij terug te zijn in Oklahoma en Dawn was duidelijk opgewonden om bij hem te zijn en bedankte me dat ik hem had overgehaald haar mee te nemen. Ik had besloten de rest van de dag vrij te nemen van mijn werk en met ons drieën reden we de korte afstand naar mijn huis, waar we samen met Caroline en Taylor genoten van een huisgemaakte maaltijd. De volgende dag vertrok ik vroeg naar mijn werk, terwijl Alain en Dawn in huis rondhingen, zich ontspanden en zich klaarmaakten voor wat een volle agenda van reizen en feesten zou worden, eerst in Pawhuska en daarna in Red River.

DE ASSIMILATIE

Op vrijdag de 17e reden Bandido Alain en Dawn over honderd kilometer kronkelende, met bomen omzoomde wegen door Skiatook en Barnsdall over State Highway 11 naar Pawhuska. Deze keer leende ik Alain, omdat ik niet zou fietsen, mijn Harley FXDL uit 1999 voor de duur van zijn verblijf en vertelde hem dat hij hem naar eigen goeddunken kon gebruiken. Caroline en ik volgden in onze pick-up, die volgeladen was met souvenir-T-shirts en benodigdheden voor het Bandidos-feestterrein. Toen we in Pawhuska aankwamen, hebben we meteen een prachtig stuk grond van twee hectare uitgezet op een heuvel met uitzicht op het hele rallyterrein.

Dit zou het privéterrein zijn van de Oklahoma Bandidos en onze ondersteunende club, de OK Riders, voor de duur van de Mayfit. Om er bij niemand twijfel over te laten bestaan dat toegang alleen op uitnodiging gebeurde, hebben we de hele omtrek dichtgeknoopt met oranje bouwhekken; er was maar één manier om het complex binnen te komen en ondergeschikten van de club voerden het hele weekend beveiligingstaken uit bij de toegangspoort om feestgangers buiten te houden.

Binnen ons terrein hebben we een gebied aangewezen voor het parkeren van motorfietsen en campings, allemaal geclusterd rond een tien bij vijftien meter grote circustent, die "het feest central" stond. Onze site, schitterend met spandoeken en regalia van Bandidos Oklahoma en OK Riders, was een van de belangrijkste "moet eens kijken" attracties voor iedereen die de Mayfit bijwoonde.

Hoewel er genoeg te doen en te zien was tijdens de rally, inclusief allerlei soorten verkopers en rockbands, was het terrein voor clubleden en hun gasten, in totaal zo'n tweehonderdvijftig, de place to be op Mayfit. We serveerden ijskoude dranken, variërend van bier tot frisdrank en mineraalwater. En in plaats van de gebruikelijke hotdogs en hamburgers stonden er heerlijke maaltijden, verzorgd door een lokaal restaurant, op het menu.

Om de kosten te dekken, kreeg elk lid van Oklahoma Bandidos elk een boete van één tot tweehonderd dollar, terwijl de OK Riders elk veertig tot zestig dollar kregen. Voor dit bedrag konden leden en hun vrienden en familie het hele weekend feesten, eten en drinken wat ze wilden. Sommige jaren overschreden we de begroting en het tekort werd uit de staatskas van Oklahoma Bandidos betaald. Als we toevallig een paar dollar verdienden, ging het geld naar de staatskas.

Hoe het ook zij, het was een win-winsituatie: het ging bij Mayfit niet om financieel gewin, maar om het geven van een professioneel georganiseerd feest waar de buitenstaanders jaloers op waren. Het was bijna een show die we allemaal opvoerden voor het "genot". van alle andere Pawhuska-feestgangers. Zaterdagavond, net na zonsondergang, zou het hele contingent rood & goud samen een ceremoniële wandeling maken. Vanaf onze camping tot aan het podiumgebied, terwijl de menigte uiteenging om ruimte voor ons te maken, kon de omvang van onze trots worden gevoeld door iedereen die naar ons stond te kijken.

Ook al was de belangrijkste focus van de rally het beleven en plezier maken, voor mij was het non-stop werken en een logistieke nachtmerrie. Dankzij mijn organisatorische vaardigheden, die goed van pas kwamen als secretaris van de Oklahoma Bandidos, had ik de leiding over de coördinatie van het feestterrein van de Bandidos. Ik was verantwoordelijk voor alles, van het uitzetten van het terrein, het huren van de circustent, het verzamelen van stroomgeneratoren en het installeren van de omheining tot het bestellen van al het eten en drinken. Daarnaast coördineerde ik ook de aankoop van ijs en wegwerpservies, het runnen van de Bandidos t-shirtstand en zorgde ervoor dat de beveiliging te allen tijde aanwezig was.

DE ASSIMILATIE

Tijdens de festiviteiten op Mayfit 2002 zou onze chapter de aanvaarding van een nieuw lid meemaken. OK Rider Ian Wilhelm stapte op het bord en besloot dat hij een Oklahoma Bandido wilde worden. Ik kende Ian al sinds het vroege voorjaar van 1997 en had hem met trots gadegeslagen toen hij zich ontwikkelde van een onafhankelijke motorrijder tot een gerespecteerd lid van de OK Riders. Op zijn achtentwintigste was zijn jeugd een echte aanwinst voor ons en we hoopten dat zijn aanwezigheid anderen van zijn leeftijd zou inspireren om met ons om te gaan. Statistisch gezien werd het duidelijk dat lid zijn van een motorclub een uitstervend concept was; bijna iedereen om ons heen leek in de veertig of vijftig te zijn; sommigen hadden zelfs de grens van zestig overschreden. We moesten jongere leden aantrekken, anders zouden we uiteindelijk door verloop verdwijnen. Bandido Ian was een van de sleutels tot onze toekomst, en door hem voor onze chapter te stemmen, begonnen we de zomer goed. De Bandidos Oklahoma-afdeling bestond nu uit elf man, met één lid bijna uit de gevangenis en tien op straat.

Ondertussen hadden Alain en Dawn de tijd van hun leven en genoten van de carnavalachtige sfeer die het hele rallyterrein doordrong en, uiteraard, feest in Oklahoma-stijl. Om te ontsnappen aan de pure waanzin, die tot in de vroege uurtjes aanhield, vertrokken Caroline en ik, samen met Alain en Dawn, elke avond vóór middernacht naar het Black Gold Hotel in Pawhuska. Ik had voor de gelegenheid tien kamers gereserveerd in het Black Gold – het is het motorprotocol om altijd kamers beschikbaar te hebben voor het comfort van bezoekende hoogwaardigheidsbekleders van motorrijders.

Eindelijk, na drie wilde dagen en nachten tijdens de rally, keerden we terug naar Tulsa. Alain en Dawn bleven, naast wat lokale bezienswaardigheden aan boord van mijn Harley, een paar dagen in huis rondhangen om het rustig aan te doen, een luxe die ik me moeilijk kon veroorloven. Door mijn zware werkdruk kon ik niet veel tijd aan mijn gasten besteden. Terwijl ik aan het werk was, bracht Alain zijn tijd door met enkele Oklahoma Bandidos, terwijl Dawn omging met Caroline en Taylor. Vanwege mijn connectie met de wereldwijde motorgemeenschap werd Taylor blootgesteld aan veel interessante mensen die regelmatig bij ons thuis te gast waren. Alain en Dawn vielen zeker in die categorie en ik was blij dat ze Taylor kennis lieten maken met de Canadese cultuur – of, zoals Alain mij zou corrigeren, de Frans-Canadese cultuur.

Mijn functie als onafhankelijke projectmanager en hoofdinspecteur ter plaatse voor een groot bouwbedrijf uit Boston vereiste dat ik toezicht hield op het stil maken van bestaande huizen die zich in de vliegroute van de start- en landingsbanen van Tulsa Airport bevonden. Bij elk huis moesten alle deuren en ramen worden vervangen, de elektrische systemen worden gemoderniseerd, nieuwe verwarmings-, ventilatie- en airconditioning-systemen worden geïnstalleerd, nieuwe isolatie, nieuwe gipsplaten met dubbele dikte in de slaapkamers en alles moest na voltooiing worden geschilderd. Omdat al het werk moest worden uitgevoerd terwijl de eigenaren hun huis bewoonden, was het een enorme klus en een echte uitdaging om alles op tijd en binnen het budget te doen.

Wat mijn leven in deze specifieke tijd nog ingewikkelder maakte, was dat ik speculeerde op onroerend goed, iets waar ik eind jaren tachtig mee was begonnen. Ik was bezig met de aankoop van zeventig hectare eersteklas land, slechts vijf kilometer ten noordwesten van het centrum van Tulsa, achter het Gilcrease Museum. Op het terrein stond een huis van 2.400 vierkante meter en twee flinke schuren. Ik kocht het pand van een oude vriend en zijn twee zussen. Het was jarenlang de familieboerderij geweest en nu hun ouders overleden waren, wilden ze het land verkopen en gaven ze mij de eerste optie om het landgoed te kopen.

DE ASSIMILATIE

Hoewel ik, zoals gewoonlijk, veel te veel op mijn bord had, bezig met het geluidsbeperkingsproject, de Pawhuska Rally, het klaarmaken voor Red River en ervoor zorgen dat Alain en Dawn goed verzorgd werden, kon ik hun aanbod niet laten liggen. om mij het land te verkopen.

"Ik verkoop de boerderij liever aan iemand die ik ken, dan aan iemand die ik niet ken," had mijn vriend me verteld. "Ik weet dat je dit doet om geld te verdienen, maar ik weet zeker dat je het juiste zult doen."

In overeenstemming met mijn woord aan mijn vriend en zijn zussen dat ik het pand niet in een grote onderverdeling zou veranderen, heb ik tijdens de zomer het pand in vier percelen van verschillende grootte verdeeld. Eén zo'n perceel, een stuk land van twintig hectare, werd gekocht door ex-NBA-basketbalster Wayman Tisdale, die uiteindelijk een huis van een miljoen dollar op het terrein bouwde. Ik verkocht een stuk land van dertig hectare aan een heer die een paardenranch wilde oprichten, en tien hectare aan een jong stel dat er in de toekomst een nieuw huis op wilde bouwen. Ik verhuurde de oude boerderij en de resterende tien hectare aan het Oxford House en noemde het de Oxford Ranch.

Een paar jaar eerder had ik een huis van vier verdiepingen aan de zuidkant van Tulsa verhuurd aan de mensen die Oxford House runnen, een landelijke keten van meer dan negenhonderd rehabilitatiehuizen voor het herstellen van mannelijke drugs- en alcoholverslaafden. Ze verblijven in een huis in Oxford House nadat ze een intensief drugs en/of alcoholbehandelingsprogramma hebben afgerond, zo lang als ze willen. De Oxford Houses worden onafhankelijk van elkaar gerund, waarbij elk huis wordt bestuurd door een gekozen raad van bewoners die daadwerkelijk in het huis wonen. Alle bewoners van de Oxford House-faciliteiten moeten een baan hebben en moeten zich onthouden van het gebruik van geestverruimende middelen. Als ze zich daar niet aan houden, worden ze uit huis gezet. Elke bewoner van het huis draagt ongeveer vijfenzeventig dollar per week bij aan een algemeen fonds dat wordt gebruikt om de huur, nutsvoorzieningen en huishoudelijke artikelen te betalen.

***

Op donderdag 23 mei vertrok Caroline in onze pick-up naar Albuquerque, New Mexico, waar we elkaar de volgende dag zouden ontmoeten. Van Albuquerque waren we van plan om samen naar Red River te rijden, een kleine winterresortgemeenschap gelegen in een vallei van vier vierkante kilometer in de zuidelijke Rocky Mountains. Opnieuw was onze vrachtwagen volgeladen met t-shirts; we hadden ook alle benodigdheden meegenomen voor de twee appartementen die we in Red River hadden gehuurd. De appartementen zouden het thuis weg van huis worden voor de vijfentwintig mensen in de entourage van Oklahoma Bandidos, die bestond uit leden en hun vrouwen of vriendinnen. Kort nadat Caroline Tulsa had verlaten, gingen Bandido Alain en Dawn, rijdend op mijn Harley, op pad met Bandidos Oklahoma Chapter-president Lee McArdle en een team van andere Oklahoma Bandidos.

Vrijdag liet ik mijn onderbevelhebber, Louis "Bill Wolf" Rackley, een oude vriend en medelid van de Oklahoma Bandidos, de leiding over het geluidsbeperkingsproject achter. Ik nam een zonsopgangvlucht naar Albuquerque, waar ik op het vliegveld werd opgewacht door Caroline. Van daaruit reisden we door adembenemende bergpassen naar Red River, dat in de 19e eeuw begon als een mijnstadje. Tegenwoordig staat het – naast de Red River Motorcycle Rally – bekend om de wintersport en wordt het toepasselijk het "Skistadje van het Zuidwesten" genoemd.

DE ASSIMILATIE

Volgens plan waren Caroline en ik de eersten van de bemanning uit Oklahoma die arriveerden. Alain, Dawn, de Oklahoma Bandidos en hun belangrijke anderen arriveerden vrijdagavond net na het donker. Tegen die tijd was het kleine stadje aan het rocken. De inwoners van de stad, normaal zo'n vijfhonderd, verwelkomen altijd met open armen de motorrijders die hun stad binnenstromen voor de rally. Zelfs de lokale politie behandelt de motorrijders die hun district binnenstromen met respect. Het kwam zelden voor dat een Bandido werd gearresteerd in Red River.

Er waren maar twee dingen waar we in Red River op letten. De eerste was sneeuw, het sneeuwt daar soms zelfs in mei; de tweede was de ijle lucht. Op een hoogte van achtduizendzevenhonderdvijftig voet is het heel moeilijk om te ademen als je niet aan de hoogte gewend bent. Alain, die dichter bij zeeniveau woonde dan wij allemaal, had vooral moeite met ademhalen. De grote man was de hele tijd dat hij daar was, aan het hijgen en puffen, tot groot vermaak van de hartelijkere types onder ons.

Net ten oosten van Red River, aan de andere kant van de Bobcat Pass, had Bandidos USA een enorme camping midden in een stad genaamd Eagle Nest. Op de camping, die zo'n tachtig hectare beslaat, kun je altijd wel een hapje eten of iets drinken. De hele delegatie uit Oklahoma had ook voldoende eten en drinken, en een slaapplaats, in de appartementen die we in Red River huurden. Tussen het kamp in Eagle Nest en de appartementen in Red River hoefde geen enkele Oklahoma Bandido een cent uit te geven, tenzij hij dat wilde. Het was een ideale setting voor een perfect weekend. Tussen het verkopen van t-shirts, het bezoeken van Bandidos van over de hele wereld en het rondhangen in de appartementen met de jongens uit Oklahoma, hadden Bandido Alain en ik het erg druk.

Om hem een echt stukje motorrijdersleven te laten zien, hadden Alain en ik Gary Dimmock van de Ottawa Citizen – een van de weinige

167

verslaggevers waar we enig respect voor hadden – uitgenodigd om met ons mee te doen aan de rally die officieel de Red River/Enchanted heet. Cirkelmotorrally. Wat was begonnen als een klein evenement dat ongeveer veertig motorrijders naar de opening in 1981 trok, was de rally twintig jaar later uitgegroeid tot ruim tienduizend bezoekers. Dit zou de eerste keer zijn dat Gary ooit naar een grote motorrally in de Verenigde Staten ging; en ook de eerste keer dat hij ooit in de buurt van de Amerikaanse Bandidos was geweest. Voor Gary leek dit op een werkvakantie, aangezien hij van plan was een diepgaand artikel voor zijn krant te schrijven over de rally vanuit het perspectief van de outlaw-motorrijders.

Bandido Alain, Gary en ik brachten het grootste deel van de dag door in Main Street in Red River, waar al het autoverkeer was afgesloten, met uitzondering van duizenden motorfietsen. Er waren naar schatting vijftienduizend motorrijders uit de hele Verenigde Staten aanwezig. Op zaterdagavond nam ik Caroline, Alain, Dawn en Gary mee uit eten in een plaatselijk steakhouse genaamd Timbers, waar we een geweldige tijd hadden en genoten van een aantal heerlijke steaks uit het Midwesten. Na het eten gingen we naar de Bull of the Woods Bar en daar gingen de festiviteiten de rest van de avond door.

Zondag 26 mei was een verplichte ontmoetingsdag in het Bandidos USA-kamp boven de berg in Eagle Nest. Clubfunctionarissen uit de hele Verenigde Staten spraken de vierhonderd aanwezige Bandidos- en tweehonderd ondersteunende clubleden toe en brachten hen op de hoogte van alles, van nieuwe chapters die waren of werden opgericht tot jongens die mogelijk zijn gearresteerd of betrokken bij een ongeval op hun weg naar de rally. Omdat de gewone leden niet op de hoogte waren van intern gevoelige clubinformatie, concentreerde wat door de hiërarchie werd gedeeld zich vooral op kwesties van fundamentele aard.

DE ASSIMILATIE

Andere agendapunten waren onder meer de erkenning van leden die de status van twintig jaar in de club hadden bereikt en de verloting en veiling van handwerk en kunstwerken gemaakt door Bandidos die in de gevangenis zaten. Ik was altijd verbaasd over het artistieke talent in de club en ging nooit weg zonder iets te kopen om mee naar huis te nemen.

Er waren ook zijbalken tussen nationale kapittelofficieren en regionale kapittelofficieren, waarbij elke kapittel verantwoording moest afleggen over de aanwezigheid van hun leden. Als er niemand bij de bijeenkomst aanwezig was, zou er een boete van vijfhonderd dollar worden opgelegd, tenzij het lid was gearresteerd of betrokken was bij een ongeval op weg naar Red River. Dit was ook een tijd van het inhalen van de contributie; als een kapittel achterliep met de contributie aan de nationale kapittel, moest er uitleg worden gegeven waarom de contributie uitbleef. Ten slotte zouden kwesties zoals grieven kunnen worden geuit of op zijn minst kunnen worden geuit, in de hoop dat ze op een later tijdstip zullen worden opgelost.

Zondagavond waren we allemaal uitgeput; Ik had het gevoel dat ik honderd kilometer had gelopen en niet kon wachten om terug naar de appartementen te gaan. Nadat ik mijn avondeten had opgegeten, ging ik vroeg naar bed, zodat ik een goede nachtrust zou hebben voordat ik aan de tien uur durende rit terug naar Tulsa zou beginnen. Ik stond vroeg op om de pick-up in te pakken met de hulp van Alain en een paar andere broers, en na het ontbijt gingen we op weg naar het oosten. Dawn en Bandido Ian's vriendin Shelly, die koos voor een comfortabelere rit dan achterop een motorfiets, vergezelde Caroline en mij in onze pick-up met vijf zitplaatsen.

Bandido Alain en de rest van de bemanning uit Oklahoma vertrokken kort nadat we waren vertrokken op de fiets. Om 23.00 uur die avond waren we allemaal veilig en wel terug in Tulsa aangekomen. Alain en Dawn brachten de volgende dag door met rusten voordat ze terugkeerden naar Canada. Opnieuw had Alain, duidelijk gevoelig voor zonnebrand, een akelige rode kleur in zijn gezicht en inmiddels noemde iedereen hem "Tête Tomate", de bijnaam die ik hem bijna een jaar eerder tijdens de Sturgis Road-trip had gegeven.

***

Toen ik rond 7.15 uur in de ochtend bij mijn magazijn aankwam, een paar kilometer van de geluidsbeperkingslocatie, was ik behoorlijk verrast toen ik zag dat een ploeg onderaannemers op me wachtte en dat alles nog steeds stevig op slot zat. Er was geen spoor van mijn rechterhand Bandido Bill Wolf, wiens taak het was om om 07.00 uur de deuren van het magazijn te openen. Dit was totaal buiten zijn karakter voor hem, dus ik ging ervan uit dat het openbaar busvervoer hem mogelijk in de steek had gelaten. Toen ik echter om negen uur nog niets van hem had gehoord, werd ik ongerust en belde ik het opvanghuis waar hij verbleef, als onderdeel van een voorwaarde voor voorwaardelijke vrijlating.

Ik was behoorlijk radeloos toen een van de reclasseringsambtenaren mij vertelde dat Bill Wolf extreem ziek was, in bed lag en niet in staat was zich naar believen te verplaatsen zonder pijn te ervaren. Ik vroeg hem om Bill Wolf mij onmiddellijk te laten bellen, maar het duurde meer dan twee uur voordat hij contact met mij opnam. Ik wist dat er iets heel erg mis was, want Bill Wolf klonk helemaal niet goed. Nadat hij zich overvloedig had verontschuldigd omdat hij niet op het werk was verschenen, vertelde hij me dat hij extreme buikpijn had en dat hij nauwelijks kon bewegen.

"Ik zie je morgen op het werk, oké? Ik zal me waarschijnlijk beter voelen als ik het vandaag rustig aan doe en in bed blijf", zei Bill Wolf

DE ASSIMILATIE

"Maak je geen zorgen om morgen of overmorgen naar je werk te gaan als je je niet honderd procent voelt. Zorg gewoon voor jezelf. Ik neem later contact met je op," zei ik tegen hem, in de hoop dat hij niet zo ziek was als hij klonk.

Ik probeerde me zo goed mogelijk te concentreren op mijn verantwoordelijkheden op het werk, zonder Bill Wolf om me te helpen, en was erg dankbaar toen ik die avond zag hoe de tijd om te stoppen voorbij rolde. Ik was totaal uitgeput van het weekend in Red River, de lange rit naar huis en de beproevingen van mijn lange werkdruk die dag. We gingen allemaal vroeg naar bed en de volgende dag namen Alain en Dawn een ritje met mij mee naar Tulsa Airport. We brachten onze laatste paar uur samen door met een bezoek aan mijn geluidsbeperkende projectlocatie nabij de luchthaven. Terwijl het voor mij gewoon een werkdag was, was Alain behoorlijk verrast door het feit dat zijn broer Bandido de leiding had over zo'n groot project. Nadat ik Alain en Dawn een rondleiding had gegeven door de buurt waarin ik werkte en had uitgelegd wat de baan inhield, begeleidde ik hen naar het vliegveld voor hun vlucht naar huis.

Hoewel het voor mij een paar hectische en veeleisende weken waren geweest, was het ook een geweldige vakantie. Het was het soort dingen waar dromen van gemaakt worden: echt qua inhoud...surrealistisch qua context. Het beste deel van de Mayfit en Red River Rally's – twee evenementen die voor mij ouderwets waren – was het gezelschap geweest van Bandido Alain, een vriendelijke Frans-Canadees die, net als onze gevallen broer Tout, een geweldige man en een geweldige man was. van een fietser. De moed, het goede karakter en de levenslust van Alain hadden zo'n impact op mij dat ik wist dat dit de rest van mijn leven bij me zou blijven.

DE ASSIMILATIE

Ik vond het vreselijk om hem te zien gaan en ik weet dat hij het vreselijk vond om te vertrekken.

Terwijl we op het vliegveld afscheid namen, was de stemming enigszins gereserveerd, waarbij Alain peinzend en gepreoccupeerd overkwam. Ik wist dat als ik hem was geweest, ik er waarschijnlijk niet naar uit zou hebben gekeken om terug te keren naar Canada, waar wie weet wat ons te wachten stond. Toen ik aan Canada dacht, dacht ik aan motorrijders die motorrijders vermoordden: het was ongeveer het enige referentiepunt dat ik had. Vlak voordat hij en Dawn naar de vertrekterminal van Tulsa Airport vertrokken, zei Alain dat de afgelopen weken de beste vakantie van zijn leven waren geweest.

"Je weet echt hoe je dingen goed moet doen. Je hebt veel klasse, broer," zei hij en gaf me een stevige klap op de rug. "Op een dag zal ik je moeten meenemen voor een fietstocht door Quebec. Het is de mooiste provincie van Canada. Jij bent mijn gast en dan zal ik je een leuke tijd bezorgen."

Hoe goed het ook klonk, ik vroeg me af of dat ooit zou gebeuren. Terwijl ik zag hoe het vliegtuig op weg naar Toronto de lucht in vloog en in de wolken verdween, vroeg ik me af of ik Alain ooit nog zou zien. Hij keerde terug naar een plek die, hoewel niet langer als strijdgebied beschouwd, nog steeds een gevaar voor iemands leven kon zijn.

***

Ondertussen was Bill Wolf nog steeds niet weer aan het werk. De daaropvolgende dagen hield ik zijn gezondheidssituatie zo goed mogelijk in de gaten, waarbij ik twee keer per dag het tussenhuis belde. Na een week begon ik me grote zorgen te maken, want Bill Wolf werd niet beter; hij werd in ieder geval met de dag erger. Hij had een arts van de afdeling Correcties gezien, maar zij vertelde hem dat de pijn, hoe ondraaglijk ook, een verzinsel van zijn verbeelding was en dat er niets was om je zorgen over te maken. Het zou verdwijnen als hij er niet meer bij stilstond.

Misschien kan deze onverschillige houding worden toegeschreven aan het feit dat Bill Wolf niet alleen een ex-gevangene was, maar ook een outlaw-motorrijder. Misschien was ze gewoon incompetent en werkte ze daarom voor het gevangenissysteem. Toen alles gezegd en gedaan was, stuurde de goede dokter hem op weg met een fles aspirine. Tegen die tijd had Bill Wolf al meer dan een week niets gegeten. Ik maakte me grote zorgen om zijn leven, maar het leek niemand in het opvanghuis iets te kunnen schelen of hij stierf of leefde.

Uiteindelijk dreigde ik de instelling met juridische stappen, tenzij Bill Wolf onmiddellijke gezondheidszorg zou krijgen, en die middag werd hij uiteindelijk overgebracht naar een ziekenhuis in de regio. Op de Spoedeisende Hulp werd al snel vastgesteld dat hij een blindedarmontsteking had. Blijkbaar had hij tijdens het Memorial Day-weekend een aanval van een blindedarmontsteking gehad. De infectie had zich verspreid naar het slijmvlies rond de inwendige organen en hij klopte op de deur van de dood.

Bill Wolf werd onmiddellijk met spoed naar een spoedoperatie gebracht, waar zijn blindedarm en zoveel mogelijk van de infectie als ze konden zien werden verwijderd. Zijn maag werd niet weer dichtgenaaid, maar ongeveer een week opengelaten zodat de infectie goed kon worden behandeld. Toen ik hem na de operatie voor het eerst zag, was ik in shock; hij was ongeveer dertig pond afgevallen en zag eruit alsof de dood oververhit was. Ik ging ervan uit dat hij nog een tijdje in het ziekenhuis zou blijven. Toen ik hoorde dat het Department of Corrections van plan was hem

173

te laten recupereren in zijn slaapzaalbed in het opvanghuis zodra zijn maag weer dichtgenaaid was, blies ik een pakking.

Ik gaf mijn advocaat, Jonathan Sutton, opdracht om een van zijn stafadvocaten een noodmotie voor verlichting na veroordeling te laten indienen bij de Tulsa County Court, die Bandido Bill Wolf twee jaar eerder tot gevangenisstraf had veroordeeld wegens bezit van methamfetamine. Ik assisteerde de stafadvocaat bij het opstellen van het grootste deel van de eigenlijke petitie zelf en we kregen deze ingediend bij het gerechtsgebouw op de dag dat Bill Wolf uit het ziekenhuis werd ontslagen. Hij was doodsbang dat hij zou sterven terwijl hij weer onder de hoede was van het Oklahoma Department of Corrections. Ik verzekerde hem dat ik alles zou doen wat in mijn macht lag om dat te voorkomen.

Op 20 juni 2002 hoorde de rechter die Bill Wolf oorspronkelijk tot gevangenisstraf had veroordeeld onze noodmotie voor verlichting na veroordeling. Rechter Gillert, die nooit de bedoeling had gehad dat Bill Wolf zou sterven terwijl hij in de gevangenis zat, beval dat zijn gevangenisstraf werd opgeheven. Rechter Gillert veroordeelde hem onmiddellijk opnieuw tot uitgezeten tijd. Twee uur later kon ik Bill Wolf ophalen en thuisbrengen bij mij thuis.

Het kostte twee weken verzorging door Caroline, Taylor en mij voordat Bill Wolf kon opstaan en daadwerkelijk door het huis kon bewegen zonder pijn te hebben. Iedereen was ervan overtuigd dat mijn daden zijn leven hadden gered, maar voor mij ging dit over vriendschap: er voor iemand zijn als hij of zij je nodig had. Bill Wolf en ik waren al bijna dertig jaar vrienden en ik kon absoluut niet toekijken en niets doen terwijl het Oklahoma Department of Corrections hem voor de honden gooide. Zodra hij zich goed genoeg voelde, ging Bill Wolf weer aan het werk en hield hij toezicht op het magazijn voor mijn bouwproject om geluidshinder te beperken. Ik heb zelfs een tijdelijke hulp ingehuurd om alleen voor Bill Wolf te werken, en al zijn zware tillen en fysieke arbeid te doen totdat hij helemaal gezond en weer normaal was.

DE ASSIMILATIE

Hoofdstuk

-9-

De Hamer Valt Op De Quebec Bandidos

Kort nadat Alain en Dawn na hun twee weken durende vakantie met mij waren teruggekeerd naar Canada, lieten de wetshandhavingsautoriteiten de hamer vallen op alle Bandidos in Quebec. Niemand werd gespaard en het werd door de politie en de media geprezen als de eerste keer in de geschiedenis van een misdaadonderzoek in Quebec dat een *"hele bende van de straat werd gehaald"*. Tijdens een oefening genaamd "Operatie Amigo" werden zo'n vijfenzestig leden van de Bandidos gearresteerd op basis van verschillende aanklachten, variërend van drugshandel tot gangsterisme en samenzwering om rivaliserende Hells Angels-leden te vermoorden. Hoewel sommige leden ongetwijfeld schuldig waren, waren de meeste Bandidos het slachtoffer van omstandigheden. Bij Operatie Amigo, een project dat in 2001 van start ging, waren bijna tweehonderd politieagenten uit Quebec en Ontario betrokken.

Een van degenen die in hechtenis werden genomen, was mijn vriend Bandido Alain. Als nationaal voorzitter van de club werd hij door de politie trots uitgeroepen tot de grootste vis die in hun sleepnet werd gevangen. Vroeg in de ochtend op 5 juni 2006, net na zes uur 's ochtends – een favoriete tijd van de dag om deuren open te breken – deed de politie een inval in het appartement van Alain en Dawn in Kingston. In de media werd gemeld dat hij zich vreedzaam had overgegeven, zoals de meerderheid van zijn mede-Bandidos had gedaan. Nadat hij in hechtenis was genomen, werd hij door de Royal Canadian Mounted Police (RCMP), het equivalent van het Federal Bureau of Investigation (FBI) in de Verenigde Staten, naar een gevangenis in Montreal vervoerd. Verbazingwekkend genoeg was Alain de enige

DE ASSIMILATIE

Bandido in Ontario – op dat moment geschat op ongeveer twintig mensen – die door de aanval werd getroffen. Het was duidelijk dat de agenda van de autoriteiten de Quebec Bandidos was. Ironisch genoeg werd hij, gezien de pogingen van Alain om de vrede tussen de Bandidos en de Hells Angels te handhaven, samen met negen andere volledige Bandidos in Quebec beschuldigd van plannen om Hells Angels-leden te vermoorden.

Volgens de autoriteiten was Operatie Amigo een preventieve aanval op *"de bende"*, uit angst dat deze uiteindelijk de leegte zou opvullen die de Hells Angels hadden achtergelaten nadat het leeuwendeel van hun leden in Ontario en Quebec in maart 2001 achter de tralies was gezet. De arrestatie van de Quebec Bandidos haalde de krantenkoppen over de hele wereld. De Canadese autoriteiten wilden dat iedereen wist dat ze bezig waren hun burgers te beschermen tegen de *"dreiging van motorrijders"*; het was een zoete wraak voor hun eerdere falen om de Bandidos überhaupt uit Canada te houden.

De decimering van Bandidos Quebec werd tot het uiterste uitgespeeld door de politie en de media, maar het is interessant om op te merken dat ondanks hun bewering dat de *"bende"* een criminele organisatie was, waarvan de leden zich bezighielden met allerlei illegale activiteiten, waaronder de handel in drugs. het meest winstgevend en overheersend was, werd slechts zeventien en een half pond cocaïne en vierhonderdveertig pond hasj in beslag genomen. Er werden vrijwel geen illegale stoffen aangetroffen in de huizen of op de persoon van daadwerkelijke leden van de Bandidos. Het grootste deel van de in beslag genomen smokkelwaar werd meegenomen uit de eigendommen van een vrouwelijke medewerker van de club. Omgekeerd werd bij de arrestatie van de Quebec Hells Angels vijftien maanden eerder ongeveer tien miljoen dollar aan contant geld en bijna tien miljoen aan drugs in beslag genomen.

DE ASSIMILATIE

Toen de Bandidos werden gearresteerd – na aftrek van wat er in beslag was genomen uit de woning van de vrouwelijke medewerker – hield de politie minder dan honderdduizend contant geld en illegale smokkelwaar over. Dit zou ertoe leiden dat ieder redelijk intelligent persoon twijfelt aan de juistheid van de veronderstelling dat "alle" motorrijders – in dit geval de Bandidos – betrokken zijn bij de drugshandel. Het andere alternatief is om aan te nemen dat de Bandidos onbeduidende spelers zijn in de criminele wereld, iets wat in directe tegenspraak is met wat de autoriteiten het publiek willen doen geloven. Dit alles was een betwistbaar punt op 5 juni 2002; het veranderde niets aan het feit dat de Quebec Bandidos zonder peddel de kreek op waren.

Het harde optreden tegen Canadese motorrijders, dat in maart 2001 serieus was begonnen met de Quebec Hells Angels, ging door op 25 september 2002 toen de hele Outlaws Canada Motorcycle Club in de mottenballen werd gelegd. Bijna vijftig leden of ex-leden werden gearresteerd op beschuldigingen die waren gebaseerd op de getuigenis van een undercoveragent die volwaardig patchholder was geworden in hun Windsor-afdeling. De undercover wetshandhavingsagent wiens straatnaam Finn was, verzamelde al meer dan twee jaar informatie over de Outlaws en hij had zijn werk heel goed gedaan. Zelfs de internationale president van de Outlaws, James "Frank" Wheeler, die in Indianapolis, Indiana woonde, werd gearresteerd naar aanleiding van Finns getuigenis. Het was een grote staatsgreep voor de autoriteiten in Canada; bijna iedereen die werd gearresteerd, werd aangeklaagd op grond van de nieuwe C-24-gangsterismewet.

Toen bekend werd dat Finn een undercoveragent was, kon ik gemakkelijk twee en twee bij elkaar optellen en de bron achterhalen van het lek dat mij bijna twee jaar eerder onder de aandacht van Immigration

DE ASSIMILATIE

Canada had gebracht. Nadat ik de grens met Windsor was overgestoken, had ik Outlaw Holmes gebeld om te zien of hij een rit voor mij kon regelen om hem in Londen op te zoeken. Toen Holmes hun clubhuis in Windsor belde om een lift voor mij te regelen, was Finn daar toevallig en hij bood zich meteen aan om mij te rijden, ondanks het slechte weer dat de rijomstandigheden verraderlijk maakte.

**

Ondanks de afstand die mij scheidde van Canada – een land waar ik persona non grata was – was de tijd gekomen om te doen wat ik kon voor wat er nog over was van de Bandidos daar. Ik ben een eeuwige optimist en wilde geloven dat niet alles verloren was, dat ik op de een of andere manier nog steeds een verschil kon maken. De eerste opdracht was het benoemen van een waarnemend nationaal president (Presidente) en een nieuwe nationaal secretaris (El Secretario). Vóór Operatie Amigo werd die positie bekleed door Eric "Ratkiller" Nadeau. Tot ieders schrik en ongeloof werd Ratkiller, die beter de bijnaam "Rat" had moeten krijgen, ontmaskerd als informant nadat de bijl op de Quebec Bandidos was gevallen.

Nadeau was zijn leven begonnen als motorrijder bij de Rockers Motorcycle Club, een poppenclub van de Hells Angels 'Montreal-afdeling. Hij bleek een standup-man te zijn en werd enige tijd na de Rock Machine-patchover door de Bandidos gerekruteerd. Zonder dat iemand in de Bandidos het wist totdat het te laat was, was Nadeau vanaf de eerste dag een carrière-informant geweest, helemaal teruggaand tot de tijd die hij bij de Rockers had doorgebracht. Net als iedereen was presidente Alain door Nadeau gedupeerd toen hij hem tot El Secretario benoemde, kort nadat Bandidos Canada in december 2001 de volledige patchstatus had gekregen.

DE ASSIMILATIE

Alain had zijn beslissing gebaseerd op Nadeau's computervaardigheden en het duidelijke enthousiasme voor de Bandidos.

De ware omvang van Nadeau's bedrog en machinaties kwam aan het licht nadat Project Amigo was afgerond. Veel van de aanklachten tegen de Quebecse Bandidos waren uitsluitend gebaseerd op het woord van Nadeau, die uiteindelijk, net als zoveel informanten en overlopers vóór hem, een pathologische leugenaar bleek te zijn. Het werd de autoriteiten zelfs duidelijk dat Nadeau een onbetrouwbare informatiebron was. Veel van de Bandidos die in de gevangenis zaten in afwachting van hun proces, met maar liefst zes of zeven aanklachten tegen hen, zagen plotseling dat alle aanklachten waren afgewezen of dat ze op slechts één of twee moesten reageren.

In veel gevallen bleken de beschuldigingen relatief gering te zijn, zoals het bezit van een wapen of kleine hoeveelheden hasj of marihuana. Nu de vrijheid voor de deur stond, bekenten ze gemakkelijk schuldig te zijn aan deze beschuldigingen en kregen ze een gevangenisstraf opgelegd ter hoogte van de tijd die ze al hadden uitgezeten in afwachting van hun dag in de rechtszaal. Slechts een tiental Bandidos heeft geen schuldbekentenis ingediend – onder wie Alain Brunette – omdat ze onschuldig waren aan de zwaardere aanklachten waarmee ze nog steeds te maken kregen. Ze kregen de verzekering dat er binnenkort een proefdatum zou worden vastgesteld, maar om de een of andere reden zou het nog twee jaar duren voordat er enige vooruitgang zou worden geboekt.

***

Eerder in het voorjaar van 2002 – nadat Peter "Peppi" Barilla, vice-president van Ontario Bandidos, gearresteerd was wegens vermeende drugshandel –

benoemde presidente Alain, met mijn goedkeuring, Bandido John "Boxer" Muscedere om die functie over te nemen. Een paar maanden later, nadat Alain en het voltallige Quebec Bandidos-lidmaatschap waren gearresteerd, bleek de enige logische keuze voor de baan van Presidente Bandido Boxer te zijn. De vierenveertigjarige Italiaan/Canadees was de enige nationale officier van Bandidos die niet in de gevangenis zat of in aanraking kwam met de wet.

Voordat hij Bandido werd, was Boxer een senior figuur bij de Annihilators, een onopvallende regionale motorclub, en leidde later de St. Thomas Loners-afdeling. Eind juni nam Bandido Boxer – een fervent amateurbokser, vandaar de bijnaam – de functie van waarnemend president over van wat er nog over was van Bandidos Canada. Op dat moment zaten er bijna vijfenzestig Bandidos in de gevangenis of op borgtocht in afwachting van hun proces. Er waren nog een half dozijn die ondergronds waren gegaan in een poging arrestatie te voorkomen. Op straat achtergelaten zonder problemen met de wet, bleven minder dan vijftien Bandidos in Ontario – geen enkele in Quebec!

Kort nadat ik de leiding van Bandidos Canada had overgenomen, kwamen presidente Boxer en Bandido Luis Manny "Porkchop" Raposo, aan wie ik tijdens de Sturgis Rally van 1999 was voorgesteld, helemaal naar mij toe in Oklahoma. Ze hadden geprobeerd Bandidos USA El Presidente George Wegers en andere nationale officieren te ontmoeten, maar dat lukte niet. Er was nog steeds veel onenigheid binnen de club en het merendeel van de Amerikaanse Bandidos wilde niets met de Canadezen te maken hebben.

"Jij bent de enige broer die ook maar enigszins geïnteresseerd is in ons lot," vertelde Boxer me toen hij en Porkchop bij mij op de stoep stonden. "We willen niets liever dan de club overeind houden, want ons enige andere alternatief is om ons bij de Angels aan te sluiten, en dat willen we absoluut niet doen."

"Ja, dat willen we absoluut niet doen," zei Porkchop. "Wij zijn Bandidos en we zijn er trots op Bandidos te zijn, en we gaan er alles aan doen om Bandidos te blijven."

Ik bewonderde de vasthoudendheid van presidente Boxer en Bandido Porkchop en vertelde hen dat ze op mij konden rekenen om te doen wat ik kon. Ik verwelkomde ze in mijn huis en we brachten de hele dag door met bespreken hoe we wat er nog over was van Bandidos Canada weer tot leven konden wekken. Ik wist dat het daartoe absoluut noodzakelijk was om nieuwe leden te werven en nieuwe chapters te starten, niet alleen in Ontario, maar ook in West-Canada.

Het eerste dat op de agenda stond, was het benoemen van een nieuwe El Secretario. Boxer wilde een nieuwe Bandido benoemen die hij leuk vond met de naam Jeff "Burrito" Murray, maar ik overtuigde hem ervan dat Bandido Glen "Wrongway" Atkinson een betere keuze zou zijn. De drieëndertigjarige Glen was in 1997 lid geworden van de Toronto Loners-afdeling en werd een Bandido in mei 2001, toen de club overging. Hij was buitengewoon intelligent, gerespecteerd, welbespraakt en kende zijn weg met computers. Bovendien was hij afgestudeerd, een slimme zakenman en een toegewijde huisvader. Ik had ongeveer een jaar lang regelmatig gecorrespondeerd met Bandido Wrongway en was onder de indruk van zijn positieve houding en begrip dat legitimiteit cruciaal was voor de toekomst van Bandidos Canada. Hoewel Boxer met tegenzin toegaf, moest hij toegeven dat Bandido Burrito de geloofsbrieven van Glen niet kon evenaren.

Gedurende juli 2002 hadden El Secretario Wrongway en ik vrijwel dagelijks contact. Omdat ik door veel van de jongere Canadese Bandidos werd gezien als een oudere staatsman in de motorwereld – ik was al meer dan vijfentwintig jaar een outlaw-motorrijder en was al ver in de veertig – vond ik het niet alleen noodzakelijk om mijn expertise, maar ook morele steun. Dit was een lastige tijd voor iedereen die Bandido was in Canada, of ze nu nog van hun vrijheid genoten of achter de tralies zaten.

De autoriteiten – vijand nr. 1 – hadden de club zo goed als uitgeroeid en duidelijk gemaakt dat ze van plan waren de klus te klaren; de Hells Angels – vijand nr. 2 – lagen op de loer in de schaduw, even vastbesloten om uit te roeien wat er nog over was van de Bandidos. Terwijl de politie de Ontario Bandidos lastigviel en intimideerde, wat erop duidde dat het slechts een kwestie van tijd was voordat hen arrestatiebevelen zouden worden uitgevaardigd, vielen de Angels hen lastig en intimideerden ze met doodsbedreigingen en presenteerden ze hen twee opties: "met pensioen gaan" of "patchen over".

In de nasleep van Operatie Amigo gaf Bandidos Canada een verklaring af aan de media waarin werd bevestigd dat de drie hoofdstukken in Quebec – Montreal East, Montreal West en Quebec City – inderdaad geschiedenis waren. Ze stonden er echter op dat de club zou overleven door zich te concentreren op Ontario en West-Canada. Hoe goed dit ook klonk, er waren twijfels in de hoofden van iedereen, behalve de meest stoere en optimistische leden, dat er enige toekomst was voor de Bandidos in Canada. In dit klimaat van onzekerheid hebben El Secretario Wrongway en ik ons best gedaan om een sprankje hoop levend te houden. We hadden veel te doen op het gebied van het organiseren en in de gaten houden van de situatie in Ontario.

De eerste taak waarmee we te maken kregen, was proberen de identiteit te verifiëren van alle Bandidos die gevangen zaten. Dit bleek een enorme opgave, want de gevangenisautoriteiten stonden ons niet toe contact te leggen met clubleden. Als een brief die naar hen werd gestuurd zelfs maar een verwijzing naar Bandidos bevatte, werd deze in beslag genomen. En omdat alle clubgegevens door Nadeau – die dankzij zijn positie als nationaal El Secretario over een schat aan informatie beschikte – aan de autoriteiten waren overgedragen, hadden we geen idee wie er in de club zaten en wie niet. Het enige waar we in eerste instantie mee moesten werken was een oude lijst die ik had samengesteld tijdens de patchoverdagen van Rock Machine, een lijst die niet was bijgewerkt omdat het niet langer mijn zorg was. Het duurde maanden voordat El Secretario Wrongway en ik het lidmaatschap, de bijbehorende telefoonnummers, e-mailadressen en gevangenislijsten hadden geconfigureerd.

Ons tweede doel was om erachter te komen hoe we Bandidos Canada op de lange termijn kunnen behouden. Maar uiteindelijk was dat een project voor Presidente Boxer en El Secretario Wrongway; mijn inbreng en invloed van ruim duizend kilometer verderop in Oklahoma waren beperkt.

***

In de nasleep van Operatie Amigo bleef alles redelijk rustig. Tot half september 2002 was er geen noemenswaardig motornieuws; op dat moment richtten de media in Toronto zich op een nogal onbeduidend verhaal en bliezen het op tot voorpaginanieuws. Een jong lid van de Kingston-afdeling van Bandidos Canada, Carl "CB" Bursey, had de voorwaardelijke vrijlating geschonden door zijn gebied van bestemming te verlaten om een paar dagen langer met zijn vriendin te gaan vissen dan hij had moeten doen. Nadat hij zich niet op de geplande datum bij zijn reclasseringsambtenaar had gemeld, werd een arrestatiebevel tegen hem uitgevaardigd. Nauwelijks was het bevel uitgevaardigd of de pers ging ermee aan de slag en citeerde politiebronnen

184

dat er een *"bloedbad"* werd verwacht omdat Bandido CB had gezworen *"niet levend te worden meegenomen"*.

Het was gedurende deze tijd dat ik me bewust werd van het incident en ik wist niet echt wat ik ervan moest denken. Zonder dat ik het wist, en zonder dat ik het wist van het hele Canadese Bandidos-lidmaatschap, was CB een Bandido geworden terwijl hij in de gevangenis zat en een federale straf van drie jaar uitzat. In de zomer van 2000 was hij lid geworden van de Rock Machine en werd hij na de patch-over standaard een Bandido. Toen hij uit de gevangenis werd vrijgelaten, zat iedereen die hem kende nog steeds vast, of was net gearresteerd tijdens de grote opruiming van 5 juni.

Toen de eerste krantenartikelen over CB opdoken, wist niemand op straat zelfs maar of hij echt een Bandido was. Aanvankelijk wist niemand in Bandidos Ontario wie hij was. Het kostte El Secretario Wrongway en mij een paar dagen om zijn identiteit vast te stellen en hoe hij bij de club terechtkwam. Zelfs nadat we dat hadden ontdekt, kwamen we erachter dat slechts een of twee van de Kingston-leden contact met hem hadden. Hoe meer we over Bandido CB leerden – zoals het feit dat hij nog nooit op een motor had gereden – hoe meer we beseften hoe weinig hij van ons wist en dat hij per definitie alleen maar een motorrijder kon worden genoemd.

Wat ons, naast de ongelooflijke verhalen die de kranten verzonnen, zo verbaasde, was dat Bandido CB slechts tien dagen gevangenisstraf zou hoeven uitzitten – de resterende tijd van zijn oorspronkelijke straf – als hij zich overgaf. Niets van dit alles klopte en je moet je afvragen of CB niet genoot van zijn vijftien minuten roem als *"beruchte ontsnapping-skunstenaar"* die volgens de kranten een *"extreem gevaar voor het publiek"* vormde. In werkelijkheid hadden alle mediaheisa en verklaringen van de politie betrekking op een minderjarige overtreder van de voorwaardelijke vrijlating. Als hij geen Bandido was geweest, zou hij ongetwijfeld heel weinig media-aandacht hebben gekregen. Het was opnieuw een flagrant voorbeeld van hoe de autoriteiten alles deden wat ze konden als het ging om het promoten van hun outlaw biker-agenda en hoe de media graag meespeelden.

Terwijl de zaken verhit raakten, typeerde de pers de zevenentwintigjarige CB als een prominente Bandido met een lang strafblad waarin onder meer obstructie van de rechtsgang, handel in verdovende middelen, wapenbezit, bezit van gestolen eigendommen, bedreigingen, mishandelingen, berovingen, gevaarlijk rijgedrag, enz. het verbreken van de proeftijd en vier ontsnappingen uit de gevangenis. Met andere woorden, hun favoriete afbeelding van een 1%-er. Hoewel niemand kon betwisten dat CB allesbehalve een modelburger was, was hij zeker geen prominente Bandido. Hij had in de eerste plaats niet eens een Bandido moeten zijn en hij was op weg om de club te verlaten.

Om de situatie onschadelijk te maken, hebben we Gary Dimmock van de Ottawa Citizen gevraagd om op te treden als tussenpersoon voor Bandido CB en de politie, zodat CB zich vreedzaam kon overgeven volgens zijn werkelijke bedoelingen. Hoewel CB misschien als een los kanon wordt beschouwd, had hij geen doodswens en wilde hij zeker niet sterven in een kogelregen gedurende wat neerkwam op slechts tien dagen gevangenisstraf.

Volgens de voorwaarden van de overleveringsonderhandelingen, die Dimmock hielp organiseren, zou Bandido CB geen extra tijd hoeven uitzitten voor zijn schending van de voorwaardelijke vrijlating. "Ik wil gewoon terug naar de gevangenis en de tijd voorbij hebben en dan verder gaan met mijn leven," had Bandido CB tegen Dimmock gezegd. "Het is niet mijn bedoeling iemand pijn te doen en ik wil zeker niet neergeschoten worden als ik mezelf aangeef."

DE ASSIMILATIE

Op 24 september 2002 rond 16.30 uur arriveerde Bandido CB, die de politie twee maanden lang had ontweken, in een koffieshop in Kingston voor een afgesproken afspraak met rechercheurs Neil Finn en Brian Fleming en gaf zich zonder problemen over. Tot zover het *"bloedige laatste standpunt"*, uiteengezet door de autoriteiten en gepromoot door de pers. Rechercheur Greg Sullivan werd door de heer Dimmock geciteerd in een Ottawa Citizen-artikel van 25 september 2002, waarin de arrestatie werd beschreven: *"we zijn gewoon blij dat hij zichzelf heeft aangegeven en dat deze vreedzaam is verlopen"*. Wij waren het er allemaal mee eens.

Tegen die tijd was de Kingston-afdeling van Bandidos Canada – waartoe CB officieel behoorde – tot het besef gekomen dat hij helemaal geen motorrijder was en geen zaken had in een motorclub. Als gevolg hiervan kreeg hij te horen dat hij de club moest verlaten. Na zijn uitzetting uit de Bandidos bundelde CB zijn krachten met zijn oude vrienden, de Hells Angels. Volgens een krantenartikel hadden de Engelen hem geholpen terwijl hij op het lammetje van de politie zat. Eind februari 2003 zou hij opnieuw het nieuws halen toen hij opnieuw werd gearresteerd – dit keer wegens bezit van drugs en vuurwapens. Ik was helemaal niet verrast. Onlangs, in de zomer van 2007, haalde CB meer krantenkoppen toen hij opnieuw door de politie op de korrel werd genomen en door de media werd afgeschilderd als een gevaarlijke outlaw-motorrijder.

***

Alle heisa in de media ging eigenlijk over een overtreder van de voorwaardelijke vrijlating die, als hij werd betrapt, nog maar tien dagen gevangenisstraf zou moeten uitzitten. In dit artikel, dat verscheen in de Toronto Sun, staat dat Bursey nog een maand te dienen had. Een andere krant vermeldde de werkelijke tien dagen. Het is slechts één voorbeeld van de discrepanties in krantenberichten. Je vraagt je af: als ze een simpel feit niet duidelijk kunnen krijgen, wat krijgen ze dan wel duidelijk?

Bandido zweert dat hij niet levend zal worden gevangengenomen

Door Alan Cairns

17 september 2002

Een voortvluchtige Bandido heeft "talrijke pistolen en een granaatwerper" en dreigt "erop te schieten met de politie", zei de politie gisteren.

Aangenomen wordt dat de granaatwerper een RPG-systeem (raketaangedreven granaat) is, vergelijkbaar met modellen van Russische makelij die Amerikaanse helikopters neerhalen in de hitfilm Black Hawk Down.

En in een vreemde wending aan de zaak wordt Carl Thomas Bursey, 27, blijkbaar verborgen door rivaliserende Hells Angels.

"Een gevaarlijk wapen als een RPG in de handen van een persoon die net zo vluchtig en gewelddadig is als Bursey, maakt dit tot een uiterst beangstigende situatie," aldus Det. Greg Sullivan van de provinciale eenheid voor de handhaving van voorwaardelijke vrijlating (ROPE). "We hebben geloofwaardige informatie dat Bursey zich in de omgeving van Toronto bevindt... en hij zegt dat hij niet levend zal worden opgepakt en dat hij betrokken zal raken bij een vuurgevecht met de politie."

Bursey, wiens 55 eerdere strafrechtelijke veroordelingen onder meer de handel in verdovende middelen, wapenbezit, bedreigingen, aanrandingen, overvallen en vier ontsnappingen uit de gevangenis omvatten, ging in juli op de vlucht en heeft sindsdien een sleepnet in Ontario vermeden. Bursey, ooit lid van Rock Machine, zat een gevangenisstraf van twee jaar en tien maanden uit omdat hij in december 1999 uit een gevangenis in Ontario ontsnapte.

Bursey had nog maar een maand om zijn straf uit te zitten toen hij ondergronds ging, drugs begon te gebruiken, wapens begon te hamsteren en dreigementen begon te uiten om zijn politie-achtervolgers te vermoorden, zei Sullivan.

Voorafgaand aan zijn laatste vrijlating werd Bursey tweemaal zijn vervroegde vrijlating ingetrokken: één keer in augustus 2001 nadat de politie 45 kilo marihuana van eigen bodem in beslag had genomen van de plek waar hij bij zijn oom logeerde, en opnieuw in mei toen de politie een geladen pistool vond toen Bursey en twee andere motorrijders werden aangehouden in een gestolen auto in Milton.

Uit documenten van de National Parole Board blijkt ook dat Bursey "betrokken was bij een wapengerelateerd onderzoek naar een moordzaak" in Quebec.

Sullivan zei dat de politie informatie heeft ontvangen dat Bursey wordt geholpen door Hells Angels in Toronto. Bursey, opgegroeid in Guelph en bij zijn laatste vrijlating bij zijn moeder mocht wonen, is 1,80 meter lang, ongeveer 220 pond, en heeft lichtbruine ogen.

Hij heeft verschillende tatoeages in de gevangenis, waaronder een van een geladen pistool, het motto "beëdigd te doden" op zijn rechterpols en het woord "anarchie" op zijn buik.

***

DE ASSIMILATIE

Vrijdag 12 juni 2003 zal de geschiedenis ingaan als een donkere dag voor Bandidos Canada. Op die dag bekende Bandido Andre Desormeaux officieel schuldig te zijn aan brandstichting, drugshandel en poging tot moord. Bovendien bekende hij schuldig te zijn aan gangsterisme. Tot aan zijn tijd had geen enkel lid van de Bandidos zich schuldig gemaakt aan gangsterisme en het was een grote tegenslag voor de club in heel Canada en zou een serieuze hindernis vormen die in de toekomst moest worden overwonnen.

Uiteindelijk kreeg Bandido Andre in totaal zestien jaar gevangenisstraf. Andre's straf was de langste gevangenisstraf die ooit aan een Bandidos-lid in Canada werd opgelegd. Het overtrof met vier jaar de straf die was opgelegd aan mijn oude vriend Bandido Jean "Charley" Duquaire, de broer die mij het geld had geleend om borgtocht te betalen nadat hij was gearresteerd door Immigration Canada.

***

Deze keer hadden de media gelijk toen ze een Bandido als belangrijk clublid bestempelden. In het bovenstaande artikel in de Montreal Gazette merkten ze terecht op dat Desormeaux een Sargento de Armas was in de nationale afdeling van Bandidos Canada op het moment van zijn arrestatie.

Key Bandido krijgt 16 jaar gevangenisstraf
Betrokken bij een mislukte aanslag in de sushibar. Desormeaux bood ondergeschikten van de bende $ 1.500 aan aan fakkelclubs die door Hells-drugsdealers werden gebruikt
Door George Kalogerakis

190

DE ASSIMILATIE

Zaterdag 14 juni 2003

André Desormeaux zwaaide met $ 15.000 in contanten voor ondergeschikten van de Bandidos-bende.

"Ik wil dat het in mijn omgeving brandt," zei hij over zijn drugsgebied in Hochelaga-Maisonneuve.

Iedereen die bars in brand stak die bezocht werden door concurrerende dealers van de Hells Angels, zou voor elk $ 1.500 krijgen.

Vijfendertig plaatsen brandden die zomer van 2001 af, totdat politieagenten contact opnamen met hooggeplaatste leden van de Bandidos.

De politie zei dat ze op dit moment niet zo geïnteresseerd waren in het onderzoeken van de Bandidos, maar dat zou kunnen veranderen tenzij de branden zouden stoppen. De branden stopten.

De politie had gelogen. Ze volgden de bende actief en arresteerden een jaar later 65 mensen.

Eén van de topleden was Desormeaux, die gisteren de zwaarste straf tot nu toe kreeg opgelegd.

Een rechter in het gerechtsgebouw van Montreal gaf hem 16 jaar gevangenisstraf nadat hij schuldig had gepleit voor drugshandel, het kweken van wiet, gangsterisme, poging tot moord en het beramen van brandstichting.

Aanklager Denis Gallant zei dat de Bandidos in 2001 branden stichtten om te profiteren van de enorme politieactie waarbij meer dan 100 mensen die verbonden waren met het Hells-drugsnetwerk gevangen werden gezet. "De Bandidos wilden de markt overnemen," zei hij tegen de rechter.

DE ASSIMILATIE

Desormeaux was een volwaardig lid van de Bandidos en had zijn eigen marihuanaplantage in een huis in Rivières des Prairies. Toen de politie een inval deed op de locatie aan de 71st Ave., vonden ze 400 planten, evenals het shirt en de badge van een politieagent uit Montreal die bij een inbraak waren gestolen.

De 36-jarige Joliette-man was ook betrokken bij pogingen om rivalen in de Hells te vermoorden, waaronder de mislukte poging tot moord op Steven (Bull) Bertrand in maart 2002 in een sushibar aan Bernard Ave.

Bertrand, die nu zeven jaar gevangenisstraf uitzit wegens de import van cocaïne, heeft nauwe banden met Hells-leider Maurice Boucher.

Toen Bertrand werd neergeschoten, fungeerde Desormeaux als uitkijk en gaf het signaal - hij zette zijn baseballpet af - dat de schutter moest schieten. "Desormeaux zou zeggen dat hij bereid was te betalen voor de moord op Steven Bertrand en dat hij zou betalen zelfs als dat mislukte," zei Gallant tegen de rechtbank.

Rechter Kevin Downs van het Hooggerechtshof van Quebec nam het huis in beslag waar Desormeaux zijn wietplantage had, evenals $ 117.000 aan Canadees contant geld en $ 11.000 aan Amerikaanse fondsen.

De vrouw van Desormeaux, Nancy Paquette, heeft gisteren ook schuldig gepleit, maar alleen voor het helpen van haar man bij het verkopen van hasj aan andere gevangenen in de gevangenis. De gevangenen stortten het geld op een bankrekening en zij verzamelde het geld van buitenaf.

De 27-jarige moeder van vier jonge kinderen werd veroordeeld tot een jaar huisarrest.

DE ASSIMILATIE

Tot nu toe hebben 49 Bandidos of medewerkers van de oorspronkelijke 65 schuldig gepleit. De zwaarste straf tot gisteren was twaalf jaar voor een andere topleider, Jean Duquaire.

Er wordt al dit najaar een megaproces verwacht tegen de overige zestien verdachten. Voor de zaak wordt een grote kamer in het gerechtsgebouw van Laval gerenoveerd, omdat het speciale motorgerechtsgebouw nabij de gevangenis van Bordeaux bezig is met twee Hells-processen.

***

In juli 2003 kwam de ondergang van Bandidos Canada in Quebec zonder ook maar een schot, geen bommen, geen moord, zelfs geen gejammer. Er werd slechts een klein artikel in een krant uit Montreal aan deze mijlpaal gewijd. In het artikel werd terecht vermeld dat alle leden van de Quebec Bandidos, in een deal met de Hells Angels, ermee instemden de club onmiddellijk te verlaten en Bandidos Quebec niet weer tot leven te wekken na hun vrijlating uit de gevangenis. In ruil daarvoor garandeerde Hells Angels Quebec hun veiligheid terwijl ze hun tijd in de gevangenis uitzaten en vervolgens na hun vrijlating.

De overeenkomst specificeerde ook dat als een van de voormalige Quebec Bandidos de wens had om Bandidos te blijven na hun vrijlating uit de gevangenis, ze naar Bandidos Ontario konden worden overgebracht. Het naleven van deze overeenkomst betekende dat er nooit meer Bandidos in Quebec zou zijn. Belangrijker nog was dat de overeenkomst betekende dat de moorden op motorrijders in de provincie La Bell definitief voorbij waren. In alle opzichten hadden de Hells Angels de zogenaamde motoroorlog gewonnen. Ironisch genoeg was het een oorlog die werd gewonnen met de hulp van de autoriteiten. Door de Bandidos uit de straten van Montreal te halen, heeft de wetshandhaving er feitelijk toe bijgedragen dat de Hells Angels naar de top van de motorpiramide in Canada zijn gestegen.

Het was voor alle betrokken Bandidos een moeilijke beslissing geweest om de club in Quebec op te heffen, maar uiteindelijk hadden hun zelfbehoud en gezond verstand de overhand. De moorden hadden lang genoeg geduurd; iedereen was het zat om over zijn schouders te kijken. Aanvankelijk was ik in de war door hun aanvaarding van de voorwaarden van de Hells Angels, maar na een paar dagen overleg begreep ik de redenering achter hun besluit. Het heeft mijn respect voor hen niet verminderd, noch heeft het enig aspect van mijn relatie met hen veranderd. Ook al was de patch verdwenen, ik bleef hun vriend en broer – zij zouden ook nog steeds de mijne zijn.

Kort na de ineenstorting van Bandidos Quebec kwam ik een oude kerstkaart tegen die ik in december 1999 van hen had ontvangen. Het is nu, naar mijn mening, een belangrijk en betekenisvol stukje geschiedenis. Het is een bewijs van de erfenis van mannen die nu worden beschouwd als motorhelden en die door motorrijders over de hele wereld in hoog aanzien staan als gerespecteerde mannen. De Quebec Bandidos zijn kenmerkend voor een onbevreesde en principiële groep mannen die weigerden zich te laten zeggen wat ze moesten doen, weigerden zich te laten controleren en die uiteindelijk weigerden hun integriteit op te offeren, wat er ook voor nodig was.

Natuurlijk waren er sommigen die geen waardigheid, eer, integriteit of zelfs de meest fundamentele menselijke waarden als eerlijkheid, mededogen en respect misten. Ze behoren tot een crimineel element dat zijn weg vindt naar alle 1%er-motorclubs, mannen die motorclubs zien als een voertuig om hun eigen onwettige agenda te bevorderen. Er waren ook mensen die hun moeder zouden verraden om hun eigen hachje te redden, maar van de ruim honderd voormalige en bestaande leden en medewerkers van de inmiddels ex-Rock Machine en Bandidos Quebec waren er slechts vier informant geworden. Dit waren Pierre "Buddy" Paradis, Eric "Ratkiller" Nadeau, Sylvain "BF" Beaudry en Patrick "Boul" Heneault. Overlopers en verraders zijn het laagste van het laagste, zelfs de autoriteiten kunnen ze niet anders gebruiken dan ze voor hun eigen doeleinden uit te buiten.

Het kwam voor niemand als een verrassing toen enkele van de gevangengenomen ex-Quebec Bandidos werden beschuldigd van nog meer misdaden, waaronder moord. Ondanks het feit dat sommige informanten zelf waren beschuldigd van poging tot moord en in hart en nieren leugenaars waren, waren ze als groep een geduchte vijand en hun getuigenissen leverden voldoende bewijsmateriaal – zowel reëel als verzonnen – om tot veroordelingen te komen.

Terwijl al deze verschrikkelijke ontwikkelingen plaatsvonden, kon ik niet anders dan nadenken over hoe belangrijk het voor Robert "Tout" Leger en Alain Brunette was geweest om Bandidos te worden. Terwijl Tout er helaas niet meer was om na te denken over de situatie waarin Alain verkeerde. Als hij twijfels had over het feit dat hij een Bandido was geworden, kon ik me zeker in zijn gevoelens herkennen. Terwijl ik probeerde te speculeren over de gemoedstoestand van Alain, merkte ik dat ik een reis door mijn geheugen maakte en hoe ik lid was geworden van de Bandidos Nation. Het was niets minder dan een obsessie voor mij geweest en een obsessie die ik al meer dan tien jaar in beslag nam.

DE ASSIMILATIE

Hoofdstuk

-10-

Wees Voorzichtig Met Wat Je Wenst

In augustus 1996 ging ik naar Galveston, Texas om Bandido John "Big John" Lammons te zien om opnieuw met hem te praten over het starten van een Bandidos-afdeling in Oklahoma. Bandido Big John, die oorspronkelijk uit Oklahoma kwam, was een van mijn belangrijkste supporters geweest in mijn zoektocht om een afdeling in Oklahoma operationeel te krijgen. Ik had hem voor het eerst ontmoet in Muskogee, Oklahoma in 1980, toen ik lid was van de Rogues Motorcycle Club. Destijds was John een hangplek voor een in Muskogee gevestigde motorclub genaamd de Drifters. De Drifters wilden Rogues worden, en ik was een van de Rogues die naar Muskogee was gestuurd om ze te controleren. Ik had destijds gedacht dat John de beste van het stel was, beter dan alle Drifters bij elkaar. Maar op zestienjarige leeftijd was hij te jong om patchhouder te zijn. Jaren later kwam ik Big John opnieuw tegen op Galveston Island. Tot mijn aangename verrassing was hij lid geworden van de Bandidos; Hem weer zien bleek een van de hoogtepunten van mijn reis. Ik was vooral opgewonden dat hij het echt had gehaald in de 1%-wereld.

Het was meer dan zestien jaar geleden dat ik oorspronkelijk het concept van het oprichten van een afdeling in Oklahoma Bandidos had besproken met Bandido Buddy in Mobile, Alabama. En ik had mijn droom om Bandido te worden nooit opgegeven. Eigenlijk ging het niet alleen om het worden van een Bandido – iets wat ik had kunnen doen tijdens mijn eerste interacties met de club – maar om het starten van mijn eigen hoofdstuk. Door de jaren heen was ik uitgenodigd om lid te worden van chapters in verschillende steden, maar dat zou betekenen dat ik de staat

196

moest verlaten. Het was mijn bedoeling om in Oklahoma te blijven en het hoofdstuk naar mij toe te brengen, in plaats van ergens anders naar een hoofdstuk te gaan.

De voortdurende vertragingen die ik tegenkwam bij het starten van een nieuw hoofdstuk zijn een indicatie dat het niet alleen een moeilijke procedure is, maar een goede indicatie dat 1%er outlaw motorclubs niet vastbesloten zijn om nieuw terrein af te bakenen om hun zogenaamde grasmat. De autoriteiten en de media houden graag het idee in stand dat outlaw motorclubs altijd op zoek zijn naar uitbreiding naar nieuw grondgebied of het grondgebied van iemand anders om hun drugsmarkt, prostitutiemarkt over te nemen... wat heb je. Als dit het geval was, zou ik binnen een jaar nadat ik het idee had voorgesteld een afdeling in Oklahoma Bandidos hebben opgericht.

Maar in de zomer van 1996 leek de timing eindelijk goed; toch zou het niet zo simpel zijn als een-twee-drie, het is een uitgemaakte zaak! Er zou nog meer geduld van mij worden verlangd. Hoewel ik nooit heb beweerd een heilige te zijn, heb ik gelukkig wel het geduld van zo'n verheven wezen. Bandido Big John stelde voor dat ik mijn voorstel ter sprake zou brengen tijdens de dragraces in Ennis, Texas, die gepland waren voor de eerste week van oktober op Texas Motorplex, een van de beste dragstrips van het land.

Bandido Big John verzekerde mij dat hij namens mij zou praten met de machthebbers. Ik wist al dat Bandido Jack "Jack-E" Tate uit Louisiana hetzelfde ging doen. Dat had hij mij beloofd toen ik hem bezocht op weg naar Texas. Ik voelde me zelfverzekerder dan ooit en had het gevoel dat ik een kritische massa in beweging had gebracht; Ik moest er alleen voor zorgen dat het momentum zou blijven toenemen. Het hebben van Bandido Big John in mijn hoek betekende veel voor mij en ik wist dat zijn woord goud waard was. Omdat Big John oorspronkelijk uit Oklahoma kwam, was hij een van mijn belangrijkste voorstanders van het operationeel krijgen van een afdeling in Oklahoma sinds hij lid werd van de Bandidos in Texas.

Vol verwachting vertrok ik begin oktober naar Ennis om de dragraces op Texas Motorplex bij te wonen, en ik hoopte dat een publiek zou zijn met Bandidos van het hoogste niveau die aanwezig zouden zijn. De eerste persoon met wie ik sprak bij mijn aankomst was toen Bandido El Presidente Craig Johnston. Ik vertelde hem over de lange odyssee die ik had afgelegd om toestemming te krijgen om aan het hoofdstuk in Oklahoma te beginnen. Craig was daar zeer ontvankelijk voor en hij nodigde mij uit om het concept te presenteren aan een groot contingent nationale officieren die vanuit een van de persboxen boven het circuit naar de drags keken.

Er waren Bandido's van over de hele wereld op Motorplex en ze stelden allerlei vragen nadat ik mijn pitch voor ze had gehouden. Toen ik klaar was, was hun reactie overweldigend positief: ik kreeg toestemming om officieel het proces naar de oprichting van het chapter te starten. De eerste stap was het samenstellen van een lijst met potentiële leden. Hoewel dit eenvoudig genoeg klinkt, was het kiezen van jongens die over de juiste spullen beschikten – wat betekent dat ze de goedkeuring van de nationale afdeling zouden krijgen – een procedure die nogal wat nadenken en nauwkeurig onderzoek vergde. Niet iedereen die een Bandido wilde zijn, was geschikt om een Bandido te zijn, en sommigen die perfecte Bandido's zouden zijn, hadden geen interesse om lid te worden van de club. Het kostte me tot eind februari 1997 om een lijst samen te stellen – het was behoorlijk indrukwekkend! Op de lijst stonden Lee McArdle, John "Turtle" Fisher en Keith Vandervoort uit Tulsa; Earl "Buddy" Kirkwood en Mark "Bones" Hathaway uit Sapulpa; mijn jeugdvriend Harry "Skip" Hansen, Joseph "Popeye" Hannah en Joseph "Little Joe" Kincaid uit Muskogee; en Lewis "Bill Wolf" Rackley van Broken Arrow.

DE ASSIMILATIE

In april stuurde de nationale afdeling van Bandidos vice-presidente Larry, destijds een van de twee vice-presidenten – Larry had de leiding over het zuidoosten van de VS, terwijl George Wegers voor de noordwestelijke regio zorgde – naar Tulsa om ons te controleren en te zien als we het echt waard waren om de Bandidos-patch te dragen. Bandido Big John kwam tegelijkertijd uit Galveston en we gingen allemaal samen zitten om de details uit te werken. Larry, die zijn titel als een kroon droeg, had een neerbuigende houding tegenover ons en vertelde ons uiteindelijk dat het nog lang zou duren voordat we Bandidos mochten worden.

"Tot dat gebeurt, zal ik zien wat ik kan doen om toestemming te krijgen voor jullie om steunshirts te dragen," zei Larry, alsof dit een grootmoedig gebaar van zijn kant was.

Het was duidelijk dat volgens vice-presidente Larry het dragen van steunshirts het enige was wat we waard waren. Het was niet alleen een afknapper, maar ook een belediging. Toch liet ik me niet ontmoedigen door de mening van één man, vooral omdat ik zo'n positieve impact had gehad op de Bandidos op Texas Motorplex. Big John was ook niet zo onder de indruk van de beoordeling van vice-presidente Larry, maar afgezien van mij verder aan te moedigen, kon hij eigenlijk niets doen.

Alle zorgen die we hadden over wat er na het bezoek van Larry zou kunnen gebeuren, bleken ongegrond. Een week na zijn bezoek gaf Bandidos El Presidente Craig Bandidos Vice Presidente George de opdracht om toezicht te houden op het nieuwe Bandidos-hoofdstuk in Tulsa, waardoor we effectief werden gered van de bijl van Bandidos Vice Presidente Larry. Ik had Bandido George een paar maanden eerder ontmoet toen hij met de Californische AIM-advocaat Richard Lester naar de stad was gekomen voor een bijeenkomst van de Oklahoma Confederation of Clubs (COC). Richard Lester en Bandido George waren bij mij thuis gebleven en we waren samen naar de COC-bijeenkomst gegaan, ondanks dat ik nog geen Bandido was. Voor mij was dit een echte blijk van vertrouwen geweest en ik wist zeker dat ik erop kon rekenen dat de vice-president het proces om in de nabije toekomst een proeftijdafdeling van Bandidos operationeel te krijgen, zou versnellen.

Zoals ik had verwacht, was de houding van vice-presidente George heel anders dan die van vice-presidente Larry. George nam ons aan met de volledige bedoeling om het chapter van de grond te krijgen. Inmiddels was John "Little Wolf" Killip, president van de Oklahoma Outlaws – op wie we hadden gewacht op zijn vrijlating uit de gevangenis voordat hij ons het teken gaf om een Bandidos-afdeling in Oklahoma te beginnen – eindelijk zijn lange straf uitgezeten. Ik was niet verrast toen Kleine Wolf ons voorlopig groen licht gaf. Ik had een lange geschiedenis met hem, aangezien Kleine Wolf in de Rogues zat toen ik een prospect was in 1975. Hij was ook mijn redder bij Bowling Green in 1978, toen ik problemen kreeg met de Outlaws vanwege mijn gekruiste zuigers en schedeltatoeage.

Hoewel Little Wolf de nationale afdeling van de Outlaws zou moeten ontmoeten om hun zegen te krijgen, omdat Oklahoma zijn territorium was en hij geen problemen had met de Bandidos, waren de kansen minstens negenennegentig procent in ons voordeel. Om te voldoen aan het 1%er-protocol heeft een club van buiten de staat die een nieuw chapter wil opzetten in een gebied waar al een andere 1%er-club is gevestigd, goedkeuring van die club nodig voordat het nieuwe chapter wordt gelanceerd.

Tenzij er een dramatische ommekeer zou plaatsvinden, zou het slechts een formaliteit zijn voordat het Bandidos Oklahoma-hoofdstuk een feit zou worden. Vice-presidente George zei tegen mij en iedereen op mijn lijst dat we naar Hallsville, Texas moesten gaan voor de jaarlijkse dragraces en ons "als een chapter" moesten laten zien aan de Bandidos die aanwezig zouden zijn. Terwijl we allemaal op het racecircuit waren, kwamen de officieren van de Bandidos National Chapter bijeen in Longview, Texas voor een ontmoeting met leden van de Outlaws National Chapter. Tijdens de bijeenkomst gaven de Outlaws officieel hun "goed" voor het opstarten van het Oklahoma-hoofdstuk.

Later hoorden we dat een aantal van de Oklahoma Outlaws er totaal tegen waren, maar de nationale president van de Outlaws, Harry "Taco" Bowman, vertelde de Bandidos dat ze het nieuwe hoofdstuk konden krijgen en dat hij zich niets aantrok van Oklahoma. De toon was nu gezet, maar we hadden nog steeds geen idee wanneer we onze Bandidos-patches daadwerkelijk zouden krijgen. Begin mei liet vice-president George ons weten dat we allemaal naar de jaarlijkse Gulfport Blowout in Biloxi, Mississippi moesten gaan voor het komende weekend van Memorial Day. George vertelde ons dat hij naar Tulsa zou rijden en dan persoonlijk met ons de rit naar Biloxi zou maken.

Zes van de potentiële nieuwe Oklahoma Bandidos zouden naar Biloxi rijden met vice-president George en twee andere Bandidos uit de staat Washington die hem naar Tulsa hadden vergezeld. De vier overgebleven leden van de voorgestelde afdeling in Oklahoma konden de reis niet maken vanwege eerdere toezeggingen. Vol spanning vertrokken we allemaal toen we op de donderdagavond van het lange weekend eind mei naar Biloxi/Gulfport vertrokken. Onze eerste bestemming was Little Rock, waar we de nacht doorbrachten in het huis van Bandido Leo "Murray" Murray. De volgende dag reden we van Little Rock naar Biloxi, een afstand van driehonderdvijftig mijl. Omdat we van George geen waarschuwing hadden gekregen om naar Gulfport te gaan, hadden we er niet aan gedacht om vooraf motelkamers te reserveren. Tegen de tijd dat we de stad binnenreden, waren de enige kamers die we konden vinden meer dan honderdvijftig dollar per nacht. Dus we kregen twee kamers, stopten drie van ons in elke kamer en deelden de kosten.

Het Oklahoma-contingent was in de wolken toen aan de Bandidos die zich in Gulfport hadden verzameld, werd aangekondigd dat er een nieuw proeftijdhoofdstuk van Oklahoma Bandidos zou komen. Tot onze ergernis kregen we echter niet onze nieuwe proefpatches te zien. We hebben veel Bandidos ontmoet die behoorlijk enthousiast waren over het nieuwe hoofdstuk, maar er waren ook onvermijdelijke mensen die er helemaal niet blij mee waren.

De rit naar huis was lang omdat we allemaal hadden verwacht dat we onze patches zouden krijgen terwijl we in Gulfport waren. Om de reis ingewikkelder te maken, ging de fiets van John "Turtle" Fisher kapot in het zuiden van Arkansas. John was blijkbaar vergeten het water in zijn accu te controleren en het was drooggekookt. We lagen dood in het water, met Little Rock de dichtstbijzijnde plaats met een batterij. Het duurde niet lang voordat vice-president George en ik ruzie kregen over de te volgen handelwijze. Ik had dit stuk weg vele malen afgelegd en wist dat het enige wat ik kon doen was Little Rock om hulp bellen. George wilde, vanwege een soort onenigheid tussen hemzelf en de president van Little Rock Bandidos, niet om hulp roepen en stond erop dat we een andere manier zouden bedenken om de situatie recht te zetten.

We hebben alles geprobeerd wat we konden, maar het was Memorial Day en er was geen hulp beschikbaar en er waren geen winkels open in het landelijke gebied waarin we ons bevonden. Uiteindelijk belde ik Bandido Murray voor hulp, ondanks het feit dat vice-president George me specifiek had gezegd dat niet te doen. Maar ik ben het type persoon dat voor zichzelf denkt en ik wist dat als ik Murray niet belde, we de rest van ons leven in de problemen zouden zitten om iets op te lossen dat niet kon worden opgelost. George was boos op mij, maar legde zich al snel neer bij het feit dat er hulp onderweg was, en ongetwijfeld opgelucht dat die zou komen. Toen Bandido Murray arriveerde, laadden we John's fiets achterin zijn Ford Ranchero en kwamen uiteindelijk net voor 22.00 uur in Little Rock aan. Opnieuw brachten we de nacht door in Murray's huis. We kregen John's ochtends een nieuwe batterij en waren eindelijk weer op weg naar Tulsa.

Toen we terugkwamen, beval vice-president George ons allemaal om de volgende avond bij mij thuis te zijn voor een vergadering. Hij benadrukte dat het een belangrijke bijeenkomst was en dat iedereen op de potentiële ledenlijst daarbij aanwezig moest zijn. Omdat we wisten hoe geïrriteerd hij tegen mij was geweest, vroegen we ons af of dit een goede of een slechte zaak was. Op woensdagochtend 27 mei 1997 arriveerde een nachtelijke FedEx, gericht aan vice-president George, bij mij thuis. Door de vorm, het formaat en het gevoel van de doos was ik ervan overtuigd dat de dag waarop ik had gewacht eindelijk was aangebroken – het waren zestien lange jaren geleden!

Die avond kwamen we allemaal bij mij thuis bijeen voor onze eerste formele wekelijkse bijeenkomst. Er was ons verteld dat we ons vanaf nu moesten gedragen alsof we een Bandidos-chapter waren, ook al waren we nog geen Bandidos. Door ons als een Bandidos-afdeling te gedragen, moesten we wekelijkse bijeenkomsten houden, die de Bandidos normaal gesproken "kerk" of "kaartspellen" noemden. Toen vice-president George de vergadering tot orde opriep, vertelde hij ons dat hij in het bezit was van onze nieuwe patches. Maar voordat hij ze uitdeelde, moesten we eerst onze kapittelofficieren kiezen.

Met eenparigheid van stemmen werd ik de eerste voorzitter van de afdeling Oklahoma Bandidos; Earl "Buddy" Kirkwood werd gekozen als de eerste vice-president; Harry "Skip" Hansen, mijn oude vriend uit Connecticut, werd geselecteerd als de eerste Sergeant at Arms; Lee McArdle bood zich vrijwillig aan om secretaris en penningmeester van het eerste chapter te worden. Vice-president George benoemde John "Turtle" Fisher tot de wegkapitein van het eerste hoofdstuk. Omdat ik de president van het nieuwe chapter was, en omdat ik al zoveel jaren bij de Bandidos was, kreeg ik een rocker uit Oklahoma om te dragen, ondanks het feit dat ik op proef lid was. Alle andere leden op proef kregen "proef" onderste rockers. De volgende dag gingen we allemaal naar buiten en lieten onze patches op onze vesten naaien. Wij waren op de top van de wereld!

Minder dan een maand na ontvangst van onze Bandidos-patches maakten we ons eerste publieke optreden in Oklahoma. Het was tijdens de eerste jaarlijkse Bikers Against Child Abuse (BACA) inzamelingsactie feest in de Cimarron Bar in Tulsa. We hadden een eigen stand waar we t-shirts en petten verkochten met daarop *Support Your Local Bandidos*. Twee Bandidos MC Oklahoma banners – speciaal gemaakt voor het evenement – hingen aan het hek aan weerszijden van onze stand. Vanaf het begin was het onze bedoeling om het publiek een positieve perceptie van de club te geven. Sommigen van ons, die eerder lid waren geweest van andere motorclubs, wilden ervoor zorgen dat we de fouten die we in het verleden hadden gemaakt niet herhalen.

Onze aanwezigheid op het BACA evenement werd door iedereen met lof en goedkeuring ontvangen, behalve door de Rogues Motorcycle Club, de eerste en enige outlawclub waar ik tot nu toe lid van was geweest. Ik had me weer bij hen gevoegd toen ik in 1978 vanuit Connecticut naar Tulsa was teruggekeerd, en was snel opgeklommen tot nationaal sergeant bij de wapenafdeling. Ik had de club in 1981 verlaten, kort voordat ik in het

DE ASSIMILATIE

federale gevangenissysteem terechtkwam, en bleef de daaropvolgende zestien jaar een onafhankelijke motorrijder.

De Rogues waren boos op ons omdat ze beweerden dat we zonder hun toestemming naar "hun territorium" waren verhuisd. Maar omdat de Rogues geen 1%er-club waren, was er geen toestemming van hen nodig. Sommige van hun leden probeerden ruzie met ons uit te lokken, maar het was niet onze bedoeling om verstrikt te raken in wat contraproductief zou zijn voor ons doel om bij BACA te zijn, en een PR-ramp zou veroorzaken.

***

Tegen het einde van de zomer van 1997, kort nadat ik mijn Bandidos-droom had verwezenlijkt, begon het oude idioom "wees voorzichtig met wat je wenst, want misschien krijg je het" bij mij te zeuren als een vreselijke kiespijn. Ik had eindelijk mijn Bandidos Oklahoma-hoofdstuk van de grond gekregen en nu begon ik erover na te denken. Alleen al lid zijn van een 1%er-club is al veeleisend genoeg, voorzitter zijn van een chapter vergroot de verplichtingen tienvoudig.

Ondanks mijn verlangen om de club alles te geven wat ik had, moest ik nog aan andere verplichtingen voldoen; verplichtingen die definieerden wie ik was, naast dat ik motorrijder was. Ik was een zakenman; Ik was vader van de vierenhalfjarige Taylor; en ik was net gescheiden van haar moeder, Teresa. We waren in 1988 getrouwd en dat huwelijk was uiteengevallen als gevolg van Teresa's middelenmisbruikproblemen. Hoewel Teresa en ik de voogdij over Taylor deelden, woonde Taylor het grootste deel van de tijd bij Teresa. Maar ik was voortdurend bang dat Teresa, die drugsvrij moest blijven terwijl Taylor bij haar was, zou terugvallen.

205

DE ASSIMILATIE

Qua werk was het een veeleisend en vermoeiend jaar geweest. Naast een groot sloopproject in Wichita, Kansas, had ik een oud verlaten huis gekocht in Owasso, net buiten Tulsa, dat ik voor mezelf aan het renoveren was. Aan het eind van de zomer had ik een contract aanvaard met een plaatselijk vastgoedbedrijf om negentien woningen tegelijk te renoveren. Om mijn leven nog ingewikkelder te maken, had de nationale afdeling besloten dat we zouden profiteren van de aanwezigheid van een Bandidos Nomads-lid, Earthquake. (De vier 1%er outlaw motorclubs hebben elk een elite Nomads-afdeling waarvan de leden niet beperkt zijn tot een bepaald geografisch gebied.) Hun bedoeling met het sturen van Nomad Earthquake was om ervoor te zorgen dat we de Bandidos-manier begrepen. Ondanks het feit dat hij een vriend van mij was, veroorzaakte de aanwezigheid van Earthquake ons meer verdriet en ontevredenheid dan we ooit hadden kunnen verwachten.

Hoewel hij niet de bevoegdheid had om mij te vertellen wat ik moest doen, had Earthquake de indruk van wel en binnen een paar weken kwam het tot een hoogtepunt. Earthquake en ik kregen een geweldige ruzie en ik had geen andere keuze dan El Presidente Craig op te roepen om hem aan Nomad Earthquake uit te leggen dat hij hier alleen was om mij te adviseren, niet om mij aanwijzingen te geven. Aardbeving werd door Craig verteld, maar de gecreëerde spanning kon niet ongedaan worden gemaakt en Nomad Earthquake vertrok kort daarna. Het duurde meer dan een jaar voordat hij bereid was zijn fout te erkennen en zich bij mij te verontschuldigen.

In oktober 1997 dook mijn ex-vrouw Teresa opnieuw de diepe zee van alcohol en methamfetamine in. Als direct gevolg daarvan heb ik bij de rechtbank een verzoekschrift ingediend om de exclusieve voogdij over onze dochter Taylor. Door puur toeval kwamen we dezelfde rechter tegen die de

206

DE ASSIMILATIE

laatste keer dat dit was gebeurd de voorwaarden had gesteld voor Teresa's bezoekrecht, en hij beëindigde die rechten onmiddellijk. Taylor woonde nu fulltime bij mij en dit zorgde voor nog meer stress in mijn toch al stressvolle leven.

Deze keer wist ik dat het geen tijdelijke situatie zou zijn, zoals bij eerdere gelegenheden; Ik wist ook dat ik op een belangrijk kruispunt in mijn leven was aangekomen. Ik moest uitzoeken of Taylor belangrijker voor me was dan een Bandido zijn, en ik moest deze beslissing snel nemen. Hoewel de motorbroederschap echt belangrijk voor me was, was vlees en bloed nog belangrijker.

Ik begon serieus te twijfelen aan mijn rol in de Bandidos en de manier waarop het nieuwe hoofdstuk in Oklahoma vorderde. Inmiddels twijfelde ik al aan mijn leiderschapskwaliteiten als Bandidos-president; Ik kwam ook tot de conclusie dat Bandido Lee niet de beste keuze was als chaptersecretaris, omdat hij niet over de vereiste organisatorische vaardigheden beschikte. Ik belde vice-presidente George, legde hem mijn situatie uit en legde mijn kapittelvoorzitterschap neer. Ik heb zelfs geprobeerd de club te verlaten, maar George wilde er niets van horen.

"Het is jouw afdeling en de enige reden dat we het hebben goedgekeurd was vanwege jou, dus je loopt er nu niet voor weg. Dat u aftreedt als president, daar kan ik mee leven. Als je nu de club verlaat, kan ik dat niet doen. Jij regelt je zaken, broeder, en we komen er wel uit," zei George, meer zoals een zorgzame vader zou doen tegen een zoon in moeilijkheden dan een nationale vice-president die een ondergeschikte aanwijst.

In de tussentijd benoemde George Bandido Lee om de afdeling te leiden, terwijl hij mij verzekerde dat hij binnen een paar weken naar Tulsa zou komen om mijn problemen op te lossen. Bij zijn aankomst hielp vice-presidente George ons op diplomatieke wijze de weg vrij te maken voor een veel beter Bandidos-hoofdstuk, terwijl hij mij tegelijkertijd hielp om meer grip op mijn leven te krijgen. Ter verbetering van de club werd Bandido Lee gevraagd zijn positie als nieuwe chapterpresident te behouden, iets wat hij graag accepteerde. Er werd besloten dat ik de rol van secretaris van het kapittel zou overnemen; deze omkering van posities zou mijn verantwoordelijkheden verminderen en minder rijtijd van mij vergen. Iedereen in de afdeling stemde ermee in om te doen wat ze konden, zodat ik thuis meer tijd had om voor mijn dochter Taylor te zorgen. Ik was onder de indruk van de manier waarop George met de situatie omging, en trots op het feit dat iedereen genoeg aan mij en mijn dochter dacht om deze onconventionele oplossing te steunen.

Toen ik een alleenstaande vader werd, ging ik naar het plaatselijke Parent Child Centre voor broodnodige begeleiding over hoe je een effectieve ouder kunt zijn. Het kostte me een tijdje om aan de grote verantwoordelijkheden voor de opvoeding van kinderen te wennen, maar ik wist dat ik deze taak moest aankunnen als Taylor een normaal leven wilde leiden. Om mijn geest en ziel wat broodnodige therapeutische afleiding te geven, heb ik de laatste hand gelegd aan een nieuwe muziek-cd die ik simpelweg *The Best Of Warren Winters – Forever & Always* noemde. Warren Winters was mijn alter ego en artiestennaam sinds 1979, toen ik mijn eerste album opnam. De muzikant in mij had me nooit helemaal verlaten, en door de jaren heen had ik drie albums geschreven en opgenomen met nummers die een breed scala aan muziekstijlen bestreken. Het samenstellen van de verzamel-cd betekende voor mij de afsluiting van een tijdperk, want ik had geen enkel verlangen meer om muzikant te blijven. Ik had genoeg op mijn bord als vader, zakenman en Bandido.

DE ASSIMILATIE

***

Hoewel de Oklahoma Bandidos traag nieuwe leden aannamen, hadden we in het voorjaar van 1999 twee afdelingen opgericht van een ondersteuningsclub die we de OK Riders noemden. Eén hoofdstuk bevond zich in Chandler; de andere in Claremore, waar de humorist Will Rogers woonde. Ook al waren we een nationale motorclub van 1% en hadden we niemands toestemming nodig om supportclubs op te starten, toch hebben we het juiste gedaan en de drie grote outlawclubs uit Oklahoma – Rogues, Outlaws en Mongols – benaderd voor hun zegen. We waren verrast door de aanvankelijke tegenstand die we kregen, maar met volharding kregen we ze uiteindelijk alle drie zover om hun goedkeuring te geven en met hun beslissing te leven. Maar net als iedereen zijn motorclubs territoriaal en houden ze er niet van om anderen op hun terrein te zien. Het is niet anders dan wanneer een ondernemer de concurrentie buiten zijn bereik wil houden.

De aanwezigheid van de OK Riders hielp aanvankelijk de indruk te wekken dat we veel groter waren dan we in werkelijkheid waren. De meeste burgers merkten het verschil tussen de twee clubs niet op; voor hen waren de patches allemaal hetzelfde, omdat ze allebei rood en goud kleuren hadden. We waren ook behoorlijk verrast toen de meeste wetshandhavers dachten dat het om dezelfde club ging. Bij nader onderzoek zou het echter opvallen dat de OK Riders-patch een omkering was van de Bandidos-kleuren; het was goud op rood in plaats van rood op goud. Bovendien bevatte de OK Riders-patch een koeienschedel met slangen, gezet in een diamant. Vermoedelijk lijken motorrijders voor het publiek allemaal hetzelfde, ongeacht hun kleur.

Beide OK Rider-hoofdstukken groeiden als onkruid. Dit kwam vooral doordat de leden van de club niet als nederige ondergeschikten werden behandeld, en dat de chapters onder leiding stonden van doorgewinterde motorclubveteranen Charles "Snake" Rush en Raymond "Ray" Huffman. OK Rider Snake was in de jaren zeventig lid geweest van de Rogues Motorcycle Club, toen Bandido Bill Wolf en ik zelf allebei Rogues waren. OK Rider Ray was begin jaren negentig ooit lid geweest van de lokale Mongolenafdeling.

Vanaf het begin hadden we de OK Riders bedoeld als ondersteuningsclub voor de Bandidos, maar toch anders dan alle andere Bandidos-ondersteuningsclubs verspreid over de Verenigde Staten. Supportclubs zijn voor 1%-ers wat een honkbalteam uit de minor league is voor een major league-team: zowel een trainings- als een proefterrein voor potentiële leden. Dit proces zorgt er niet alleen voor dat het kaf van het koren wordt gescheiden, het is ook een redelijk effectieve buffer tegen wetshandhavingsinfiltranten.

In de wereld van outlaw-motorrijders wordt traditioneel een beroep gedaan op supportclubs om al het vuile werk op te knappen en worden de leden door de moederclub als persoonlijke slaven behandeld. Ik was er nooit zo dol op om andere mensen als vuil te behandelen, of het nu burgers of motorrijders waren, en ik wilde de ondergeschikte traditie van weleer niet voortzetten met de OK Riders. We garandeerden de leden van beide chapters dat ze niet als lakeien zouden worden behandeld door leden van de Bandidos Motorcycle Club, wat het voor de OK Riders een veel aantrekkelijker voorstel maakte om lid te worden.

Bandidos Oklahoma-president Lee en ik wilden dat de OK Riders een andere focus zouden hebben. In wezen waren de statuten die we hebben opgesteld en gebruikt een uitbreiding van wat we over de hele linie bepleitten: (1) geen methamfetamineverslaafden mogen lid zijn van de club; (2) om lid te zijn moet u over zichtbare middelen van bestaan beschikken, wat betekent dat u ofwel een baan of een pensioen moest hebben, ofwel dat uw vrouw/vriendin een baan moest hebben die duidelijk voldoende inkomen opleverde om in uw levensonderhoud te kunnen voorzien; (3) uw gezin en werk kwamen op de eerste plaats; de club werd tweede; (4) je zou niet als een slaaf worden behandeld door een lid van de afdeling Bandidos Oklahoma. Deze innovatieve aanpak veroorzaakte schokgolven door de hele Bandidos-natie en veranderde uiteindelijk de manier waarop de meeste supportclubleden werden behandeld.

DE ASSIMILATIE

Hoofdstuk
-11-
Québec Justitie

In september 2003 werd opnieuw een klap uitgedeeld aan wat er nog over was van Bandidos Canada. Deze keer werd een voormalig volwaardig lid van de Montreal-afdeling, Tony Duguay, die ook een Rock Machine in Quebec City was geweest, beschuldigd van de moord met voorbedachten rade op Normand "Biff" Hamel. Hamel was lid van de Nomaden en een goede vriend van Maurice "Mom" Boucher. Hij was een van de weinige Hells Angels-leden geweest die daadwerkelijk waren vermoord tijdens de bloedige motoroorlog, maar hij had de eer de hoogste te zijn.

In een zorgvuldig geplande hinderlaag buiten een medisch kantoor in Laval op 17 april 2000 zouden Duguay en een medeplichtige Hamel hebben neergeschoten, die, samen met Boucher, een van de oprichters was geweest van de Quebec Hells Angels elite Nomads-afdeling. Duguay wachtte op zijn proces terwijl de overgebleven ex-Quebec Bandidos nog steeds vastzaten in de nasleep van Operatie Amigo, toen hij werd beschuldigd van de moord op Hamel. Sylvain Beaudry, een medewerker van de Alliantie die informant werd, betrok Duguay bij de misdaad. Volgens Beaudry, die Duguay al een keer had verraden, had Duguay kort na de moord tegen hem opgeschept dat hij de moordenaar van Hamel was geweest. Voordat Beaudry tegen Duguay getuigde in de Hamel-zaak, had hij getuigenis afgelegd tegen zijn vriend in een ander proces, waarin Duguay in verband werd gebracht met de poging tot moord in augustus 2001 op Gaetan Bradette. Bijgevolg werd Duguay schuldig bevonden aan poging tot moord, samenzwering tot moord en drugshandel en kreeg hij aan het einde van zijn proces in 2004 een gevangenisstraf van acht jaar.

DE ASSIMILATIE

Duguay moest nog twee jaar wachten tot december 2006, voordat hij terecht kon staan voor de moord op Hamel, op welk moment Beaudry de staatsgreep uitoefende. Of Duguay wel of niet tegen Beaudry had opgeschept over de moord op Hamel, komt neer op weinig meer dan geruchten, wat onder de meeste omstandigheden nooit als bewijsmateriaal in een rechtbank zou worden toegestaan. Het is zijn verdienste dat rechter Marc David de jury vertelde voordat ze werden opgesloten om in het proces tot een oordeel te komen, dat ze de getuigenis van Beaudry zorgvuldig moesten afwegen, van wie hij zei dat hij er persoonlijk belang bij had Duguay veroordeeld te zien worden.

De rechter legde verder uit dat Duguay een bedreiging vormde voor de informant, aangezien Duguay hem zou kunnen betrekken bij een moord gepleegd op kerstavond 2000 in Toronto. Bovendien achtte rechter David de getuigenis van één ooggetuige op de plaats van de moord onbetrouwbaar en merkte hij op dat een andere getuige duidelijk geheugenproblemen had. Ondanks de twijfelachtige getuigenissen van de aanklager oordeelde de jury Duguay schuldig zoals ten laste gelegd. Hij kreeg een levenslange gevangenisstraf zonder kans op vervroegde vrijlating gedurende vijfentwintig jaar.

Na de veroordeling van Duguay heeft Denis Boivin, die destijds aan het hoofd stond van een vereniging van getuigen-informanten die op zoek waren naar hervormingen in de manier waarop de regering van Quebec met informanten omging, de vraag verder aangewakkerd of Duguay tot een veroordeling werd gedwongen vanwege het grote profiel van de zaak. Boivin suggereerde dat Beaudry onder dwang had getuigd. Nadat hij in de nasleep van Operatie Amigo een informantencontract had gekregen, was Beaudry uit de gevangenis vrijgelaten nadat hij slechts een zesde van zijn vijftienjarige straf had uitgezeten. Weigeren tegen zijn voormalige vriend te getuigen was voor hem niet echt een optie als hij een vrij man wilde blijven. Beaudry had bekend de moord in Toronto te hebben gepleegd, maar hij werd nooit van de misdaad beschuldigd. Wat de autoriteiten betreft, werd de moord in kwestie beschouwd als een lopend onderzoek. Dit zou gemakkelijk kunnen worden opgevat als het feit dat Beaudry's bekentenis boven hem werd gehouden, zodat hij de bevelen van de aanklager zou uitvoeren.

Boivin, ontsteld over de manier waarop de zaak was afgehandeld, noemde het vonnis een *"enorme verrassing en een nederlaag voor gerechtigheid"* in de provincie Quebec. Omgekeerd vond Duguay's medeverdachte, Tony Marault, een voormalig lid van de Rock Machine die in 2005 door weer een andere informant was gevingerd, in een afzonderlijk proces dat zijn aanklacht wegens moord met voorbedachten rade was ingetrokken. Volgens advocaat Patrick Davis was de zaak van de aanklager ongegrond omdat de informant, Christian Dumont-Lambert, als getuige geen enkele geloofwaardigheid had. Heeft Duguay Normand "Biff" Hamel daadwerkelijk vermoord? De enige persoon die daar echt het antwoord op weet, is Duguay zelf.

***

Halverwege januari 2004 begonnen eindelijk de processen tegen het handjevol overgebleven, nu ex-Quebec-Bandidos, die in de zomer van 2002 waren opgepakt. Van de ongeveer zestig Bandidos werden er maar weinig daadwerkelijk berecht. Achtenveertig deden mee aan schikkingsovereenkomsten en de aanklacht tegen vijf leden van de club werd ingetrokken wegens onvoldoende bewijs. Niet opgenomen in deze groep waren echter mijn vriend ex-presidente Alain Brunette en ex-Sargento

DE ASSIMILATIE

de Armas Serge "Merlin" Cyr. Om verschillende redenen werd de behandeling van hun zaak uitgesteld tot juni 2005, ruim drie jaar na hun arrestatie.

Ongetwijfeld hadden ambtenaren hun proces steeds uitgesteld in een poging hen te dwingen schuldig te bekennen, vooral aan de wijdverbreide beschuldiging van gangsterisme. Nadat veel van de aanvankelijke aanklachten waren ingetrokken, waren de enige waarmee Alain en Merlin te maken kregen kleine drugsaanklachten, wapenbezit en gangsterisme. Ze kregen allebei een gevangenisstraf van acht jaar, minus de tijd die ze al hadden uitgezeten, en werden eind juni 2007 vrijgelaten.

Terwijl de wielen van de gerechtigheid in Quebec langzaam aan het draaien waren en de Bandidos in de provincie langzaamaan een herinnering werden, afgezien van een paar processen na Operatie Amigo en nieuws over de veroordeling, waren de Bandidos in Toronto verwikkeld in een wanhopige strijd om te overleven. Ze kregen geen enkele steun van de Amerikaanse Bandidos, financieel noch moreel, hoezeer ze ook smeekten bij El Presidente George en andere nationale officieren; toen slaagden ze er zelfs in om tot hen door te dringen. Deze zogenaamde broers hoopten in ieder geval op de totale ineenstorting van Bandidos Canada.

Tegen die tijd had ik mijn eigen problemen met de Amerikaanse nationale afdeling en raakte ik gedesillusioneerd door de motorclub die zoveel voor mij had betekend. Hoewel ik regelmatig contact hield met El Secretario Wrongway, kon ik niet veel doen behalve advies en aanmoediging geven.

Maar niet iedereen in de Bandidos Nation keerde de Toronto Bandidos de rug toe. Er werd hulp verleend van duizenden kilometers verderop in Australië en Europa: de nationale afdelingen van de Bandidos daar stuurden financiële hulp en morele steun in een poging de hoop levend

DE ASSIMILATIE

te houden voor Bandidos Canada, dat vrijwel failliet was. Toch was niet alles verloren en ondanks de wanhopige situatie gloorde er hoop aan de westelijke horizon.

In de herfst van 2003 verrees in Edmonton, Alberta, net als de mythologische feniks uit zijn eigen as, een nieuw hoofdstuk van Bandidos Canada uit de as van Bandidos Quebec. De opstart van het chapter was al een tijdje in de maak. Maar er kwam niets van het voorstel tot begin 2003, toen een Toronto Bandido, die familieleden in Edmonton bezocht, een onafhankelijke motorrijder tegenkwam in een plaatselijke bar. Dat eerste contact leidde rechtstreeks naar een groep voornamelijk ex-leden van de Rebels Motorcycle Club die teleurgesteld waren in de Alberta Hells Angels, die inmiddels de enige game in de stad waren. Ze toonden interesse in een alternatieve club met voldoende slagkracht om het hoofd te bieden aan de Angels, en het vooruitzicht om Bandidos te worden sprak hen aan. Eén van hen, Joey "Crazy Horse" Campbell, een voormalige rebel die korte tijd lid was geweest van Hells Angels, geloofde dat het de oplossing was om een Bandido te worden en een chapter op te zetten voor de club in Edmonton.

In het late voorjaar van 2003 reisde Crazy Horse naar Toronto, waar hij El Secretario Wrongway ontmoette om de oprichting van de Edmonton Chapter in gang te zetten. Er werd besloten dat de eerste stap op weg naar dat doel was om van Crazy Horse een proeflid te maken van de Toronto Bandidos. Op 25 mei 2003 werd Crazy Horse de eerste echte Bandido die in Edmonton woonde, de hoofdstad van de West-Canadese provincie Alberta en de thuisbasis van het grootste winkel- en entertainmentcentrum ter wereld.

Vijf maanden nadat hij bij de Bandidos kwam, vormde Crazy Horse, met de hulp van de Toronto Chapter, de eerste proefafdeling van Bandidos Canada in Alberta. Meer dan een dozijn ex-rebellen werden lid en de zaken gingen eindelijk de goede kant op. Maar de hoop op een nieuw Bandidos Canada-tijdperk begon op 30 januari 2004 te wankelen toen Bandido Crazy Horse buiten een nachtclub in Edmonton werd neergeschoten. Samen met hem werd Robert Simpson vermoord, een vriend en clubsupporter, die de pech had op het verkeerde moment op de verkeerde plaats te zijn.

Zoals de meeste mannen die zich aangetrokken voelen tot de levensstijl van outlaw-motorrijders, zou Bandido Crazy Horse nooit genomineerd worden voor heiligverklaring, maar zijn goede kant woog ruimschoots op tegen zijn slechte. Hij was vierendertig toen hij onnodig stierf en een vrouw en gezin achterliet. In een van de krantenartikelen in Edmonton na de schietpartij op Bandido Crazy Horse stond een voetnoot die het vermelden waard is, omdat deze een nauwkeurig beeld geeft van het karakter van de man:

Joey Morin (nu Campbell) ontving in 1991 een medaille van moed van de gouverneur-generaal voor zijn rol bij de redding van drie mensen uit een brandende vrachtwagen in oktober 1989 in Edmonton. Morin (nu Campbell) en een vriend merkten dat de achterkant van een vrachtwagen in brand stond toen ze voorbij reden. Toen ze stopten en te voet naderden, zagen ze iemand in de met rook gevulde cabine. Met de hulp van zijn vriend pakte Morin (nu Campbell) de man vast en bracht hem in veiligheid. De man vertelde hen dat zijn zoon ook in de vrachtwagen zat, dus Morin (nu Campbell) en zijn vriend keerden terug om de zoon te redden, die zei dat zijn vriend ook in de vrachtwagen zat. De vlammen hadden onder de cabine doorgedrongen, maar Morin (nu Campbell) ging voor de derde keer terug en kon de vriend uit het vlammende voertuig trekken.

DE ASSIMILATIE

De dood van Bandido Crazy Horse en Robert Simpson inspireerde lokale kranten tot het plaatsen van de gebruikelijke sensationele krantenkoppen op de voorpagina, waaronder spandoeken als *Bende zoekt misschien wraak voor dubbele moorden en moorden in Gangland-stijl, onderdeel van een oorlog tussen Hells Angels en Bandidos*. Zoals de norm is wanneer motorrijders betrokken zijn bij controverses, kruipen zogenaamde "motorexperts" uit het houtwerk met allerlei clichéanalyses en sombere voorspellingen. Eén zo'n deskundige, de gepensioneerde politieagent Guy Ouellette van Surete du Quebec, die geloofwaardiger werd geacht dan de meesten en vaak werd geraadpleegd door de Canadese media, zat niet verlegen om woorden. *"Er zullen de komende weken nog meer schietpartijen plaatsvinden,"* zei hij in een artikel. *"Het zal daar voor enige onrust zorgen. De Hells Angels laten de Bandidos zich niet organiseren. Ze willen geen territorium met hen delen. Het zal interessant zijn om te zien wat de volgende stap zal zijn, als er enige vergelding zal plaatsvinden."*

Een andere zogenaamde motorautoriteit, Yves Lavigne, auteur van een aantal Hells Angels-boeken, kwam niet tot dezelfde conclusies als de heer Ouellette. *"De politie is het aan het publiek verplicht om te zeggen of dit een op zichzelf staand incident was of niet, of het een gerichte schietpartij was, of deze mensen slechts het slachtoffer waren van de omstandigheden en of mensen uit dat gebied weg moesten blijven of niet"*, werd hij geciteerd. in hetzelfde krantenartikel.

Lavigne had het daarbij moeten laten, maar hij legde verder uit dat Bandidos Canada op weg was uit te sterven en zei *"dat er slechts vijf Bandidos-leden in Canada waren, allemaal in Ontario"*. Ik vroeg me af uit welke hoed hij dat figuurtje tevoorschijn haalde, want in die tijd waren er eigenlijk bijna een dozijn Bandidos in Ontario en een dozijn Bandidos in Edmonton. De meeste Bandidos, zoals El Secretario Wrongway, waren

218

rustige, onopvallende jongens die zich verre hielden van criminele activiteiten; bijna allemaal waren het familiemannen en hadden ze een betaalde baan. Als er geen sprake is van criminele activiteiten, is er geen rechtvaardiging voor voortgezet politietoezicht; vandaar dat de politie, de media en de meeste motorexperts geen idee hebben wat er werkelijk aan de hand is met de meerderheid van de motorclubleden. Ze houden ervan om aan de oppervlakte te komen en zich te concentreren op het criminele element – het is het criminele element dat de wetshandhaving in het bedrijfsleven en de krantenverkoop op gang houdt.

***

In tegenstelling tot de voorspellingen van Guy Ouellette en Yves Lavigne stierven er geen Bandidos meer in Edmonton na de moord op Joey Campbell. Het nieuwe hoofdstuk zou echter helaas minder dan een jaar duren. In de herfst van 2004 werden alle overgebleven Edmonton Bandidos Hells Angels, wat eens te meer bewees dat niet alles is wat het leek te zijn in de Canadese outlaw-motorwereld. In de zomer van 2005 was het enige dat overbleef van de Bandidos Motorcycle Club in Canada de Toronto-afdeling, die toen minder dan een dozijn leden telde.

***

Ik was niet verrast toen een krant uit Edmonton de komst aankondigde van Bandidos Canada in hun stad, waarbij hij opnieuw Yves Lavigne citeerde, die nu weer op de kar van "motorrijders zijn stoere mensen" sprong. Doug Beazley, de verslaggever die de heer Lavigne citeerde, vermeldt dat Lavigne een "studie" heeft gemaakt naar de Hells Angels en hun motorrivalen in

Canada. Het zou passender zijn geweest om te stellen dat hij er een mini-industrie van heeft gemaakt door er boeken over te schrijven en de rol van "motorrijderexpert" te spelen.

Dood voorspeld voor Bandidos-motorrijders
Door Doug Beazley
8 februari 2004

Edmonton heeft sinds november zijn eigen proeftijdafdeling van de Bandidos outlaw biker club - en hun publieke debuut op de begrafenis van Joey Campbell vrijdag zou het begin kunnen zijn van een bloedig jaar in Alberta, zegt bende-expert Yves Lavigne. "Die begrafenis was de eerste keer dat deze jongens in hun kleuren in het openbaar in Edmonton verschenen," zegt auteur Lavigne, die een onderzoek heeft gemaakt naar de Hells Angels en hun motorrivalen in Canada. Hij zei dat de organisatie Bandidos Canada in Ontario onlangs aan hem bevestigde dat zij verantwoordelijk waren voor het verlenen van haar charter aan de Edmonton Chapter.

"We hebben het over zes tot tien leden in Edmonton, een afdeling op proef die ongeveer een jaar de tijd heeft om zichzelf te bewijzen. Dat betekent doorgaans dat ze een eigen drugsnetwerk moeten opzetten."

"Maar iedereen die vorige week een Bandidos-vest heeft aangetrokken, pleegt openbare zelfmoord. Alberta is Angels-territorium. Daar een Bandidos-afdeling oprichten is stom, gewoon stom."

"Deze jongens gaan allemaal dood. Mijn grote zorg is dat burgers in het kruisvuur verstrikt raken."

220

DE ASSIMILATIE

Het bericht over een Edmonton-hoofdstuk op proef wordt ondersteund door het feit dat verschillende Bandidos-rouwenden op de begrafenis van Campbell werden gezien met Alberta-patches op hun vesten in bendekleuren: rood en goud. Maar het nieuws over een Bandidos-hoofdstuk in Edmonton heeft de stadspolitie misschien verrast.

Lavigne's grimmige oordeel komt voort uit een vergelijking van de relatieve sterke punten van de twee bendes in Canada. De Angels zijn de dominante criminele motorbende in het land en zijn volgens het laatste rapport van de Criminal Intelligence Service Alberta de enige met hoofdstukken in Edmonton, Calgary en Red Deer.

"Er is een verdrag tussen de Bandidos en de Angels dat bepaalt dat degene die als eerste een gebied betreedt, het bezit," zei hij. "Nou, de Angels zijn eigenaar van Alberta. Dus wat er daarna in Edmonton gebeurt, zal daar eindigen - het zal zich niet verder verspreiden."

DE ASSIMILATIE

Hoofdstuk

-12-

Canada Rood En Wit Schilderen Van Kust Tot Kust

Terwijl ik nadacht over alles wat er met de Rock Machine en de Bandidos was gebeurd, kon ik niet anders dan denken aan de overwinnaars van de motoroorlog, de Hells Angels. Ze waren absoluut overlevenden en ik werd eraan herinnerd waarom ze de ultieme 1%er outlaw-motorclub ter wereld waren. Het was meer dan twintig jaar geleden dat ze een chapter in Canada hadden opgericht en ze hadden een lange weg afgelegd.

Het was in december 1977 dat de Hells Angels voor het eerst aanwezig waren in Canada toen de in Montreal gevestigde Popeyes officieel hun kleuren ruilden voor het gevleugelde doodshoofd van de Amerikaanse club. Het was een topjaar geweest voor het expansionisme van Hells Angels. Eerder in 1977 werden in Engeland twee chapters opgericht: een in Wessex in januari en een andere genaamd South Coast een maand later. Maar dit waren niet de eerste hoofdstukken die buiten de Verenigde Staten werden gecreëerd. Voorafgaand aan de uitbreiding van 1977 hadden de Angels hoofdstukken gelanceerd in Auckland, Nieuw-Zeeland (juli 1961); Londen, Engeland (juli 1969); Zürich, Zwitserland (december 1970); Hamburg, Duitsland (maart 1973); Westkust, Engeland (augustus 1974); Melbourne en Sydney, Australië (augustus 1975); Vorarlberg, Oostenrijk (november 1975); Essex, Engeland (augustus 1976) en Kent, Engeland (december 1976).

Een koortsachtige wereldwijde golf van expansie zou in 2007 de aanwezigheid van Hells Angels-chapters in dertig landen op vijf continenten tot gevolg hebben. Momenteel zijn er wereldwijd meer dan tweehonderddertig Hells Angels-chapters en achtentwintig elite Hells

DE ASSIMILATIE

Angels Nomads-chapters. In totaal wordt geschat dat de Hells Angels ruim drieduizend leden hebben. Alleen al in Canada zijn er meer dan vijfhonderd Hells Angels-leden in tweeëndertig hoofdstukken die zich van kust tot kust uitstrekken; dit is goed voor een van de hoogste concentraties Hells Angels-leden in welk land dan ook ter wereld.

In tegenstelling tot de andere "grote vier" outlaw clubs wordt elk hoofdstuk, zodra het de volledige patchstatus heeft gekregen, autonoom beheerd, maar gebaseerd op dezelfde ideologieën en richtlijnen zoals uiteengezet door de Hells Angels wereldwijd. Elk chapter behoudt zich het recht voor om statuten goed te keuren, hangarounds, medewerkers en prospects te werven en marionetten- en ondersteuningsclubs op te richten. Het patchen van een bestaande 1%er-club, of het starten van nieuwe hoofdstukken, heeft echter nog steeds de goedkeuring nodig van het inheemse Hells Angels Nomads-hoofdstuk.

Sinds Montreal zich in 1977 bij de groep voegde, zouden de Hells Angels, stad na stad, provincie na provincie, uitgroeien tot de belangrijkste Canadese outlaw-motorclub. Ondanks dit onderscheid waren de Hells Angels niet de eerste Amerikaanse 1%er-club die zich in Canada vestigde. Die eer behoort toe aan de in Florida gevestigde Outlaws; ze hadden vijf maanden eerder een aanwezigheid gevestigd in de stad St. Catharines, Ontario, in de Niagara-regio. In juli 1977 namen de toekomstgerichte Outlaws de plaatselijke afdeling van Satan's Choice over, een van de machtigste van de meer dan een dozijn motorclubs in Ontario in die tijd. De hoofdstukken Satan's Choice Windsor en Ottawa werden gelijktijdig overgedragen – kort daarna werd in Montreal een hoofdstuk gecreëerd. Uiteindelijk verspreidde de club zich over Zuidwest-Ontario en helemaal tot aan de noordelijke uithoeken van de provincie.

DE ASSIMILATIE

Niet alle afdelingen van Satan's Choice in Ontario wilden dit voorbeeld graag volgen. De meerderheid van de chapters en hun leden waren er tegen om hun kleuren te begraven. In tegenstelling tot de patchover van de Popeyes kwam de assimilatie van de eerste drie hoofdstukken van Satan's Choice op clandestiene wijze tot stand. Een deal om het St. Catharines-hoofdstuk om te zetten in een Outlaws-hoofdstuk was bemiddeld door de president, Garnet "Mother" McEwen. De charismatische voormalige hippie had zijn eigen leden, en die van de Windsor- en Ottawa-chapters, ervan overtuigd om over te stappen naar de Outlaws zonder medeweten van de oprichter van Satan's Choice en nationaal president Bernie Guindon. Guindon, die destijds een gevangenisstraf van zeventien jaar uitzat, had McEwen het presidentschap van de club toevertrouwd, maar hem niet de bevoegdheid gegeven om enige substantiële beslissing te nemen die de koers van de organisatie zou veranderen.

De dubbelhartigheid van McEwen en het vermeende in eigen zak steken van een groot deel van het geld van de club leverden hem een contract op zijn leven op. In de daaropvolgende jaren overleefde de reus van driehonderd pond twee moordpogingen: één een brute pak slaag waarbij zijn eigen houten been tegen hem werd gebruikt; de tweede was een schietpartij waarbij hij vijf gapende gaten in zijn lichaam achterliet. De bijna-doodervaring zorgde ervoor dat McEwen het "licht" zag: hij veranderde zijn naam, werd een herboren christen en nam de rol van predikant op zich.

Het is interessant om op te merken dat Guindon en de resterende hoofdstukken van Satan's Choice ruim twintig jaar later hun kleuren begroeven, niet om zich bij de Outlaws aan te sluiten, maar bij de Hells Angels.

Hoewel de Outlaws een kracht werden waarmee rekening moest worden gehouden, konden ze in Canada nooit hetzelfde succes behalen als de Hells Angels. Aan het begin van de eenentwintigste eeuw was de club daar zo goed als uitgestorven – niet omdat ze werden opgeslorpt door de Hells Angels, maar omdat de autoriteiten hen vrijwel verpletterden. Tegenwoordig zijn ze grotendeels in het geheugen verbannen; wat de dag van morgen zal brengen, is voor iedereen een raadsel. Net als de andere "grote vier" is het de bedoeling van de club met schedel en gekruiste zuigers om "voor altijd" aanwezig te zijn.

***

In de daaropvolgende zeven jaar nadat ze de Popeyes hadden geabsorbeerd, voegden de Hells Angels nog twee hoofdstukken toe aan hun invloedssfeer in de omgeving van Montreal. In 1979 werd de afdeling Montreal, die te groot was geworden, opgesplitst om de afdeling Noord te creëren. Vijf jaar later herstelden de Gitanes – een bestaande motorclub gevestigd tweeëntachtig kilometer ten zuiden van Montreal in Sherbrooke.

De Angels spreidden ook hun vleugels westwaarts uit naar British Columbia in 1983, en oostwaarts naar Nova Scotia in 1984, allemaal zonder al te veel aandacht te trekken. In juni 1985 veranderde dat allemaal toen politieduikers vier lichamen vonden – weggestopt in slaapzakken en verzwaard met betonblokken – op de bodem van de St. Lawrence-rivier. Een ander lichaam, dat gedeeltelijk was losgeraakt, was een paar dagen eerder door een plaatselijke visser naar de oppervlakte getrokken, waardoor het waterige graf zichtbaar werd. De vijf ontbindende lichamen werden geïdentificeerd als Laurent "L'Anglais" Viau, Jean Guy "Brutus" Geoffrion, Michel "Willie" Mayrand, Guy-Louis "Chop" Adam en Jean-Pierre "Matt le Crosseur" Mathieu, allen leden van de Noord hoofdstuk. De griezelige ontdekking zorgde niet alleen voor meer belangstelling van de politie voor de Hells Angels, maar ook voor veel media-aandacht. Het incident werd bekend als de "Lennoxville Purge".

Twee jaar na de moordpartijen werden negenendertig Hells Angels, waaronder de moordenaars van de Laval Chapter-leden Rejean "Zig-Zag" Lessard, Jacques Pelletier, Luc "Sam" Michaud, Michel "Jinx" Genest en Robert "Snake" Tremblay, vermoord. In hechtenis genomen. Later, tijdens het proces tegen de Lennoxville-schutters, bleek uit bewijsmateriaal van enkele van de aanwezigen bij de moorden dat uit de hand gelopen cocaïnegebruik en grote sommen geld verschuldigd aan andere Hells Angels-leden de slachtoffers hun leven kostten. Ze waren naar het Lennoxville-clubhuis van de Sherbrooke Chapter gelokt, waar ze systematisch in het hoofd werden geschoten.

Dit was niet de eerste interne zuivering: vier andere Hells Angels waren in 1982 hun ondergang tegemoet gegaan. Anderen zouden volgen. Sommigen zouden in de St. Lawrence River terechtkomen, een favoriete stortplaats voor ongewenste engelen. De Quebec Hells Angels verwierven snel de reputatie de meest brutale en meedogenloze motorrijders ter wereld te zijn. Een decennium later zouden ze dit beeld opnieuw waarmaken onder het bewind van Maurice "Mom" Boucher.

Rond de tijd van de Lennoxville Purge bouwde Boucher, die een belangrijke speler zou worden bij het omvormen van de Quebec Hells Angels tot wat de autoriteiten een "criminele organisatie" noemden, een reputatie op als lid van de SS, een kleine motorclub. gebaseerd op het oostelijke puntje van Montreal Island. In de SS, waar hij zich in 1983 op dertigjarige leeftijd bij had aangesloten, zou Boucher twee mensen ontmoeten die een prominente rol zouden spelen in zijn toekomst: Normand "Biff" Hamel en Salvatore Cazzetta. Hamel zou een bondgenoot worden – Cazzetta een gezworen rivaal!

DE ASSIMILATIE

Nadat de SS was ontbonden, sloten Boucher en Hamel zich in 1987 aan bij de Hells Angels Montreal-afdeling, waar ze snel door de gelederen klommen. Salvatore Cazzetta en zijn jongere broer Giovanni richtten de Rock Machine op. Om hun eigen agenda te bevorderen richtten Boucher en Hamel in 1992 de Rockers op, een Hells Angels-poppenclub. In juni 1995, tijdens de vroege stadia van de oorlog met de Rock Machine van de gebroeders Cazzetta, Boucher en Hamel, samen met zeven andere hardcore Hells Engelen gerekruteerd uit de hoofdstukken Montreal, Three Rivers en Halifax richtten het elite Nomads-hoofdstuk op. In tegenstelling tot andere Hells Angels-hoofdstukken waren de Nomads niet beperkt tot een clubhuis of territorium, waardoor het moeilijker werd om hun acties te volgen. Via de Nomads zou Boucher de Hells Angels met succes naar Ontario brengen, waar een aantal al lang bestaande clubs, waaronder de Outlaws, hun toenaderingen en dreigementen hadden weerstaan om zich bij hen aan te sluiten, anders zouden ze de gevolgen onder ogen zien.

Vanaf het moment dat Boucher en Hamel zich bij de Hells Angels voegden, zouden er in 1997 nog drie volledige patch-hoofdstukken worden gecreëerd – naast een aantal poppen- en ondersteuningsclubs – in Quebec. Na de patch van de Gitanes in Sherbrooke waagden de Angels honderd en vijfenveertig mijl ten oosten van Montreal naar Quebec City, een van de oudste steden in Noord-Amerika en de hoofdstad van de "La Belle Province". In 1988 werden twee bestaande clubs, de Vikings en Iron Coffins, samengevoegd om het Quebec City-hoofdstuk te vormen.

De volgende die zich bij de groeiende familie van de Hells Angels in Quebec voegde, waren de Satan's Guards, voorheen bekend als de Missiles; ze gingen over om in 1991 de Three Rivers (Trois-Rivieres) chapter te vormen. Uiteindelijk, in maart 1997, werd de South chapter opgericht door acht volledige patchleden en twee prospects die de snelgroeiende Montreal chapter verlieten. Terwijl Quebec de belangrijkste provincie van de Hells Angels in Canada bleef, verspreidde de club zich langzaam over het land met afdelingen in British Columbia, Nova Scotia en New Brunswick. In juli 1997 gingen de Grim Reapers over om twee nieuwe hoofdstukken in Alberta te creëren: een in Calgary en een in Edmonton. Rond dezelfde tijd werden de Alberta Rebels aangewezen als potentiële kandidaten; idem de Saskatchewan-rebellen die hun basis hadden in Saskatoon, de hoofdstad van Saskatchewan. Drie maanden later werd de Manitoba Los Brovos, gevestigd in Winnipeg, een hangaround-club.

De Hells Angels sloten 1997 triomfantelijk af met een groot feest ter ere van hun twintigste verjaardag in Canada. Honderden leden, potentiële klanten, relaties en vrienden uit het hele land woonden de bijeenkomst in Sorel bij, gelegen aan de zuidkust van de St. Lawrencerivier. Op minder dan een uur rijden van het drukke Montreal was Sorel sinds dag één de thuisbasis van het oorspronkelijke Montreal-hoofdstuk. Het was een passende keuze voor de partij en een keuze die zowel oudere als jongere leden een gevoel van een lang leven bezorgde.

Tegen de tijd van het jubileumfeest was de oorlog tussen de Hells Angels en Rock Machine in volle bloei. Hoewel de autoriteiten machteloos leken om er iets aan te doen en geen noemenswaardige arrestaties konden verrichten, begonnen langzaam maar zeker de tekenen aan de wand te verschijnen, hoe zwak ook, voor de Hells Angels en Boucher. Miljoenen financiering, nieuwe wetgeving en eliteteams zouden de ergste nachtmerrie van Hells Angels worden.

Wetsvoorstel C-95 – aangenomen door het Canadese parlement in april 1997 als direct gevolg van de dood van de elfjarige Daniel Desrochers – had het Wetboek van Strafrecht van Canada gewijzigd om de vervolging mogelijk te maken van leden van vermeende georganiseerde criminele verenigingen, simpelweg omdat ze een lid van de organisatie. In wezen werd het illegaal om deel uit te maken van een criminele organisatie. Voor de politie vergemakkelijkte de wetgeving het gebruik van elektronisch toezicht op vermoedelijke leden van een criminele organisatie; het maakte het ook gemakkelijker voor hen om verdachten te arresteren en voor onbepaalde tijd vast te houden. De algemene formulering van Bill C-95 werd echter opengelaten voor interpretatie, en veel Canadese burgerrechten-groeperingen betwistten de wetgeving en zeiden dat deze in strijd was met het federale Handvest van Rechten.

Wat niet voor interpretatie vatbaar was, was de oprichting in augustus 1995 van een speciale anti-motorfietser-taskforce genaamd de Wolverines. Het werd maar om één reden samengesteld: om de Hells Angels te bestrijden. De multidisciplinaire strijdmacht, die in totaal bijna zestig onderzoeksexperts op het gebied van outlaw bikers telde, werd gerekruteerd uit het Quebecse detachement van de RCMP, de Montreal Urban Community Police en de Quebec Provincial Police. Het bleek de grootste speciale wetshandhavingseenheid te zijn die in Quebec het levenslicht zag sinds 1970, toen de regering het opnam tegen de FLQ, een radicale organisatie die de provincie van Canada wilde scheiden.

Gedurende de volgende vier jaar zou het ijverige werk van de Wolverines resulteren in de grootste mislukking in de Canadese geschiedenis; een die een ernstige klap zou toebrengen aan de ijzeren vuistregel van de Hells Angels en Quebec.

DE ASSIMILATIE

Hoofdstuk

-13-

Problemen In Hells' Paradise

Het begin van het einde voor Maurice "Mom" Boucher kwam toen hij werd beschuldigd van het opdracht geven tot de moord op twee gevangenisbewakers uit Quebec in 1997. De eerste bewaker, Diane Lavigne, werd op 26 juni neergeschoten vanaf een passerende motorfiets toen ze van haar huis naar huis reed. standplaats in een gevangenis in Montreal. De tweede bewaker, Pierre Rondeau, stierf toen een lege gevangenisbus waarin hij reed in een hinderlaag werd gelokt. Rondeau's partner, Robert Corriveau, ook het doelwit van moord, ontsnapte met zijn leven. De bewakers, die geen enkele band hadden met de motorwereld, werden volgens de politie ter dood veroordeeld om geen andere reden dan om het veiligheidspersoneel van de provincie te intimideren en te destabiliseren.

Hoewel Boucher tijdens een proces in 1998 niet schuldig werd bevonden, zouden de moorden zijn achilleshiel blijken te zijn. Twee dagen nadat hij op 8 oktober 2000 Fred Faucher van de Rock Machine had ontmoet om op te roepen tot een wapenstilstand in de motoroorlogen, werd Boucher opnieuw gearresteerd omdat hij opdracht had gegeven tot de moord op de twee gevangenisbewakers. Slechts enkele uren eerder kwam het Hof van Beroep van Quebec tot een unanieme beslissing om een nieuw proces tegen Boucher te gelasten. Tijdens de hoorzitting bij het Hof van Beroep voerde de Crown Counsel aan dat de rechter die het oorspronkelijke proces van Boucher voorzat, de juryleden gebrekkige instructies had gegeven, waardoor ze in wezen tot een onschuldig vonnis waren veroordeeld.

230

DE ASSIMILATIE

Boucher zou anderhalf jaar moeten wachten op zijn dag in de rechtbank, maar op 5 mei 2002 werd hij veroordeeld voor de moord op Lavigne en Rondeau, grotendeels gebaseerd op de getuigenis van Serge Boutin en Stephane Gagne, een van de huurmoordenaars. Hoewel er geen direct bewijs was dat Boucher opdracht gaf tot de moorden, betoogde de Kroon met succes dat in de hiërarchie van de Hells Angels alleen hij zulke extreme acties had kunnen goedkeuren. Het veroordelingsvonnis was geenszins een schot in de roos: het kostte een jury van acht mannen en vier vrouwen elf dagen van beraadslaging om een impasse te doorbreken die het proces bijna ontspoorde.

Boucher, die ook was beschuldigd van nog meer moorden gepleegd tijdens de motoroorlog, werd veroordeeld tot een levenslange gevangenisstraf zonder mogelijkheid tot vervroegde vrijlating gedurende vijfentwintig jaar. Tot het moment dat hij werd veroordeeld voor de moorden door de gevangenisbewakers, was Boucher slechts veroordeeld voor dertien kleine aanklachten, waarvan de eerste dateerde uit 1976. Deze aanklachten omvatten onder meer aanranding met een wapen, diefstal en wapenbezit. Verbazingwekkend genoeg heeft hij voor geen van deze misdaden meer dan twee jaar achter de tralies gezeten.

Maar met zijn veroordeling voor de moord op de gevangenisbewaker ontdekte de negenenveertigjarige president van de Nomads eindelijk dat hij niet boven de wet stond. Boucher was niet de enige Hells Angel die een reality check kreeg. Vlak voor zijn arrestatie had de minister van Justitie van Quebec, Linda Goupil, aangekondigd dat haar ministerie jaarlijks 1,6 miljoen dollar extra zou uitgeven aan dertien nieuwe aanklagers. Hun voornaamste doel zou zijn om de bazen van de georganiseerde misdaad en hun ondergeschikten voor de rechter en op de knieën te krijgen. Moeder Boucher opbergen was nog maar het begin.

DE ASSIMILATIE

***

Een paar maanden na de arrestatie van Boucher in oktober 2000 werd er opnieuw een feest gehouden in het zwaar versterkte clubhuis van de Hells Angels in Sorel. Het is er één die mama zeker had willen bijwonen, samen met ruim driehonderd genodigden. In een ongekende stap die het gebruikelijke hangaround- of prospect-protocol omzeilde, werden honderdachtenzestig leden van het in Ontario gevestigde Satan's Choice, ParaDice Riders, Last Chance en Lobos letterlijk van de ene op de andere dag officiële Hells Angels. Deze snelle manoeuvre gaf de Hells Angels eindelijk een serieuze voet aan de grond in de dichtstbevolkte provincie van Canada. Hun rijk strekte zich nu ononderbroken uit van kust tot kust.

Maar de feeststemming zou niet lang duren. De Canadese autoriteiten maakten zich op om slopende klappen uit te delen aan de meest beruchte motorrijders ter wereld. Het begon allemaal met wat op het eerste gezicht een nogal onbelangrijke aangelegenheid leek, vooral voor het publiek, en ongetwijfeld ook voor de engelen zelf. In januari 2001 werden twee leden van de British Columbia Hells Angels in een rechtszaal in Vancouver schuldig bevonden wegens cocaïnehandel. Het bleek de allereerste succesvolle vervolging van Hells Angels in de meest westelijke provincie van Canada.

Vergeleken met de dramatische acties die een paar maanden later in Quebec volgden, bleek de veroordeling van de twee British Columbia Angels slechts een proloog te zijn geweest. In de vroege ochtenduren van 28 maart vielen bijna tweeduizend wetshandhavers, bestaande uit leden van de RCMP, de provinciale politie van Quebec, de Montreal Urban Community Police en drieëntwintig andere gemeentelijke politiekorpsen,

232

DE ASSIMILATIE

leden van de Hells Angels en aangesloten clubs aan. in Quebec, Ontario en British Columbia. Meer dan zevenenzeventig locaties waren het doelwit, waaronder huizen, clubhuizen en ontmoetingsplaatsen voor motorrijders. De actie, genaamd "Operatie Springtime 2001", was het hoogtepunt van twee grote politieonderzoeken: "Project Rush" en "Project Ocean".

De hoeksteen van Project Rush was Bill C-95, de anti-bendewetgeving die in april 1997 werd geïntroduceerd en die onderzoekers en aanklagers de mogelijkheid gaf om rechtszaken tegen bendeleden op te bouwen wegens de moord op rivalen, ongeacht welke rol zij speelden in de aangelegenheden van de bende. In reële termen stelde dit de aanklagers in staat schuld door associatie te bewijzen. Het betekende ook dat iedereen die veroordeeld werd voor het plegen van een misdrijf als lid van een georganiseerde criminele organisatie, tot veertien jaar extra gevangenisstraf kon krijgen bovenop de straf die hij kreeg voor het feitelijke misdrijf waarvoor hij veroordeeld was. Project Ocean, een uitloper van Project Rush, verdiepte zich in de dynamiek van de organisatiemethoden van de Hells Angels en hun witwaspraktijken.

Ongeveer vier jaar onderzoekswerk, waaronder telefoontaps, surveillance en het omgaan met informanten, leidde tot de arrestatie van maar liefst honderddertig Hells Angels en medewerkers – meer dan honderd alleen al in Quebec! Er werd geen enkel schot afgevuurd; tijdens de razzia werd geen weerstand ondervonden. Naast daadwerkelijke personen werden ook zo'n twintig gebouwen, achtentwintig voertuigen, zeventig vuurwapens, tweehonderdvijfenzestig pond hasjiesj, tweeëntwintig pond cocaïne en 8,6 miljoen dollar (CDN) en 2,7 miljoen dollar (VS) in beslag genomen.

Binnen enkele dagen na Operatie Springtime vielen tweehonderd politieagenten uit Calgary en leden van de RCMP zevenentwintig locaties in en rond de stad met het olieveld binnen. Acht van de achttien leden tellende Calgary Hells Angels en ruim dertig clubprospects en - medewerkers werden gearresteerd. De inval was het hoogtepunt van een elf maanden durend undercoveronderzoek genaamd "Project Shadow". Er werd 24 pond cocaïne en 9 pond hasj in beslag genomen.

De volgende zes maanden waren de zaken relatief rustig. Vervolgens werden in september 2001 twee Hells Angels-prospects en een medewerker gearresteerd in London, Ontario. Een nieuwe stilte volgde tot in de vroege ochtenduren van 3 december, toen de politie huizen en bedrijven binnenviel die verbonden waren met de Hells Angels in Halifax, Nova Scotia. Er werden dit keer twintig mensen gearresteerd, waarvan drie full patch Angels. Eindelijk had het langverwachte harde optreden van de Hells Angels plaatsgevonden, en dat had een grote uitwerking.

Om het enorme aantal beschuldigde motorrijders en medewerkers te verwerken, waren er megaprocessen gepland in een nieuw, speciaal gebouwd, ultramodern gerechtsgebouw ter waarde van $ 16,5 miljoen in de buurt van de gevangenis van Bordeaux, waar de meeste verdachten werden opgesloten. Om veiligheidsredenen werd een 90 meter lange tunnel aangelegd die het gerechtsgebouw en de gevangenis van Bordeaux, het op één na oudste detentiecentrum in Quebec en de hoofdgevangenis van het gerechtelijk arrondissement Montreal, met elkaar verbond. Om de anonimiteit van de juryleden te beschermen, werd er een eenrichtingsspiegel geplaatst om hen aan het zicht te onttrekken. Niet alle mensen die tijdens Operatie Springtime waren gearresteerd, zouden echter voor de rechter verschijnen.

Eind 2001 hadden vierentwintig van de verdachten pleidooiovereenkomsten gesloten. De straffen varieerden van vijftien maanden tot vier en een half jaar voor drugshandel en samenzwering. Er zouden nog meer pleidooiovereenkomsten volgen voordat het eerste

DE ASSIMILATIE

megaproces op 19 april 2002 van start zou gaan. Tegen de tijd dat de nasleep van Operatie Springtime 2001 in april 2004 ten einde liep, was minder dan tien procent van de honderddertig aangeklaagden al verdwenen. de weg naar een juryoordeel.

***

Een van de eerste bewijsstukken die werden ingediend tijdens het proces tegen de eerste zeventien Hells Angels die ervoor hadden gekozen om geen schikkingsonderhandelingen aan te gaan, was een lijst van mensen die door de club zouden worden vermoord. Het was een enorme lijst die de griffier bijna tien minuten kostte om te lezen. Er stonden honderdtweeëndertig namen op; sommige op de lijst zijn niet bewaard gebleven. De meeste van degenen die het doelwit waren van moord waren Rock Machine-leden – Bandidos na het jaar 2000 – of medewerkers. Een medewerker van Hells Angels getuigde dat er een standaardprijs op het hoofd werd gezet van iedereen op de lijst die met succes werd geëlimineerd: $ 100.000 voor een volledig patchlid (bijvoorbeeld) het hoogste niveau in de Rock Machine of Bandidos; $ 50.000 voor een potentiële klant (bijvoorbeeld) een lid op middenniveau; $ 25.000 voor een hangaround (bijvoorbeeld) het laagste niveau.

Een groot deel van het bewijsmateriaal dat in de beginfase van het proces werd gepresenteerd, was verzameld door Dany Kane, een lid van de Rockers die optrad als informant voor de RCMP en later voor de provinciale politie van Quebec. Kane, die in de herfst van 1994 informant was geworden, zou in augustus 2000 zelfmoord hebben gepleegd. Een groot deel van het bewijsmateriaal dat hij had verzameld bestond uit op band opgenomen gesprekken, die in de rechtszaal stand hielden ondanks zijn overlijden en de daaropvolgende afwezigheid bij de processen.

Het eerste megaproces stuitte op 22 juli 2002 op een ongewoon probleem toen de rechter in de zaak, rechter Jean-Guy Boilard van het Hooggerechtshof van Quebec, aftrad na een berisping van de Canadian Judicial Council (CJC). De berisping betrof een klacht van advocaat Gilles Dore, die een van de beklaagden vertegenwoordigde, Daniel Lanthier. Dore had bij het CJC een klacht ingediend over de opmerkingen die Boilard tegen hem had gemaakt na een hoorzitting op borgtocht voor Lanthier op 21 juni 2001. Boilard had niet alleen borgtocht geweigerd, maar blijkbaar had hij de advocaat ook verbaal misbruikt.

Pierre Beliveau, rechter bij het Hooggerechtshof van Quebec, die rechter Boilard verving, gaf opdracht tot een hoorzitting op 3 september ter voorbereiding op een nieuw proces. De oorspronkelijke jury, die getuigenissen had gehoord van honderddertien getuigen, onderzocht duizendhonderdveertien bewijsstukken en bestudeerde zesenvijftig cd-roms met audio en video's van politietoezicht, en werd ontslagen. De selectie van een nieuwe jury was beladen met controverses en vertragingen en pas op 21 oktober werd het proces hervat.

Op 18 november ontstond er een nieuwe wending in de circusachtige procedure toen zes van de zeventien terechtstonden plotseling besloten om schikkingsonderhandelingen aan te gaan. De zes, die lid waren van de Nomads of Rockers, pleitten schuldig aan samenzwering tot moord, drugshandel en deelname aan een criminele organisatie. Een van degenen die wegliep van de hoofdgroep en een pleidooi hield, was de volledige patch Rocker, Francis Boucher, de zevenentwintigjarige zoon van Maurice "Mom" Boucher. Met goedkeuring van het ministerie van Justitie van Quebec kregen ze straffen variërend van drie tot elf jaar. Er was één voorwaarde: iedereen moest minstens de helft van zijn straf uitzitten voordat hij in aanmerking kwam voor vervroegde vrijlating.

De overige tien, die besloten het vol te houden en hun kans te wagen bij de jury, zouden pas in 2003 terugkeren naar de rechtbank. Ook dit proces, onder leiding van rechter Réjean Paul, eindigde voordat het naar de jury ging. In september hebben negen van de groep – een van hen was uit het proces geschrapt vanwege een terminale ziekte – schuldigverklaringen ingediend wegens drugshandel, deelname aan een criminele organisatie en samenzwering om moord te plegen. De aanklacht wegens moord met voorbedachten rade waarmee zij te maken hadden gekregen, werd tijdens de onderhandelingen over een pleidooi ingetrokken. Vier van de beklaagden, die lid waren van de Nomads-afdeling, kregen elk twintig jaar; de andere vijf werden veroordeeld tot vijftien jaar. Omdat de Kroon over direct bewijsmateriaal beschikte dat hen in verband bracht met de moord op dertien slachtoffers, waren er nieuwe processen gepland voor de laatste drie van wat oorspronkelijk een groep van dertien was geweest. Allen zouden uiteindelijk schuldig worden bevonden en lange gevangenisstraffen krijgen.

***

De kosten van de omgang met de outlaw motorclubs van Quebec waren niet goedkoop. Meer dan honderd miljoen dollar (CDN) aan publieke middelen werd uitgegeven om de uitgaven van de ministeries van Justitie en Openbare Veiligheid, de RCMP en gemeentelijke strijdkrachten te dekken. Het grootste deel van dit geld was bestemd voor de strijd tegen de Hells Angels. De oprichting van speciale politie-eenheden, de bouw van het nieuwe gerechtsgebouw in Montreal, de salarissen van aanklagers en de kosten van het vasthouden van meer dan honderd Hells Angels-leden en medewerkers tussen het moment van hun arrestatie en de veroordeling slokten het grootste deel van het uitgegeven geld op.

Het is interessant om op te merken dat ondanks de besteding van deze duizelingwekkende hoeveelheid geld, er weinig werd gedaan om het "motorrijderprobleem" en de medicijnen die door hen op de markt werden gebracht, uit te roeien. De reden hiervoor is eenvoudig genoeg, maar ontgaat de autoriteiten: mensen willen drugs en zullen naar de uiteinden van de wereld gaan om ze te kopen, legaal of illegaal. Farmaceutische bedrijven weten dit en verkopen hun medicijnen met de zegen van regeringen over de hele wereld.

De enorme winsten die alleen al met psychotrope drugs worden gegenereerd (bijvoorbeeld kalmerende middelen, kalmerende middelen en antidepressiva) zorgen ervoor dat de illegale drugsmarkt op een armzalig neefje lijkt. Alcohol en tabak veroorzaken veel meer schade aan de samenleving dan drugs, maar ze worden als legale middelen beschouwd. Regeringen erkennen het feit dat hun burgers toegang moeten hebben tot een soort kunstmatige stimulerende middelen om hen onder controle te houden. Het legaliseren van drugs zou de problemen van drugsmisbruik in de samenleving niet oplossen, maar wel, zoals in het geval van drank, wel het probleem van de misdaden die ermee gepaard gaan. Canada, een van de meest liberale en toekomstgerichte landen ter wereld, is een aantal keren dicht bij de legalisering of decriminalisering van marihuana gekomen, maar de druk van Uncle Sam, die ongetwijfeld nog steeds graag een verbod zou willen invoeren , heeft dit verijdeld.

Ondanks de veroordeling van Maurice "Mom" Boucher, de ineenstorting van de Montreal Nomads, de langdurige processen, pleidooiovereenkomsten en de veroordeling van tientallen volwaardige leden en medewerkers, deden de Hells Angels alles behalve zich omdraaien en voor dood spelen. Sterker nog, ze zijn alleen maar sterker en slimmer geworden. De Toronto-afdeling, die bijna dertig leden telde, splitste zich op en vormde een extra afdeling in Richmond Hill, een buitenwijk van Toronto. Tegelijkertijd vormde een bij Hells Angels aangesloten club genaamd de Foundation, die al een chapter had in Hamilton, Ontario, ook een Richmond Hill chapter.

In de zomer van 2005 had Hamilton zijn eigen Hells Angels-hoofdstuk. Het werd het zestiende Ontario-hoofdstuk van de club en werd opgericht in een clubhuis dat ooit toebehoorde aan Hamilton's Satan's Choice. In Welland, Ontario werd van de ene op de andere dag een volledig patchhoofdstuk gemaakt, waarbij de gebruikelijke proefperiode werd omzeild. Een ander hoofdstuk was gepland voor Sudbury, een mijnstadje in Noord-Ontario. Alberta zag de oprichting van de Red Demons, een Hells Angels-poppenclub, in Grande Prairie. In Moncton, New Brunswick, kwam een bestaande club genaamd de Bacchus in aanmerking voor een proeftijdstatus.

Hoewel het grootste deel van de uitbreidingsactiviteiten zich buiten Quebec afspeelde, splitste het Sherbrooke Hells Angels-hoofdstuk, dat de motoroorlog van Mom Boucher op afstand had gehouden, zich om voor de hand liggende redenen op en vormde het Estrie-hoofdstuk. De meeste oudere leden bleven bij de Sherbrooke-factie, de nieuwere rekruten vertrokken naar Estrie.

Hoewel het Nomads-hoofdstuk van de kaart van Quebec werd geveegd, bleven er vijf andere Hells Angels-hoofdstukken over, waarbij het Three Rivers-hoofdstuk (Trois Rivieres) min of meer de leegte opvulde die de Nomads hadden achtergelaten. Toen Operatie Springtime werd uitgevoerd, hadden de Angels naar verluidt honderdzes volledige patchleden in Quebec. Volgens schattingen van de politie was dat aantal in

DE ASSIMILATIE

2006 gestegen tot honderdvierentwintig. Zonder twijfel blijven de Hells Angels de grootste en machtigste outlaw-motorclub in Canada. Ze zullen ongetwijfeld blijven groeien.

In de nasleep van Operatie Springtime 2001 veranderde er niet zoveel, behalve misschien veel van de gezichten. De komende tien jaar zullen veel van degenen die naar de gevangenis zijn gegaan, weer op straat komen te staan, hetzij om terug te keren naar de kudde, hetzij om een andere levensstijl na te streven. Maar er heerst vrede in het Grote Witte Noorden – de motoroorlog is geschiedenis geworden. Dit kan echter vooral worden toegeschreven aan het feit dat er in Canada geen motorclubs meer zijn die concurreren met de Hells Angels. Toch worden de Hells Angels nog steeds geconfronteerd met uitdagingen die kunnen worden toegeschreven aan de resultaten van Operatie Springtime. Voortdurend toezicht door wetshandhavers, incidentele invallen, arrestaties en veroordelingen achtervolgen de Angels terwijl ze hun gang gaan.

DE ASSIMILATIE

Hoofdstuk

-14-

Ontgoocheling

Het kostte me zestien jaar om officieel lid te worden van de Bandidos Motorcycle Club, maar pas zes jaar voordat ik er gedesillusioneerd door raakte. Eigenlijk brak voor mij het begin van het einde aan in het voorjaar van 2002, toen El Presidente George en El Vice Presidente Jeff, evenals de meerderheid van de Amerikaanse nationale chapter en enkele chapterpresidenten, de productie, distributie en persoonlijk gebruik van methamfetamine (meth) – ondanks het hoofdstuk in Oklahoma. Ik werd snel moe van alle methamfetaminegerelateerde problemen waarmee de Bandidos te kampen hadden en kon de drugsverslaafden die uit het houtwerk leken te kruipen niet langer tolereren.

Naar mijn schatting was ongeveer twintig procent van de Bandidos-leden in de Verenigde Staten betrokken geraakt bij deze gruwelijke drug, hoewel de meesten van hen slechts occasionele gebruikers waren. Ondanks mijn inspanningen om het buiten de Oklahoma-afdeling te houden, waren er een paar leden die methamfetamine gebruikten en verhandelden. Tot de zomer van 2003 had ik geen absoluut bewijs, en tegen die tijd begon ik serieus te twijfelen aan mijn wens om lid te blijven van de club.

Tegen die tijd strekte de in Oklahoma gevestigde rode en gouden wereld, die er zo lang over had gedaan om van de grond te komen, zich ongeveer zeshonderd kilometer van oost naar west en zo'n driehonderd kilometer van noord naar zuid uit. Het bevatte slechts acht Bandidos en één prospect, maar die acht Bandidos en één prospect hielden toezicht op ongeveer vijftien Ozark Riders en twintig OK Riders, ondersteunende clubs die ik een paar jaar eerder had opgericht. Samen met onze erkende hangarounds waren we met bijna vijftig man sterk en een kracht waarmee rekening moest worden gehouden in de staat Oklahoma.

Ik had op de top van de wereld moeten staan, maar dat was ik allerminst. We trokken grote aandacht en jaloezie binnen de Bandidos Nation, want de afdeling uit Oklahoma stond erom bekend dingen voor elkaar te krijgen. In tegenstelling tot veel andere chapters waarvan de leden op drift leken te zijn zonder echt doel of focus, was ons chapter uniek vanwege de individuen die het bevatte. Net als mijn zakelijke belangen bloeiden de Oklahoma Bandidos omdat ze profiteerden van mijn analytische geest en mijn organisatorische vaardigheden.

Toch was ik niet honderd procent tevreden met de manier waarop de zaken vorderden, en ik was vooral verbijsterd dat meth een probleem was geworden, waardoor het hoofdstuk dat ik had opgericht soms verdeeld werd. Het maakt niet uit hoe je de dobbelstenen gooit als "meth-logica" in het spel komt, alles begint naar de hel te gaan: ruzies, bedrog, jaloezie, kleinzieligheid, liegen en het niet nakomen van financiële verplichtingen sijpelen door in alle gebieden van het clubleven, zelfs als slechts één lid bezwijkt voor methgebruik, of erger nog, betrokken raakt bij mensenhandel.

Het hoofdstuk in Oklahoma was niet mijn enige zorgpunt. Er was een verdeeldheid binnen de Bandidos in het hele land en dit was niet duidelijker dan tijdens de Birthday Party Run in Houston in juli 2002, die ik niet kon bijwonen vanwege mijn verplichtingen op het gebied van geluidsbeperking op Tulsa Airport. Voor het eerst in de geschiedenis van de club waren er twee verschillende partijkampen: het ene was voor de leden die El Presidente George steunden, het andere voor degenen die tegen hem waren.

Op dat moment verkeerde de club als geheel in enorme onrust. Er was een duidelijke groep Bandidos, waaronder de hele Nomads-afdeling,

242

die niet erg gesteld waren op het nieuwe clubbeleid van El Presidente George. George was voor elke verandering die nodig was om de club met succes naar de toekomst te brengen, ongeacht de kosten, en hij had mensen die zijn standpunten steunden. De andere groep, vooral de oudere leden, wilde de club terugbrengen naar het verleden en dat voor altijd zo houden. De positie van beide kanten stond lijnrecht tegenover elkaar, en het juiste pad lag waarschijnlijk ergens daar tussenin.

Er waren ook problemen tussen de Hells Angels en Bandidos, wat mij vooral verontrustte gezien mijn betrokkenheid bij de Quebec Bandidos en de motoroorlog die ze hadden geërfd via de Rock Machine. Hoewel het in de Verenigde Staten niet echt uit de hand liep, bleef de spanning tussen de twee clubs te allen tijde voelbaar en blijft deze trend tot op de dag van vandaag volgen.

Bovendien begon er kwaad bloed te sijpelen tussen de Kansas Sons of Silence, met wie we op goede voet stonden, en de in Missouri gevestigde Galloping Goose en El Forastero Motorcycle Clubs, wat ons in Oklahoma trof. De meeste leden van El Forastero en Galloping Goose waren dinosaurussen. Velen van hen waren kapot van de methamfetamine en hadden geen idee van de realiteit in de wereld van vandaag. Ze waren ervan overtuigd dat geen enkel lid van een 1%er-club ooit zijn kleuren zou dragen in de staat Missouri, die de Galloping Goose en El Forastero als hun exclusieve territorium beschouwden.

Als het om de El Forastero of de Galopperende Gans ging, was het voor alle praktische doeleinden dezelfde organisatie, ook al droegen de clubs totaal verschillende patches. In de lente en zomer van dat jaar waren er regelmatig ruzies geweest tussen hun leden en Sons of Silence-leden, en er waren ook bedreigingen geuit tegen Bandidos die in Missouri woonden.

DE ASSIMILATIE

Idem leden van de Hermanos Motorcycle Club, een Bandidos-supportclub die ik in Kansas had opgericht.

Om de situatie onschadelijk te maken stuurde El Presidente George Sargento de Armas Danny "DJ" Johnson naar ons toe voor een gesprek met de Galloping Goose en El Forastero in Springfield. De DJ die meeging op de reis was Bandido Chester uit Texas, die net een volwaardig lid van de club was geworden. Bandido DJ werd gekozen omdat hij de El Forastero en Galloping Goose in Missouri vijfentwintig eerder kende, toen de Bandidos een chapter hadden in Springfield.

We ontmoetten een uiterst onvriendelijke groep Galloping Goose- en El Forastero-leden die drie tegen één in de minderheid waren dan wij. Alleen Bandido DJ en Bandido Lee McArdle mochten de bijeenkomst met een tiental El Forastero- en Galloping Goose-leden bijwonen. Ondanks de vijandige sfeer die over de bijeenkomst hing, werd er een wapenstilstand gesloten: de Rode en Gouden mogen leden hebben die in Missouri woonden, maar zouden nooit een afdeling in Missouri mogen hebben. De Ozark Riders mochten ook leden hebben die in Missouri woonden, maar ze konden ook nooit een chapter in Missouri hebben.

Rond Halloween 2002 kwamen de nationale afdeling van Bandidos, de nationale afdeling Sons of Silence en vertegenwoordigers van de El Forastero en Galloping Goose overeen om de aanhoudende spanningen in Missouri verder te bespreken. De bijeenkomst werd gehouden in Sioux Falls, South Dakota en het grootste deel van de Oklahoma Bandidos-afdeling maakte de reis naar het noorden in een gehuurd busje voor vijftien passagiers. Tijdens de bijeenkomst vertegenwoordigde El Secretario Christopher "Chris" Horlock de Bandidos, terwijl Lyle Donkersloot de El Forastero vertegenwoordigde. De situatie was gespannen, maar gelukkig hadden koelere hoofden de overhand.

DE ASSIMILATIE

We zorgden ervoor dat El Forastero en Galloping Goose op de hoogte waren van al onze vrienden in de omgeving van Kansas City, en van het feit dat er nu drie Bandidos in of vlakbij de zuidwestelijke hoek van Missouri woonden. Het was onvermijdelijk dat ze hun kleuren zouden dragen tijdens het fietsen in Missouri, maar het was niet de bedoeling dat de leden van El Forastero en Galloping Goose dit zouden opvatten als een boodschap van macht of gebrek aan respect. We dachten allemaal dat de bijeenkomst goed was verlopen, maar blijkbaar hadden sommigen van de El Forastero daar niet dezelfde mening over.

Helaas zouden we pas in het vroege voorjaar van 2003 het licht zien, toen twee leden van El Forastero een van onze hangplekken in Tulsa op de parkeerplaats van Big Dog Cycles in Wichita, Kansas aanvielen toen hij net uit zijn werk kwam. Ter verdediging van zijn leven schoot de hangaround beide El Forastero-leden neer, waarbij er één omkwam. Hooggeplaatste leden van de Bandidos waren verontwaardigd dat "wij" een El Forastero hadden gedood, in plaats van woedend te zijn op de El Forastero omdat hij een van onze jongens had aangevallen. Ik stond duidelijk volledig achter de hangaround omdat hij in een fractie van een seconde een beslissing nam die zijn leven redde. De hangaround zou in het najaar van 2003 worden vrijgesproken van de aanklachten die tegen hem waren ingediend naar aanleiding van de schietpartijen.

***

Ik hoopte dat het beter zou worden, maar ik verloor op dat moment het vertrouwen in El Presidente George en zijn regering. Ik kon de vinger niet op het probleem leggen, maar een deel van wat de oudere Bandidos dachten over onze El Presidente werd nu logischer voor mij. Het gezegde

245

"buitenhangen om te drogen" was het afgelopen jaar meer dan eens in mijn hoofd opgekomen, en ik had het slechte gevoel dat George mij keer op keer op meer dan één manier had gebruikt. Ik hoorde ook veel geruchten dat hij de ene persoon regelmatig het ene vertelde en vervolgens het andere precies het tegenovergestelde vertelde. Er waren zelfs beschuldigingen dat hij Bandidos-leden het ene vertelde en andere 1%er-motorclubs precies het tegenovergestelde. Tegen die tijd vroeg ik me af of al die geruchten waar waren, en begon ik te geloven dat waar rook was, ook inderdaad vuur moest zijn.

Eén incident dat mijn gedachten op deze manier voedde, bleef permanent in mijn hersenen gegrift. Een jaar eerder, in de zomer van 2002, had George mij vanuit Oklahoma City gebeld. Hij was daar op bezoek bij zijn schoonmoeder en had mij gevraagd hem op te komen halen. Hij wilde de nacht doorbrengen in Tulsa en Bandido Lee en mij bezoeken. Op weg van Oklahoma City naar Tulsa vertelde George enkele dingen over mede-Bandido-lid Jack-E, waarvan ik wist dat ze absoluut niet waar waren. Toen Lee de volgende dag de El Presidente meenam naar Oklahoma City, vertelde George hem hetzelfde kwaadaardige verhaal over Jake-E. Toen Lee en ik later aantekeningen vergeleken, wisten we allebei zeker dat El Presidente George geurig had gelogen. Liegen tegen een mede-Bandido was volgens de statuten van de club een overtreding van het lappendeken; het was duidelijk dat er sprake was van een dubbele standaard in de hiërarchie van de club. Ik wist dat als George één keer tegen mij had gelogen, het zeer waarschijnlijk was dat hij al vele malen eerder tegen mij en anderen had gelogen.

Het jaar daarop gingen er regelmatig verschillende zaken door mijn hoofd, die allemaal betrekking hadden op mijn leven als lid van de Bandidos Motorcycle Club. Ik was het zat om door El Presidente George te worden gebruikt om zijn opdrachten te voltooien, en vervolgens aan de wolven te worden gevoerd toen een Bandido bij George klaagde over het project dat mij was toegewezen. Ik ergerde me eraan dat terwijl ik elke opdracht afrondde, de meeste nationale officieren op de bank zaten en niets deden. Ik was ook ontgoocheld toen ik werd gevraagd om nationale officierstaken te vervullen, terwijl ik niet officieel werd erkend en behandeld als een nationale officier. Ik was eigenlijk drie keer lid geweest van de nationale afdeling, maar werd om frivole redenen ontslagen, elke keer na slechts een paar dagen op het werk, maar ik verwachtte nog steeds dat ik de klus zou klaren. Ik had er genoeg van om honderden uren per jaar gratis voor de club te werken, zonder dat ik er zelfs maar voor gewaardeerd werd.

Maar bovenal was ik geschokt door het ongebreidelde gebruik en/of de verkoop van methamfetamine door een groeiend percentage van de Amerikaanse Bandidos. Nog verontrustender voor mij was het feit dat dit allemaal acceptabel gedrag was geworden, getolereerd door El Presidente George. Last but not least had ik genoeg van de leugens, jaloezie en bedrog die ingebakken waren geraakt in de Bandido-manier van leven. Op de een of andere manier was de club geëvolueerd van alles waar ik in 1997 voor stond naar alles waar ik een hekel aan had in de nazomer van 2003.

U kunt zich mijn gemoedstoestand voorstellen toen ik in augustus 2003 van Tulsa naar de jaarlijkse Sturgis-motorrally in South Dakota reed. Ik vroeg me af welke interne politieke problemen ik zou tegenkomen terwijl ik daar was. Omdat ik ben wie ik ben, had ik tegen die tijd mijn afkeuring over het huidige clubbeleid tegenover veel Bandidos-leden over de hele wereld geuit. Ik wist ook dat El Presidente George niet erg blij met mij was, en verwachtte een soort confrontatie met hem terwijl ik daar was.

Binnen een paar uur na mijn aankomst in het Bandidos-clubhuis in Rapid City, South Dakota, vertelden een flink aantal prominente leden mij

247

dat El Presidente George en El Vice Presidente Jeff erop uit waren mij te pakken te krijgen, en het maakte hen niet uit wat ze hadden. doen om hun doel te bereiken. Hoewel het voor mij geen verrassing was, galmden hun woorden de volgende dag door mijn hoofd toen de hele afdeling van Oklahoma naar het clubhuis werd ontboden voor een ondervraging door El Presidente George, El Vice Presidente Jeff en hun hele nationale afdeling.

Het doel van de bijeenkomst was om erachter te komen wie werkelijk de leiding had over de afdeling in Oklahoma, en hoe iedereen in de afdeling zich voelde. Bandido Lee en ik, en bijna de hele chapter, waren in shock toen drie van onze eigen chapterleden ons verkochten. Ten eerste heeft Bandido Steven "Steve" Buitron, die alles behalve dood was aan alvleesklierkanker, ons verwoest met zijn versie van waar ons hoofdstuk over ging. Terwijl hij Bandido Lee en mij rechtstreeks aankeek, vertelde Bandido Steve iedereen dat ik echt het hoofdstuk leidde, en dat Bandido Lee slechts mijn marionet was. Ik was verbaasd, want deze babbelende idioot bezat destijds niet eens een motorfiets, en al jaren geen motorfiets meer. Het niet bezitten van een motorfiets was een geldige reden voor onmiddellijke uitzetting en was een ernstige overtreding van de Bandidos-statuten, maar we hadden dit feit over het hoofd gezien sinds Steve ontdekte dat hij kanker had.

Ik wist dat we in de problemen zaten toen ik een blik van vreugde op het gezicht van El Presidente George zag verschijnen. Ik dacht dat ik Steve ter plekke de nek wilde omdraaien. Als de afdeling uit Oklahoma hem niet had geholpen sinds hij drie jaar eerder overstapte van een afdeling in Texas, zou hij al lang geleden uit de club zijn gezet, hetzij omdat hij geen fiets bezat, hetzij omdat hij de maandelijkse donaties aan zijn afdeling niet had betaald. De volgende slagbeurt was Bandido James "Smurf" Ragan, die het eens was met wat Bandido Steve had gezegd. De derde die onze

DE ASSIMILATIE

gezichten in de modder wreef was ons nieuwste lid, Bandido Michael "Mick" Barnett, die in werkelijkheid geen idee had wat er aan de hand was. Maar Bandido Mick was het ook eens met wat Bandidos Steve en Smurf hadden gezegd, en de schade was al aangericht.

Na naar de bizarre verhalen van de drie handlangers te hebben geluisterd, besloot El Presidente George dat het hoofdstuk uit Oklahoma in twee hoofdstukken moest worden opgesplitst tijdens de volgende Oklahoma Pawhuska Biker Rally, half september. Bandidos Oklahoma zou dan een nieuw hoofdstuk hebben in het westen van Oklahoma, waartoe de huidige leden zouden behoren die in Oklahoma City en Lawton woonden. De oostelijke afdeling van Oklahoma, die de huidige leden zou omvatten die in Tulsa, Joplin, Muskogee en Springfield woonden, zou worden geleid door Bandido Lee. Dat was niet zo'n groot probleem, want we waren allemaal van plan dat in de komende zes maanden toch te doen. Wat ons verraste is dat El Presidente George suggereerde dat Bandido Steve de perfecte kandidaat zou zijn om het nieuwe hoofdstuk van Oklahoma City/Lawton te leiden, want we hadden allemaal verwacht dat Bandido Charles "Snake" Rush de president van het nieuwe hoofdstuk zou worden.

Voordat we de schok daarvan zelfs maar te boven waren, kondigde Bandido Smurf aan dat hij president van zijn eigen afdeling wilde worden, en El Presidente George kondigde aan ons allemaal aan dat Smurf een geweldige president zou worden. En dus werd ook bevolen dat het nieuwe oostelijke hoofdstuk van Oklahoma voor het einde van het jaar opnieuw zou worden gesplitst, en dat Bandido Smurf de president van dat nieuwe hoofdstuk zou worden. Het nieuwe hoofdstuk van Bandido Smurf zou zijn hoofdkantoor hebben in de regio Joplin, Missouri en zou alle Oklahoma-leden bevatten die in Missouri en het noordoosten van Oklahoma woonden. Het idee was belachelijk, want Bandidosmurf was niet in staat een hond mee te nemen voor een wandeling, laat staan een Bandidos-hoofdstuk te besturen. Van alle leden in onze afdeling die het meest niet in staat waren om leiders te zijn, stonden alle drie de klagende zeurders, Bandidos Steve, Smurf en Mick, nu op de een of andere manier bovenaan de lijst. Toen de rest van ons de bijeenkomst in het clubhuis verliet, wisten we dat we allemaal genaaid waren, en dat Bandidos Steve, Smurf en Mick leugenachtige verraders met twee gezichten waren. Bandido Lee en ik beseften dat het slechts een kwestie van tijd was voordat Bandido George kreeg wat hij wilde, namelijk dat ik uit de club zou worden gedwongen. Het verraste ons echter dat hij bereid was daarbij het hoofdstuk uit Oklahoma te vernietigen.

Tegen de tijd dat ik terugkwam in Tulsa, wist ik dat mijn dagen geteld waren. Iets meer dan een maand later, op 20 september 2003, besloot ik eindelijk dat ik er genoeg van had. Ik wist dat ik de spreekwoordelijke splitsing in de weg had bereikt, en ik moest een grote verandering in mijn leven doorvoeren om te vermijden wat een onvermijdelijke doodlopende weg leek te zijn. Hoewel ik me opgelucht voelde, was het nog steeds met pijn in het hart dat ik de club verliet. Ik overhandigde mijn clubkleuren aan chaptervoorzitter Bandido Lee, een man die al zo lang een goede vriend was. Lee aanvaardde mijn ontslag met spijt en vertelde me dat ik "met een goede reputatie" de club zou verlaten, en als ik ooit terug wilde komen, was ik meer dan welkom. Ik had het gevoel alsof er een gorilla van achthonderd pond van mijn rug werd gehaald en ik wist dat ik de juiste beslissing had genomen.

Een week later verklaarde El Presidente George, in een wraakzuchtige daad bedoeld om te voorkomen dat ik me zou aansluiten bij een andere Amerikaanse 1%er-organisatie en zou verbroederen met Bandidos-leden, dat ik "in een slechte positie stond". Dit verplichtte

DE ASSIMILATIE

feitelijk, op straffe van uitzetting uit de club, alle huidige Bandidos wereldwijd om met mij te communiceren. Er werd mij zelfs geen geldige reden gegeven om verbannen te worden uit de wereld van 1%er outlaw motorclubs. Hoewel het mij zwaar raakte, leerde ik er al snel mee leven.

DE ASSIMILATIE

Hoofdstuk
-15-
Het Bloedbad Van Shedden

Nadat ze waren uitgeroepen tot "slecht in de rangschikking", hielden een paar Canadese Bandidos contact met mij op, ondanks het feit dat ze van de Amerikaanse nationale afdeling de opdracht hadden gekregen niets met mij te maken te hebben. Ook veel andere ex-Bandido's, die "in goede cijfers stonden", bleven contact met mij houden. Dit op zichzelf was voldoende rechtvaardiging dat ik een ruwe deal had gekregen van El Presidente George. Ook al was ik geen Bandido meer, ik bleef op de hoogte van wat er wereldwijd met de club gebeurde. Ik was vooral geïnteresseerd in wat er in Canada gebeurde en via de media, die een breed, maar niet altijd accuraat beeld gaven van wat er gaande was, bleef ik op de hoogte. Telkens wanneer er nieuwe stukjes informatie verschenen, verifieerde ik de juistheid ervan door contact op te nemen met enkele huidige en voormalige Canadese Bandidos die de aan mij opgelegde boycot negeerden.

Maar afgezien van het Toronto-hoofdstuk, dat op een redelijk sterke basis leek te staan, was het relatief rustig. De voorgestelde uitbreiding van de Bandidos naar British Columbia vond niet plaats. Afgezien van proefperiodes in Edmonton, Alberta en Winnipeg, Manitoba, die niet echt tot iets belangrijks uitgroeiden, werden de Bandidos min of meer een bijzaak in de Canadese motorwereld. Dat is tot zaterdag 8 april 2006, toen het land wakker werd met het nieuws van een grizzly meervoudige moord in Shedden, Ontario, een klein dorpje niet ver van Londen.

In de eerste berichten in de media werd vermeld dat er acht lichamen waren gevonden in een veld bij Stafford Line, drie kilometer ten noorden van Shedden. Vier voertuigen, waaronder een Volkswagen Golf,

252

een Infiniti SUV, een Pontiac Grand Prix en een Chevrolet Silverado-sleepwagen, met de lichamen erin, waren ontdekt door een boer. Volgens de politie zijn de slachtoffers waarschijnlijk op verschillende nabijgelegen locaties neergeschoten voordat ze in de verschillende voertuigen naar het veld werden gebracht, wat betekent dat de moorden het werk waren van meer dan één persoon. Wat leek op een moordpartij in bendestijl, kwam in de krantenkoppen als de ergste massamoord in Ontario en de ergste moordpartij onder motorrijders in Canada.

Toen ik het eerste nieuwsartikel over het Shedden-incident zag, heb ik onmiddellijk contact opgenomen met enkele van mijn oude vrienden in Canada. Ik vermoedde meteen dat bij een moord van deze omvang heel goed leden van de outlaw-motorwereld betrokken zouden kunnen zijn. De reactie die ik aan de telefoon kreeg, bevestigde mijn vermoeden: de slachtoffers waren leden en/of naaste medewerkers van de Bandidos. Zaterdagavond om 18.00 uur was ik er voor negenennegentig procent zeker van dat sommige of alle lichamen toebehoorden aan gepatchte leden van de Bandidos Motorcycle Club.

Die avond begon ik ook vragen van leden van de Canadese media af te handelen. Sinds de publicatie van mijn eerste boek *Out In Bad Standings: Inside The Bandidos Motorcycle Club – The Making Of A Worldwide Dynasty* namen Canadese journalisten contact met mij op voor commentaar telkens wanneer er een nieuw motorincident opdook. Deze keer wilden ze weten of ik enig idee had van wat er in Shedden gebeurde. Een van de journalisten, Jen Horsey, die bij Canadian Press werkte, vroeg me of ik dacht dat de vermoorde mannen Bandidos of andere outlaw-motorrijders waren. Ik vertelde haar dat het naar mijn mening zeer waarschijnlijk was dat sommigen leden van de Bandidos of naaste medewerkers zouden blijken te zijn. Om mijn verklaring te nuanceren vermeldde ik dat ik met insiders had gesproken die enkele van de voertuigen hadden kunnen identificeren die op televisienieuwsbeelden te zien waren, en dat een van de lichamen die zichtbaar waren in een open hatchback er bekend uitzag.

"Ik neem aan dat je me zijn naam niet gaat vertellen," zei Jen, in de hoop een primeur te krijgen. Ik heb inderdaad afgezien van het opgeven van de naam.

Om 20.00 uur had ik de identiteit van nog twee slachtoffers vastgesteld, of op zijn minst redelijkerwijs geraden. Het waren Bandidos die hun mobiele telefoon niet beantwoordden, niet reageerden op berichten of hun piepers beantwoordden. Halverwege de zondagochtend kende ik de namen van vijf slachtoffers en was geschokt toen ik hoorde, hoewel niet geheel verrast, dat enkele van de doden lid waren van de nationale afdeling van Bandidos.

Op zondagmiddag 9 april om 13.00 uur hielden de autoriteiten een mediaconferentie waarop ze bevestigden dat de lichamen – allemaal toebehorend aan mannen variërend in leeftijd van eind twintig tot begin vijftig – lid waren van de Bandidos Motorcycle Club. Onder hen waren de achtenveertigjarige John "Boxer" Muscedere – de nationale president van de Canadese Bandidos – en de eenenveertigjarige Luis Manny "Porkchop" Raposo. Voor mij was dit geen nieuws, want ik wist al van de avond ervoor dat zij tot de slachtoffers behoorden. Slechts vier jaar eerder waren presidente Boxer en Bandido Porkchop naar Oklahoma gekomen om mij te spreken over de berging van wat er nog over was van de Bandidos nadat Operatie Amigo de club vrijwel had gedecimeerd. Nu waren ze dood, samen met vier andere volledige Bandidos, waaronder George "Pony" Jesso, op tweeënvijftigjarige leeftijd de oudste van de slachtoffers; Frank "Bam Bam" Salerno; Paul Sinopoli en George "Crash" Kriarakis, met achtentwintig jaar de jongste. De twee andere slachtoffers waren onder meer Bandidosprospects Jamie Flanz en Michael Trotta. Volgens berichten in de media was Trotta een medewerker, maar dit was onjuist.

Voordat verschillende theorieën over de moorden aan het licht kwamen, verklaarde de provinciale politie van Ontario snel dat de moorden een op zichzelf staand incident waren en dat er geen angst bestond voor de veiligheid van de lokale bewoners. Er werd ook gemeld dat noch de Hells Angels, noch andere rivaliserende motorbendes een rol leken te hebben gespeeld bij de moordpartijen. Dit kwam niet als een verrassing, omdat de politie geruchten wilde onderdrukken dat de langverwachte en voorspelde motoroorlog in Ontario eindelijk op gang zou komen.

"Niets wijst erop dat er iets buiten de Bandidos is. Dit is eenvoudigweg een interne zuivering," zegt rechercheur Don Bell van de motorrijderseenheid van de provinciale politie van Ontario.

De media sprongen echter met hun gebruikelijke vrolijkheid op de kar van motorrijders en haalden de krantenkoppen op de melodie van *Massacre leidt tot angst voor een totale motoroorlog.* De Hells Angels hebben op hun beurt afstand genomen van Shedden door op hun website te stellen dat *"De Hells Angels Motorcycle Club, of een van haar leden, op geen enkele manier betrokken is bij deze misdaad."* Volgens één bron hadden de vermoorde motorrijders overwogen om zich bij de Hells Angels aan te sluiten, iets wat ik persoonlijk moeilijk kon geloven, aangezien presidente Boxer en de anderen heel hard hadden gewerkt om de Canadese Bandidos te redden. Ze hadden ook een belangrijke rol gespeeld bij de oprichting van de noodlottige proefafdeling in Edmonton in 2004, en hadden onlangs een nieuwe proefafdeling in Winnipeg gelanceerd.

Wetshandhavingsautoriteiten in Ontario verspilden geen tijd met het opsporen van de mensen waarvan zij dachten dat ze verantwoordelijk waren voor of op zijn minst betrokken waren bij de moorden op de

DE ASSIMILATIE

Bandidos-leden. Op 10 april arresteerde de politie Wayne Kellestine, Frank Mather, Brett Gardiner, Eric Niessen en Kerry Morris. Alle vijf werden beschuldigd van moord met voorbedachten rade. Voor Niessen en Morris – de enige gearresteerde vrouw – werden deze aanklachten later gewijzigd in acht aanklachten wegens medeplichtigheid na het feit en belemmering van de rechtsgang. Door een spoor van bewijsmateriaal te volgen, dat niet openbaar werd gemaakt, kwamen politieagenten terecht bij de boerderij van Kellestine in Iona Station, slechts een paar kilometer verwijderd van de plek waar de lichamen waren ontdekt.

Kellestine, die door de lokale bevolking werd omschreven als een gevaarlijke man, had eerder in 2000 een gevangenisstraf van twee jaar uitgezeten wegens wapenmisdrijven en het runnen van een marihuanakwekerij. Ze troffen Kellestine niet alleen thuis aan, maar ook de anderen daar. De zesenvijftigjarige Kellestine was de enige verdachte waarvan werd vastgesteld dat hij tot de Canadese Bandidos behoorde. De andere mannen werden bestempeld als compagnons, altijd een handige term als de politie twijfelt aan iemands werkelijke status, als die er is, in de outlaw-motorwereld.

Ondanks de arrestaties kwamen er niet onmiddellijk motieven voor de moorden naar voren, maar speculaties begonnen volop te circuleren. Hoewel Kellestine als een lastige klant werd beschouwd, geloofden weinigen die hem kenden dat hij de code van de motorrijders zou hebben overtreden door een vrouw naar een moord te brengen. Sommigen zeiden dat hij te slim was, anderen dat hij te dom was om bij de moorden betrokken te zijn.

De vermoedens werden uitgebreid en omvatten de mogelijkheid dat de moorden werden bestraft door de Amerikaanse nationale afdeling, die zogenaamd een vierkoppige huurmoordenaar van Chicago naar Canada had gestuurd. Er werden ook suggesties gedaan dat een steunclub uit Winnipeg Bandidos, Los Montoneros, werd gebruikt om de moorden te orkestreren. Het is geen geheim dat de Amerikaanse Bandidos niet tevreden waren met de manier waarop de zaken ten noorden van de grens waren gevorderd. De huidige El Presidente Jeff Pike – George Wegers had het presidentschap tegen die tijd opgegeven vanwege problemen met de wet waardoor hij in de gevangenis belandde – had het charter van de Canadese Bandidos al ingetrokken en erkende hen niet langer als onderdeel van de Bandidos Nation . Dit feit voedde de theorie dat de Amerikaanse Bandidos inderdaad een hitsquad naar Canada hadden gestuurd.

De Australische en Europese Bandidos, die de eersten waren geweest die de Canadezen in de Bandidos-natie hadden verwelkomd en hen door dik en dun hadden gesteund, waren ontsteld over het standpunt van Pike. Niets wat ze zeiden veranderde echter de houding van hem en die van de Amerikaanse Bandidos. Er waren al grote meningsverschillen tussen Pike en de Australische en Europese Bandidos die nog steeds geloofden in de ware betekenis van "broederschap". Maar het intrekken van het charter van de Canadese Bandidos, de mogelijkheid dat de Amerikanen iets te maken hadden met het bloedbad in Shedden, en het volledig de rug toekeren aan de Canadezen na het bloedbad, was de druppel die de emmer deed overlopen.

Terwijl de Amerikaanse Bandidos probeerden zoveel mogelijk afstand te creëren tussen henzelf en wat er nog over was van de Canadese Bandidos, arriveerden vier Bandidos uit Australië en twee uit Duitsland binnen enkele dagen na de moorden in Ontario om de families van de dode mannen te troosten en een onderzoeksmissie uit te voeren. Zij zouden de enige internationale Bandidos zijn die zich naar Canada zouden begeven om steun te betuigen. Zelfs de begrafenissen van de acht slachtoffers waren opvallend niet-motorrijders van aard, aangezien alleen goede vrienden en familieleden elke individuele begrafenis bijwoonden. Wanneer een Bandido wordt begraven, komen meestal andere Bandido's en motorrijders massaal opdagen om hun respect te betuigen; de slachtoffers van het bloedbad in Shedden ontvingen deze eer niet.

Een andere theorie voor de moorden was dat de acht slachtoffers naar de boerderij van Kellestine gingen om hun patches in te leveren omdat ze de club wilden verlaten – vandaar het gerucht dat ze zich bij de Hells Angels zouden aansluiten. Nog een andere theorie suggereerde dat Kellestine vrijwillig zijn patch, fiets en clubbezit aan presidente Boxer zou overdragen. Kellestine had, net als Boxer, ooit tot de Annihilators en de Loners behoord voordat hij lid werd van de Bandidos. De mislukte ondernemingen van Kellestine en de oplopende schulden waren voor de Bandidos zo'n schande geworden dat hij op de een of andere manier uit de club moest worden geëlimineerd.

Het spook van de drugs speelde onvermijdelijk een rol: blijkbaar had de lokale narcoticapolitie voorafgaand aan de moorden drie van de Bandidos een aantal weken onder toezicht gehouden. Ironisch genoeg waren ze in het weekend van het bloedbad hun doelwitten naar de boerderij van Kellestine gevolgd. Het toezicht werd afgeblazen toen de politie dacht dat de motorrijders daarheen waren gegaan voor een feestje. Uiteindelijk konden de politieagenten de punten met elkaar verbinden, waardoor enkele slachtoffers op de dag van de moorden op de boerderij van Kellestine werden geplaatst. Na het feit werd gesuggereerd dat de drie Bandidos het slachtoffer waren van een dodelijke drugssmokkel op initiatief van Kellestine en de medeverdachte. De vijf andere Bandidos zouden later die avond afzonderlijk arriveerden om systematisch te worden vermoord.

DE ASSIMILATIE

Hoewel de waarheid misschien nooit volledig bekend zal worden, en al het bovenstaande op de een of andere manier een rol kan spelen in wat tot het bloedbad heeft geleid, was er naar mijn mening geen sprake van een grote samenzwering of complot. De moorden waren ongetwijfeld het gevolg van een spontane waanzin, en meth lag hoogstwaarschijnlijk aan de basis van dit alles. Ergens, op de een of andere manier, verweven in de draden van deze deal, zou methamfetamine zeker de lelijke kop opsteken.

Terwijl de zaken schijnbaar tot rust kwamen, stond het complot op het punt zich te verdichten: op 16 juni arresteerde de politie in Winnipeg, Manitoba, drie extra mannen in verband met de moorden. Deze omvatten Marcello Aravena, Michael "Tazz" Sandham en Dwight Mushey. Sandham en Mushey waren volledige patchleden van de Bandidos, terwijl Aravena een potentiële kandidaat zou zijn. Net als hun tegenhangers in Ontario werden de drie inwoners van Manitoba beschuldigd van acht moorden met voorbedachten rade. Ze werden later overgebracht naar een gevangenis in St. Thomas, Ontario, een stad in de buurt van Shedden, van waaruit het politieonderzoek en de juridische procedures werden gecoördineerd.

"We volgden het bewijsspoor en het leidde ons naar Winnipeg, Manitoba," zei de provinciale politieofficier van Ontario, Paul Beesley, op een persconferentie.

Hoe het spoor naar Winnipeg leidde en waarom behoorde ook tot de speculaties, maar volgens getuigen waren de drie mannen vóór de moordpartijen in april samen met Kellestine gezien in een plaatselijk restaurant in de omgeving van Shedden. Een van hun voertuigen, een rode SUV, kwam overeen met de beschrijving van een voertuig dat in de weken vóór de moorden was gezien. De SUV werd onmiddellijk van Winnipeg naar Ontario gestuurd voor forensische tests. Alsof de extra arrestaties – in een stad op vijftienhonderd kilometer van de plaats waar de werkelijke misdaden waren gepleegd – niet allerlei nieuwe golven teweegbrachten, was het feit dat Sandham, de leider van de afdeling Winnipeg Bandidos, een voormalige politieagent was zeker gedaan!

In 2002 was Sandham geschorst bij de politie van East St. Paul, een gemeenschap net ten noorden van Winnipeg. Kort nadat hij was geschorst, naar verluidt omdat hij de beveiliging had gedaan op een motorfeestje, nam Sandham ontslag bij de wetshandhaving om zijn leven voort te zetten in de 1%er-motorwereld, waar hij connecties had met zowel de Outlaws als Bandidos. Slechts enkele dagen voor zijn arrestatie was Sandham in Texas geweest om de uitbreiding van de Bandidos in Canada te bespreken met leden van de nationale afdeling van Bandidos. Hij had om een ontmoeting met El Presidente Jeff gevraagd, maar werd uiteindelijk afgewezen toen werd vernomen dat hij politieagent was geweest voordat hij Bandido werd.

En ten slotte was er nog het verband met methamfetamine: in 2004 werd Dwight Mushey beschuldigd van samenzwering om de drug te produceren. Hoewel Eric Niessen nooit is beschuldigd van drugsgerelateerde misdrijven, was hij wel betrokken bij verschillende grote drugsonderzoeken. In de periode voorafgaand aan het bloedbad bracht de politie Niessen in verband met Dan McCool, van wie wordt gezegd dat hij het "op efedrine gebaseerde" meth-productieproces vanuit Texas naar Ontario heeft gebracht; en Eddie Thompson, die een staat van dienst had in de productie van het medicijn. Alsof ik stukjes van de puzzel van een kind in elkaar moest passen, kon ik vaststellen dat meth de katalysator zou zijn die de moorden aanwakkerde. De tijd zal het leren.

Met arrestaties en aanklachten leek het een duidelijke weg naar het volgende hoofdstuk in het Shedden-drama: het voor het gerecht brengen van de beschuldigden. Maar net als in Quebec draaien de wielen van de gerechtigheid in Ontario nogal langzaam. De voorlopige hoorzittingen die

DE ASSIMILATIE

in het voorjaar van 2007 van start gingen, slaagden er niet in een daadwerkelijke datum voor het proces vast te stellen.

Advocaten van de acht vroegen ook om de zaak uit de directe omgeving te verplaatsen naar een andere locatie. De behandeling van deze verzoeken was pas in de herfst van 2007 gepland, waarbij beide partijen in een positie waren om in beroep te gaan bij de hoogste rechtbank van Ontario. Als wordt aangenomen dat een verdachte het gevaar loopt geen eerlijk proces te krijgen, kan een verzoek tot verandering van locatie worden ingediend. Publiciteit voorafgaand aan het proces zou onder meer van invloed kunnen zijn op de jurypool waar de aanklacht is ingediend. De zaak was al officieel verplaatst van St. Thomas naar Londen, waar een voorbereidende hoorzitting van drie maanden had plaatsgevonden. Hemelsbreed ligt Londen niet veel verder van Shedden dan St. Thomas en uiteindelijk zal het proces naar verwachting ver buiten het gebied plaatsvinden. Toronto is voorgesteld als mogelijke locatie, hoewel andere steden in het zuiden van Ontario worden overwogen.

Op het moment van schrijven was er nog niets opgelost en niemand verwacht dat het daadwerkelijke proces eerder dan in de herfst van 2008 van start zal gaan. Eén ding leek zeker: het voortbestaan van Bandidos Canada leek ernstig in gevaar te komen. Persoonlijk hoop ik dat de club waar ik ooit leiding aan gaf inderdaad alle problemen zal overwinnen die ze heeft meegemaakt en niet alleen zal overleven, maar ook nieuwe normen zal stellen in de 1%-wereld. Totdat dat gebeurt, zal ik, net als de rest van Canada, de vraag stellen: wat is er precies gebeurd in Shedden?

DE ASSIMILATIE

Epiloog

Ik ben al meer dan vier en een half jaar uit de Bandidos Motorcycle Club en heb nooit meer achterom gekeken. Toch heb ik op een vreemde manier een soort spirituele band met de club behouden; eentje waarvan ik geloof dat die nooit gebroken kan worden. Clubkwesties, of ze nu voorkomen in de Verenigde Staten, Europa, Australië of Canada, blijven mij nabij en dierbaar.

Ik ben verbaasd over hoeveel ik heb bereikt en hoe ver ik ben gekomen sinds ik de Bandidos heb verlaten. Ik weet dat ik op geen enkele manier het succesniveau had kunnen bereiken dat ik in de bouw- en vastgoedsector heb behaald als ik nog steeds lid was geweest van de Bandidos Motorcycle Club. Het is met grote eer dat ik dit succes opdraag aan de nagedachtenis van mijn overleden moeder Dolly. In de zomer van 1995, drie jaar voordat ze overleed, ging Dolly samen met mij de bouwmanagementwereld in. Het was een verstandige en tijdige zet en een bepalend moment in haar leven. Voor een dame van in de zeventig, die het grootste deel van haar volwassen leven juridisch blind was, was ze buitengewoon trots om met haar enige zoon in een zakenvennootschap te zitten. Naast dat ze haar volledig kon vertrouwen, wat haar tot een perfecte partner maakte, was ze voor mij een leidend licht.

In een periode van tien jaar veranderde het bedrijf dat Dolly en ik hadden opgericht, Blockhead City Construction, in zeven extra bedrijven, waaronder Blockhead City Motorcycles; Blockhead stadsmuziek; Vastgoed in Blockhead City; Blue Collar Financial Group uit Oklahoma; Blue Collar Financial Group uit Texas; Blockhead City-pers; en meest recentelijk Blockhead City Entertainment. Tegenwoordig ligt mijn grootste interesse in de entertainment- en uitgeverijsector. Naast het produceren van de pilot

DE ASSIMILATIE

voor een realityserie op televisie/dvd getiteld *Living On The Edge*, die zich richt op de levensstijl van motorrijders, zijn er samen met mijn co-auteur Wil De Clercq een aantal boekprojecten in de maak.

Tegenwoordig beschouw ik mezelf als een gepensioneerde motorrijder en een eenvoudige huisvader. Ik koester de tijd die ik kan doorbrengen met mijn dochter Taylor, die opgroeit tot een mooie en attente jonge vrouw. Ik waardeer de tijd die ik kan doorbrengen met mijn mooie vrouw Caroline, die het adagium "drie is een charme" absoluut waarmaakt.

Het grootste deel van mijn tijd besteed ik nog steeds aan het behartigen van mijn zakelijke belangen, inclusief veel reizen. Waar ik ook mee te maken krijg, reizen lijkt er deel van uit te maken. Het ligt in mijn aard om voortdurend in beweging te zijn, dingen te doen, nieuwe wegen te verkennen en een avontuurlijk leven te blijven leiden. Zodra we de leeftijd van vijftig bereiken, hebben we de neiging om veel meer na te denken over het leven, over wat er voorbij is en wat ons nog te wachten staat. Eerlijk gezegd ben ik nogal verbaasd dat ik nog leef. Ik heb altijd in het lot geloofd, dat we een doel hebben in een of ander groots plan, en ik vervul duidelijk mijn eigen lot door de dingen te doen die ik doe.

Ik ben buitengewoon trots op het feit dat ik door het leven ben gegaan zonder mijn integriteit of principes op te offeren, en dat ik altijd een "man van mijn woord" ben geweest. Er zijn een paar dingen waar ik spijt van heb dat ik ze heb gedaan, maar van niets heb ik spijt dat ik ze niet heb gedaan. Het merendeel van waar ik spijt van heb, heeft betrekking op de mensen die ik heb gekwetst, meestal als een direct gevolg van mijn gedrag, hetzij onbedoeld, hetzij met opzet. Ondanks de dingen die ik heb gedaan, slaap ik met een zuiver geweten, omdat ik gemoedsrust heb gevonden. Ik heb een niveau van volwassenheid bereikt dat mij in staat heeft gesteld de fouten uit mijn verleden aan te pakken en, waar mogelijk, verzoening te doen in het heden.

Ik ben aangenaam verrast dat ik het leven van een Bandido niet mis. Sterker nog, ik ben behoorlijk opgelucht dat ik niet langer dingen hoef te doen waar ik geen zin meer in heb, zoals ergens zijn waar ik niet wil zijn en vierentwintig uur per dag op de wenken van iemand staan. Ik besef dat ik gezegend ben met het leven dat ik heb geleid, en met het leven dat ik vandaag de dag nog steeds kan leiden. Ik weet dat ik het geluk heb dat ik de hele wereld over heb kunnen reizen en zoveel fascinerende mensen heb mogen ontmoeten.

Ik ben vereerd dat ik het voorrecht heb gehad de meeste mannen over wie ik in dit boek heb geschreven te kennen; Ik beschouw velen van hen als vrienden voor de rest van mijn leven. Velen zijn mijn mentoren geweest en hebben mij veel over het leven geleerd. Ik hoop alleen dat ik de helft van de impact op hen heb gehad die zij op mij hebben gehad.

***

Alain Brunette werd in juni 2007 vrijgelaten uit de gevangenis; hij is niet van plan om verder te gaan waar hij als 1%-motorrijder was gebleven en wil alleen het verleden achter zich laten. Alain is van plan op het platteland te gaan wonen, misschien op een boerderij, ergens in Ontario, met zijn vriendin Dawn, die tijdens zijn opsluiting trouw aan zijn zijde bleef. Ik communiceer regelmatig met Alain en we hopen elkaar ooit in de toekomst weer te zien. Aangezien geen van ons beiden elkaars land kan binnenkomen, zullen we op neutraal terrein moeten samenkomen, maar dat zal het gemakkelijker maken om terug te kijken naar waar we vandaan komen.

264

DE ASSIMILATIE

Gezien de tol die de motoroorlog van alle betrokkenen eiste, is het ironisch dat Salvatore en Giovanni Cazzetta, oprichters van de Rock Machine, in januari 2006 lid werden van de Montreal Hells Angels. Ook al hebben de Cazzetta's de Rock Machine opgericht – en dat zou je ook denken Neem aan dat ze hun banden met de club tijdens hun langdurige opsluiting intact hebben gehouden – ze ontkenden elke betrokkenheid bij de motoroorlog met de Hells Angels, juist omdat ze de hele tijd dat de oorlog woedde achter de tralies zaten. De gebroeders Cazzetta waren niet de enige voormalige Rock Machine/Bandidos-leden die de grens overschreden en de kleuren van de Hells Angels droegen. Anderen die hetzelfde deden, waren onder meer Fred Faucher, de man die in november 2000 over de wapenstilstand onderhandelde met Hells Angels Nomads-president Mom Boucher. Misschien klopt het oude gezegde "als je ze niet kunt verslaan, sluit je dan bij hen aan" voor sommige mensen aan.

Naast de ups en downs van het Canadese Bandidos, die mij voor altijd zullen bijblijven, heeft het falen van Bandidos Canada om te floreren mij hard getroffen. Tot op zekere hoogte beschouw ik het debacle dat Bandidos Canada overkwam als een persoonlijke mislukking, hoewel ik uiteindelijk weet dat ik geen controle had over wat er gebeurde en wat er vandaag de dag nog steeds gebeurt. Zelfs na Project Amigo en de decimering van de Quebec Bandidos geloofde ik dat de club zich zou herstellen. Begin 2001 had ik zulke hoge verwachtingen van Bandidos Canada en deed ik er alles aan om er een succesverhaal van te maken. Ik had nooit gedacht dat het enige verhaal dat voor mij uit dat koude, besneeuwde land zou komen, er een van teleurstelling zou zijn.

Ik vermoed dat de Bandidos Motorcycle Club in de Verenigde Staten in de nabije toekomst grote veranderingen zal ondergaan, aangezien het zeer waarschijnlijk is dat aanvullende federale aanklachten veel van haar leden zullen opsluiten. Ik heb me vaak afgevraagd wanneer George en het kaartenhuis dat hij had gebouwd, zouden instorten, en dat gebeurde uiteindelijk op 9 juni 2005. Samen met eenentwintig andere leden van de Bandidos Motorcycle Club in Washington, Montana en South Dakota, de tweeënvijftigjarige wereldleider van Bandido werd door de federale autoriteiten gearresteerd en beschuldigd van samenzwering om met getuigen te knoeien; samenzwering tegen verkeer in bepaalde motorvoertuigen en motorvoertuigonderdelen; samenzwering om afpersing te plegen; en handel in bepaalde motorvoertuigen. De operatie werd de grootste arrestatie van een motorbende in twintig jaar genoemd. Samen met de toenmalige El Presidente waren drie andere leden van de Amerikaanse nationale afdeling van Bandidos betrokken bij het twee jaar durende federale onderzoek.

Volgens de advocaat van George, Jeffrey Lustick, waren de aanklachten tegen zijn cliënt een geval van schuld door associatie. Lustick zei ook dat George zich niet kon herinneren dat hij op de plaatsen was geweest waar hij zou zijn geweest, of dat hij de verklaringen had afgelegd die hij zou hebben afgelegd. Ik moest hierom lachen omdat de Europese Bandidos mij in mei 2003 hadden verteld dat George aan de ziekte van Alzheimer leek te lijden. Ik vroeg me af of het hebben van de ziekte van Alzheimer zijn belangrijkste verdediging zou zijn als hij zijn dag in de rechtbank had. Op 6 oktober 2006 werd George veroordeeld tot twintig maanden gevangenisstraf; ze bekende schuldig te zijn aan één van zijn aanklachten: samenzwering om afpersing te plegen. Zoals uiteengezet in zijn pleidooiovereenkomst gaf George toe dat de Bandidos Motorcycle Club een door afpersing beïnvloede, corrupte organisatie was.

Veel meer leden zullen ongetwijfeld opstappen in plaats van het stigma te moeten verdragen van betrokkenheid bij wat wordt gezien als een criminele organisatie. Ik ben er zeker van dat de club op de een of andere manier zal overleven, maar ik durf te wedden dat op een dag binnenkort het gebruik en de verkoop van meth door haar leden verboden zal zijn en niet langer getolereerd zal worden.

Toen ik lid was, heb ik gedaan wat ik kon om verandering teweeg te brengen en de Bandidos te organiseren, maar ik was maar één man en één man kan in zijn eentje niet veel doen. Ik ben er wel in geslaagd de Bandidos naar de 21e eeuw te helpen, door ze gaandeweg te leren open communicatielijnen te ontwikkelen, zowel intern als extern. Ik liet de club als geheel kennismaken met het concept van het wereldwijde web en deed wat ik kon om ze zichzelf te laten zien als een legale, wereldwijde onderneming.

Ik hoop in ieder geval dat de juiste mensen hun weg zullen vinden naar de hiërarchie van de club en de veranderingen teweeg zullen brengen waardoor de Bandidos in juli 2066 hun 100-jarig jubileum zullen vieren. Donald Eugene Chambers zou trots zijn. Als ik in de buurt was, zou ik dat ook zijn.

DE ASSIMILATIE

Verklarende Woordenlijst

El Presidente: de nationale president van de Verenigde Staten en de internationale president van de Bandidos Motorcycle Club. De El Presidente is de baas van alle leden van de Bandidos wereldwijd. Zijn zakelijke equivalent zou de voorzitter van de raad van bestuur zijn. De El Presidente is de enige Bandido die een El Presidente-rocker op de achterkant van zijn clubkleuren draagt.

El Secretario: De secretaris die verantwoordelijk is voor alle andere Secretarios in een bepaald gebied of land voor de Bandidos Motorcycle Club. Het gebied of land waar El Secretario de leiding over heeft, wordt aangegeven door de country- of gebiedsrocker die hij op zijn zij onder zijn arm draagt of een klein lintje dat hij op zijn borst draagt. De El Secretario wijst alle secretarissen hun taken toe en is meestal de bewaarder van de clubkas. Zijn bedrijfsequivalent zou de CFO zijn.

El Vice Presidente: de nationale vice-president van de Bandidos Motorcycle Club in de Verenigde Staten. De El Vice Presidente is de onderbaas van alle Bandidos in de Verenigde Staten. Zijn zakelijke equivalent zou de CEO zijn.

Presidente: De Europese, Australische, Canadese en Aziatische president van de Bandidos Motorcycle Club. De Presidente is de baas voor alle leden van de Bandidos in dat specifieke land of gebied. Het gebied of land waar de president de leiding over heeft, wordt aangegeven door de land- of gebiedsrocker die hij op zijn zij onder zijn arm draagt of een klein lintje dat hij op zijn borst draagt. Zijn zakelijke equivalent zou de president zijn.

DE ASSIMILATIE

Vice-president: een vice-president van de Bandidos Motorcycle Club. Het gebied of land waar de vice-president de leiding over heeft, wordt aangegeven door de land- of gebiedsrocker die hij op zijn zij onder zijn arm draagt of een klein lintje dat hij op zijn borst draagt. Zijn zakelijke equivalent zou de vice-president zijn.

Secretario: Een secretaris of penningmeester van de Bandidos Motorcycle Club. Het gebied of land waar de Secretario de leiding over heeft, wordt aangegeven door de country- of area-rocker die hij op zijn zij onder zijn arm draagt of een klein lintje dat hij op zijn borst draagt. Zijn bedrijfsequivalent zou de secretaris of penningmeester zijn.

Sargento de Armas: een handhaver voor de Bandidos Motorcycle Club. Hij is verantwoordelijk voor het handhaven van de regels en beslissingen van de club, zowel intern als extern. Het gebied of land waar de Sargento de Armas de leiding over heeft, wordt aangegeven door de country- of area-rocker die hij op zijn zij onder zijn arm draagt of een klein lintje dat hij op zijn borst draagt. Er is geen bedrijfsequivalent voor deze persoon.

Hangaround: In het normale proces voor een individu om lid te worden, blijft hij een jaar of vele jaren rondhangen, daarna 'prospect' of 'probate' (proefperiode) en dan "full patch".

Proefperiode: Als een potentieel lid bij de Bandidos Motorcycle Club eerdere motorclubervaring heeft, komt dat potentiële lid in aanmerking om een "proeflid" te worden, dat minimaal een jaar zal duren. Terwijl hij op proef is, wordt hij omgeschoold in de gewoonten van de Bandidos

269

DE ASSIMILATIE

Motorcycle Club. Een proefpersoon draagt de Bandidos Fat Mexican middenpatch en de Bandidos top rocker, maar draagt een onderste rocker met de tekst "Probationary".

Prospect: Prospecteren is hetzelfde als proberen lid te worden van een vereniging terwijl de prospect geen ervaring heeft met de levensstijl van een motorclub. Hij ondergaat dus een intensieve leerperiode van minimaal zes maanden, voordat hij een volwaardig patchlid wordt. Terwijl hij aan het prospecteren is, draagt de prospect slechts één rocker bovenaan zijn rug met de tekst "Prospect".

Supportclub: Een supportclub is normaal gesproken een bestaande motorclub of een motorclub die speciaal is opgericht door een grotere, gevestigde motorclub. De ondersteuningsclub voorziet de grotere gevestigde motorclub van fundamentele morele en fysieke ondersteuning, en voorziet de grotere gevestigde motorclub van een selectiepool waaruit toekomstige leden kunnen worden getrokken. Dit lijkt erg op wat je zou aantreffen in het Amerikaanse honkbal, waar de grote competities hun nieuwe rekruten uit de kleinere competities halen. Leden van een supportclub hebben andere prioriteiten dan een traditionele 1%er-motorclub: hun gezin en baan komen op de eerste plaats. Een supportclub opereert op zichzelf, volgens haar eigen statuten, en is vrij om te opereren zoals zij dat nodig acht.

Poppenclub: Een poppenclub is, net als een supportclub, normaal gesproken een bestaande motorclub of een motorclub die speciaal is opgericht door een grotere, gevestigde motorclub. De poppenclub voorziet de grotere gevestigde motorclub ook van fundamentele morele en fysieke steun, en voorziet de grotere gevestigde motorclub van een selectiepool waaruit toekomstige leden kunnen worden getrokken. Nogmaals, dit lijkt erg op wat je zou aantreffen in het Amerikaanse honkbal, waar de grote competities hun nieuwe rekruten uit de kleinere competities krijgen. Leden van een poppenclub hebben dezelfde prioriteiten als een traditionele 1%er-motorclub: hun gezinnen en banen komen na de club. Een poppenclub opereert onder de directe controle van een grotere, gevestigde motorclub en is niet vrij om te opereren zoals zij dat nodig acht.

Hangaround Club: Een hangaroundclub is normaal gesproken een bestaande motorclub die zich wil aansluiten bij een grotere motorclub. De eerste fase van het proces is dat de kleinere club "rondhangt" met de grotere club; vandaar de naam "hangaround". De eigenlijke term zorgt ervoor dat iedereen, zowel van beide clubs als van de rest van de motorwereld, ervan op de hoogte is dat de kleinere club zich bij de grotere wil aansluiten, en dat de grotere de verandering overweegt. Meestal blijft een hangaround-club een jaar of langer bestaan, waarna de grotere club zal stemmen of de leden van de kleinere club het embleem van de grotere club waard zijn. Als dat zo is, dan is er een patch over, waarbij de patches van de oude club worden geruild voor de patches van de nieuwe club. In de Bandidos-wereld behouden de leden van de oude club meestal de oude patches, en soms worden ze verbrand.

Patch: De clubkleuren van elke motorclub. Een patch kan het hele vest zijn met de clubkleuren erop genaaid, of kan alleen verwijzen naar de daadwerkelijke clubkleuren.

DE ASSIMILATIE

Patchover: Wanneer de leden van een kleinere club hun patches wisselen en vervolgens de patches van een grotere club gaan dragen. Het feitelijk opgaan van een kleinere motorclub in een grotere motorclub.

Eigendomspatch: Een patch die wordt gedragen op de rug van een vrouw die verbonden is aan de motorclub en die aangeeft tot welk lid de vrouw behoort.

DE ASSIMILATIE

Bijlage A
Hangaround En Prospectinformatie

Het volgende document is door de jaren heen door verschillende 1%er outlaw motorclubs gebruikt als oriëntatiedocument om de hangaround of prospect te informeren over wat hen te wachten staat als ze ervoor kiezen om lid te worden van een traditionele 1%er outlaw motorclub die een driedelige patch: een driedelige patch bestaat uit een bovenste rocker, een onderste rocker en een middenstuk op de achterkant.

INVOERING

Deze informatie is samengesteld om u een beter begrip te geven van de nieuwe wereld die u betreedt en een beter begrip van wat er van u wordt verwacht in uw nieuwe rol. Als u eenmaal de omvang van de taak die u uitvoert begrijpt, moet u uw gevoelens onderzoeken en uw motieven in twijfel trekken om lid te willen worden van een motorbroederschap. Er zijn veel manegeclubs die slechts incidentele deelname van hun leden vereisen. Anderen vereisen een totale toewijding aan de MC-levensstijl. Jouw interesse zal je leiden naar een organisatie waar jij in past.

Zorg ervoor dat u zowel bereid als in staat bent om u in te zetten voor het vereiste niveau. Zorg ervoor dat uw familie de eisen begrijpt die de club van uw tijd zal stellen, en dat deze eisen in nog grotere mate zullen blijven gelden zodra u patchhouder wordt. Als u na het lezen van dit pakket enige twijfel heeft over het voldoen aan een van de vereisten, kunt u er op dit moment beter niet over nadenken om verder te gaan. In plaats daarvan kunt u beter uw huidige betrokkenheid bij de club voortzetten totdat u het gevoel heeft dat u er klaar voor bent en vertrouwen heeft in uw succes, of u kunt

DE ASSIMILATIE

een andere organisatie zoeken die beter bij uw behoeften past. Een dergelijke beslissing zou worden gerespecteerd en zou in uw voordeel zijn.

CLUB

De bedoeling van deze sectie is om u een overzicht te geven van de structuur en filosofie van de traditionele motorclub (MC). Dit geeft niet noodzakelijkerwijs de gevoelens of prioriteiten van een bepaalde club weer, aangezien alle motorclubs op sommige punten van mening verschillen. Ongeacht de basisfilosofie van uw club, is het belangrijk dat u de perspectieven begrijpt van andere clubs waarmee u van tijd tot tijd associeert. Als jouw levensstijl wordt beïnvloed door motorfietsen, dan maak je deel uit van de motorgemeenschap. Van alle soorten organisaties die binnen die gemeenschap voorkomen, onderscheidt de traditionele motorclub zich en staat qua status op de eerste plaats.

RESPECT

Een serieuze club dwingt respect af om één of beide redenen. Degenen die correct geïnformeerd zijn, erkennen het diepe niveau van persoonlijke toewijding en zelfdiscipline dat een man moet tonen en volhouden om een lapje te kunnen dragen. Ze begrijpen dat het verwant is aan een religie of roeping voor die man. Ze beseffen dat de kleuren van een club streng bewaakt worden en dat het lidmaatschapsproces lang en moeilijk is. Ondanks andere factoren respecteren ze patchhouders voor wat ze hebben bereikt door de patch die ze dragen te kunnen verdienen en behouden. Dit is respect dat voortkomt uit de erkenning van toewijding en prestatie.

Degenen die minder geïnformeerd zijn, zien alleen de oppervlakte. Ze zien de waakzaamheid van wederzijdse steun. Ze zien het potentiële gevaar van het oproepen van een reactie van een goed georganiseerde eenheid die in aantallen rondreist en altijd voorbereid is op de confrontatie. Ze weten dat niemand één clublid kan provoceren zonder verantwoording af te leggen aan de hele club, en dat een dergelijk antwoord een erezaak is die tot de laatste man moet komen. Het soort respect dat dit oplevert, is geboren uit angst. Wij streven naar respect voor reden #1, niet voor reden #2! Dit geldt vooral omdat het betrekking heeft op personen buiten de motorgemeenschap. Dit segment van de samenleving is veruit het grootste en vertegenwoordigt daarom een grotere markt voor eventuele fondsenwervende activiteiten die de club zou kunnen ondernemen.

Het spreekt voor zich dat het opbouwen van een relatie met deze mensen belangrijk is, en dat het voor de club niet voordelig zou zijn om door hen gezien te worden als uitschot van motorrijders. Daarom zullen wij ons in alle opzichten als oprechte burgers gedragen – goede buren om het zo maar te zeggen. Het doel is om door het grote publiek bewonderd en gerespecteerd te worden in plaats van gevreesd. De serieuze club en al haar leden en prospects zullen zich in het openbaar altijd op een zeer professionele manier gedragen. Ze zullen niet hun uiterste best doen om problemen te veroorzaken of zichzelf te presenteren als een intimiderende kracht zonder doel of provocatie.

CLUBKLEUREN

Het grote publiek maakt geen onderscheid tussen verschillende clubkleuren. In veel gevallen kunnen ze het verschil gewoon niet zien; voor hen zijn we allemaal motorrijders. Als één club een probleem veroorzaakt dat de publieke sector raakt, wordt de identiteit van de overtredende club verward of genegeerd en komt de hitte op alle clubs neer. De clubs hebben de neiging om zelf politie in te zetten om dergelijke incidenten te voorkomen.

DE ASSIMILATIE

OFFICIERS

Binnen een club worden officieren gewoonlijk gekozen in de functies van president, vice-president, secretaris, penningmeester en sergeant-at-arms. Andere, minder traditionele posten zijn wegkapitein en handhaver.

PROCES

In de meeste gevallen bleef de patchhouder ongeveer een jaar hangen bij de club. Daarvoor was hij al lang een bekende en zijn houding en algemene gedrag waren algemeen bekend. Vervolgens zocht hij een tot twee jaar naar de club voordat hij zijn patch kreeg. Van alle dingen in het leven van deze man komen zijn loyaliteit en toewijding aan het welzijn van de club boven alles. Er bestaat nooit enige twijfel over wat eerst komt. Hoewel de meeste dingen in het leven hem in de steek kunnen laten, weet hij dat zijn club en zijn broers er altijd zullen zijn, omdat hij er zelf altijd voor wil zorgen. Om er zeker van te zijn dat dit ideaal en deze houding ook bij nieuwe leden blijven gelden, neemt hij deel aan het lesgeven, conditioneren en zelfs testen van de vooruitzichten van de club.

De term prospect komt van de uitdrukking aspirant-lid. Voordat hij een andere man zijn kleuren laat dragen, weet hij zeker dat de prospect net zo toegewijd is als hij! Een patchhouder heeft de houding dat er maar twee soorten mensen zijn: degenen die broers zijn en degenen die dat niet zijn. Om deze reden zal hij geen enkele clubaangelegenheid bespreken, of het nu gaat om lidmaatschapsnummers, het reilen en zeilen van de club of de persoonlijke informatie van een lid, met iemand buiten de club. Hij zal zijn stem zacht houden als hij clubzaken bespreekt en hij zal op de hoogte zijn van iedereen die binnen luisterafstand komt. Hij begrijpt dat hij 24 uur per dag patchhouder is, ongeacht of hij zijn kleuren draagt of niet. Alles wat hij in het openbaar zegt of doet, kan gevolgen hebben voor de club of de broers.

DE ASSIMILATIE

Hij begrijpt ook dat als hij te ver gaat, hij door zijn broers moet worden begeleid, voor zijn eigen bestwil en voor dat van de club.

Het dragen van een patch is meer dan samenkomen voor leuke tijden. Het betekent ook dat je ook de andere keren samenkomt. Het is een hoop werk. Het is jezelf verplichten tot een levensstijl waarin je niet zoekt naar hoe je broers je kunnen helpen, maar naar manieren waarop jij je broers kunt helpen. Je probeert altijd te geven in plaats van te ontvangen. Dit alles lijkt misschien erg idealistisch, en in sommige gevallen is dat ook precies zo. Maar het is een ideaal dat alle clubs belijden en waar ze in principe en in de praktijk altijd naar streven. U moet zich bewust zijn van de gouden gedragsregel als u in clubkringen reist: als u respect geeft, krijgt u respect; als je je als een klootzak gedraagt, word je ook zo behandeld.

DEELNAME

Het is belangrijk dat u begrijpt dat het de patchhouders zijn die de club besturen, en niet de officieren. Dit lijkt voor sommigen misschien een betwistbaar punt, maar er kan niet genoeg nadruk op worden gelegd. Dit wil niet zeggen dat de agenten geen respect verdienen van de andere patchhouders. Deze leden hebben leiderschapskwaliteiten getoond en zijn waarschijnlijk al geruime tijd bij de club. Zij zijn in functie om de wensen van de leden tijdig en efficiënt uit te voeren, aangezien het niet altijd mogelijk is de leden bij elkaar te krijgen om beslissingen te nemen of actie te ondernemen.

Er worden functionarissen gekozen om op te treden als woordvoerders van de club en verschillende verantwoordelijke taken uit te voeren, maar zij besturen de club niet. Wanneer ze spreken of handelen over clubaangelegenheden, is dat op een manier waarvan ze denken dat de leden van de club het erover eens zouden zijn als er snel zou worden gestemd. Als een functionaris de gevoelens van de leden over verschillende zaken niet begrijpt, heeft hij geen contact meer met zijn broeders en moet hij aftreden. Dit is een cruciaal punt, omdat de sterkste en meest representatieve bestuursvorm er een is waarbij de macht van onderaf komt. Als de zaken andersom zouden zijn en de leiders of officieren voortdurend de commandostructuur zouden dicteren, zou er uiteindelijk een gevoel van apathie en niet-betrokkenheid ontstaan.

Als dit zou gebeuren, zou de individuele patchhouder geen intuïtief gevoel hebben voor de richting van zijn club en zou hij aarzelen als hij vindt dat hij in het beste belang van de club moet handelen. Als je weinig of geen zeggenschap hebt over wat er aan de hand is, vernietig je de motivatie van een man om betrokken te raken of zijn eigen mening te uiten. Het zou ook zijn eenheidsgevoel met zijn clubbroeders wegnemen. Zonder een dergelijke eenheid kan er geen broederschap bestaan. Bedenk dat de kracht van een broederschap berust bij de leden aan de onderkant van de commandostructuur en dat deze worden doorgegeven. Dit is de reden waarom agressieve deelname zo'n gewaardeerde kwaliteit is die van de patchhouder wordt verwacht en waarnaar in de prospect wordt gezocht.

NIVEAUS VAN ENGAGEMENT

Wanneer een man zijn patch verdient, betekent dit niet dat hij het uiteindelijke doel heeft bereikt en vanaf dat punt kan hij achterover leunen en uitwijken. Van hangaround naar prospect naar patchhouder gaan is niet klimmen van onder naar boven, maar eerder het beklimmen van een voortdurend stijgende helling, en na verloop van tijd een sterkere en meer toegewijde broer worden. De zoekende rocker van een man en later zijn patch worden louter gepresenteerd als erkenning van wat hij onderweg heeft gedemonstreerd. Op deze manier geldt dat hoe senior de patchhouder in de club is en hoe meer hij meemaakt, des te meer een broer hij voor iedereen zou moeten zijn.

DOEL VAN PROSPECTEREN

Prospecteren is geen initiatie zoals je dat in een dispuut aantreft. Het is in plaats daarvan een periode van training die wordt volgehouden totdat de prospect zich in alle opzichten als patchhouder gedraagt. Het is een tijd waarin de houding van de man zo wordt geconditioneerd dat hij een gevoel van verantwoordelijkheid en respect aan de dag legt tegenover de patchhouders van de club, zonder welke hij geen gevoel van broederschap zal ontwikkelen. Hij is opgeleid in het basis MC-protocol en de etiquette.

Hij krijgt de tijd om de gewoonten te ontwikkelen die fundamenteel zijn voor goede veiligheid en goede communicatie: om de man de gewoonte aan te leren om deel te nemen, om zijn gezin de tijd te geven zich aan te passen aan de eisen van de club, om een essentiële mate van veiligheid te ervaren en te leren. nederigheid, en eraan gewend raken om, soms blindelings, te vertrouwen op het oordeel van de patchhouders die ooit zijn broers zullen zijn. Om de man te doorbreken van gewoonten die egocentrisch en egoïstisch zijn. De lijst kan nog verder worden uitgebreid, maar het punt hier is om aan te tonen dat prospectie duidelijke doelstellingen heeft en dat een prospect nergens heen zal gaan binnen de club als hij zich hiervan niet bewust is en zich niet op die doeleinden toelegt. Het is niet in alle gevallen mogelijk om een checklist te maken van wat er van een prospect wordt verwacht. Er bestaat geen succesformule, maar de sleutel is HOUDING. Al het andere kan in de tijd worden geleerd, maar de houding van een man komt uit het hart.

Het testen van een prospect kan op vele manieren gebeuren. Het kan gepland of spontaan zijn. Hoe dan ook, als een prospect een taak krijgt, zal de

DE ASSIMILATIE

patchhouder kijken naar de houding van de man en de geest waarin hij de taak uitvoert. De prospect moet alert en altijd aandachtig zijn bij het zoeken naar meer te doen. Als hij ooit twijfelt aan zijn prioriteiten of als hij niets kan vinden om te doen, moet hij het vragen.

De patchhouders weten welke prospects druk zijn, en dat zijn de prospects waarover met de grootste trots en respect wordt gesproken. Het is ook de manier waarop vertrouwen en vertrouwen worden ontwikkeld. Dit zijn de zaden van broederschap. Houd er rekening mee dat u voor de hele club zoekt en niet slechts voor één individu of individueel hoofdstuk. De patchhouders van het ene hoofdstuk worden altijd verantwoordelijk gehouden voor de daden van een patchhouder van een ander hoofdstuk. Het is daarom niet meer dan terecht dat de patchhouders van alle hoofdstukken een handje helpen bij het ontwikkelen van de vooruitzichten op weg om een volledige patchhouder te worden.

SOMMIGE DO'S EN DON'TS

Probeer u als prospect te allen tijde te gedragen als een verantwoordelijke patchhouder. Toon altijd een positieve houding. Neem zoveel deel als u denkt dat acceptabel is; doe dan meer mee. Als u een patchhouder van uw club ziet die u nog niet hebt ontmoet, neem dan het initiatief om uzelf voor te stellen. Stel uzelf altijd voor als "prospect (uw naam)". Maak er bij alle bijeenkomsten een punt van om te circuleren wanneer u daar de tijd voor heeft en begroet elke patchhouder die daar aanwezig is. Anticipeer op de behoeften van de broeders en bied aan daarin te voorzien. Wacht niet tot u wordt verteld wat u moet doen en wees niet al te vriendelijk tegen iemand die geen vaste bekende van de club is.

Als iemand van buiten de club vragen heeft, verwijs hem dan door naar een patchhouder. Geef nooit de naam, het telefoonnummer, het adres of andere persoonlijke informatie van een patchhouder aan iemand buiten de club. Geef nooit informatie over de club zelf aan buitenstaanders. Dit omvat, maar is niet beperkt tot, waar de club is gevestigd, hoeveel leden er in de club zijn, enz. Wees altijd op veiligheid gericht, kijk rond en kijk wat er om je heen gebeurt op openbare plaatsen en meld alles dat verdacht lijkt. Wanneer u zich op openbare plaatsen begeeft, gedraag u dan altijd met uw verbondenheid met de club in gedachten. Onthoud dat wat je doet mensen zich zullen herinneren, goed of slecht.

Laat een patchhouder nooit alleen weglopen in een onbeveiligde ruimte. Als hij naar zijn auto of fiets gaat, of zelfs maar naar buiten gaat om wat frisse lucht te halen, ga dan met hem mee. Let te allen tijde op zijn rug. Als u op een open bijeenkomst een negatieve houding opmerkt, vooral als u van een andere club komt, waarschuw dan stilletjes onmiddellijk een patchhouder. Houd uw oren en ogen open en geef alle informatie die u oppikt door aan een patchhouder, vooral informatie over een andere club. Bedenk dat u 24 uur per dag een prospect bent. Je associatie gaat niet aan en uit met je kleuren.

Onthoud dat u de prospect van elke patchhouder bent, en niet alleen die van uw sponsor of alleen die van uw chapter. Draag uw kleuren nooit buiten uw regio zonder toestemming van uw sponsor en nooit buiten uw regio, tenzij u een patchhouder bij zich heeft. Als twee of meer patchhouders een privégesprek voeren, benader ze dan niet binnen gehoorsafstand, vooral niet als ze met een patchhouder van een andere club praten. Als je moet onderbreken, zorg dan dat je zichtbaar bent en wacht tot je wordt erkend. Als het belangrijk is dat u onderbreekt, vraag dan een andere patchhouder om voor u in te breken.

Gebruik nooit de term outlaw club wanneer u met een lid van een andere club spreekt. Lieg nooit tegen een lid van een andere club. Als u zich in een situatie bevindt waarin u wordt gevraagd naar de club of het lidmaatschap ervan, is het acceptabel om te zeggen: *"Dat lijkt een clubzaak en ik kan er echt niet over praten."* Als dit de proefpersoon niet tot rust brengt, bied dan aan om hem in contact te brengen met een patchhouder waarmee hij kan praten. Toon altijd respect tegenover een patchhouder van een andere club. Ook al zit hij bij een andere club, hij heeft zijn plek verdiend, jij niet.

Draag altijd een pen en papier, een horloge en een kalender. Vraag de patchhouders regelmatig hoe het met u gaat en of u iets anders zou moeten doen. Vraag nooit wanneer u uw pleister krijgt. Noem een patchhouder nooit een broer; hij is niet jouw broer. Bel nooit een patchhouder van een andere clubbroeder; hij is ook niet jouw broer. Onthoud: uw patch is verdiend en niet aan u gegeven.

Breng nooit een persoonlijke vriend of een vreemde in de aanwezigheid van patchhouders zonder eerst toestemming te vragen. Bij een open functie mag u nooit uw rug toekennen aan een patchhouder van een andere club. Dit is niet zozeer uit veiligheidsoverwegingen, maar uit een blijk van respect. Toon altijd respect en beleefdheid tegenover patchhouders van andere clubs. Kom niet over alsof je beste vrienden wilt zijn. Wees professioneel in zulke ontmoetingen; houd het kort en ga dan verder. Houd afstand van vrouwen die zich met andere clubs associëren.

Loop nooit snel naar een patchhouder van een andere club in een openbare omgeving, ook al ken je hem goed en zijn de clubs bevriend. Als je hem wilt begroeten, loop dan langzaam naar boven en wacht tot hij aangeeft dat hij zo'n openbare vertoning wil laten plaatsvinden. Misschien houdt hij zich bezig met clubzaken en wil hij het grote publiek misschien niet de indruk geven dat de clubs op zulke vriendschappelijke voet staan. Als het lijkt alsof hij je gaat negeren, accepteer dat dan en houd afstand. De beste aanpak is altijd om te wachten tot ze naar je toe komen, en dat aan alle anderen te laten zien.

Ontdek wat verschillende delen van onze patch vertegenwoordigen en wat de verschillende kleurencombinaties van jou en andere clubs vertegenwoordigen. Zoals je ziet is er veel om over na te denken. Deze beslissing is waarschijnlijk een van de grootste die u ooit zult nemen. Wees er absoluut zeker van dat dit iets voor jou is, en GA ER VOOR!

DE ASSIMILATIE

Bijlage B
Statuten Van De Bandidos Motorcycle Club
Juni 2002

1: Vereisten voor een hoofdstuk:

Minimaal vijf (5) leden – Eén (1) "Charter Member".

Charterlid = 10 jaar.

Bewaar foto's en informatie van alle leden.

Houd wekelijkse bijeenkomsten.

$ 25,00 per maand per lid aan de nationale schatkist vóór de 1e van elke maand.

Proefperiodehoofdstukken (nieuw) zullen een eenmalige donatie van $ 1.000,00 aan de nationale schatkist betalen.

De fietsen en titels van de chapterleden op proef worden voor het eerste jaar aan de nationale chapter verpand.

2: Patches:

Er mogen alleen een top- en bottom-rocker, Fat Mexican, 1% diamant en MC-patch op de achterkant van je cut-off staan. Het moet zichtbaar zijn vanaf 50 meter.

Over het hart wordt een diamant van 1% gedragen.

Al het andere is aan het individu.

Jaarpatches en gespen mogen niet eerder worden gegeven.

National kan van persoon tot persoon een "Lifer"-patch of lidmaatschap toekennen.

Eén eigendomspatch per lid. Als ze op haar eigen fiets rijdt, mag deze NIET worden gedragen tijdens het rijden met of rond patchhouders of prospects. Het mag niet in het openbaar worden gedragen zonder dat haar oude man in het zicht is. Er is geen limiet op eigendomsgordels.

3: Do's:

Labor Day en Memorial Day zijn VERPLICHTE RUNS.

Een chapter mag één (1) lid achterlaten tijdens een verplichte run. Een lid met ziekteverlof of een Life Member is dat lid. Dit is om veiligheidsredenen; die persoon moet zoveel mogelijk toegang hebben tot een telefoon.

Als u op reis bent, moet u de bijeenkomsten van uw gasthoofdstuk bijwonen.

U moet zich houden aan de statuten en het beleid van die hoofdstukken.

4: Niet doen:

Dingen die u uw patch kosten:

Je liegt niet.

Je steelt niet.

Dit geldt ook voor oude dames.

Het gebruik van naalden wordt niet getolereerd.

Het roken van chemicaliën – cola, speed of Mandrax – zal ook niet gebeuren. Als het niet is gegroeid, rook het dan niet!

5: Motorfietsen:

Elk lid bezit ten minste één (1) Harley-Davidson of facsimile van minimaal 750cc.

Niet meer dan 30 dagen per jaar downtime.

Na 30 dagen betaalt het chapter van dat lid nationaal $ 500,00.

Heb je een goede reden? Vraag om meer tijd.

DE ASSIMILATIE

Wegkapiteins moeten alle fietsen regelmatig inspecteren.

Als u een ander gebied, chapter, staat of land bezoekt en eigendommen van een andere broeder leent (fiets, gereedschap, geld, enz.), bent u verantwoordelijk voor de teruggave van die eigendommen. Het wordt teruggegeven in een even goede of betere staat dan toen u het leende.

6: Lidmaatschap:

Hangaround-periode te bepalen door Chapter-president.

Harley-Davidson motorfiets of fax die aan de eisen van de beloftetermijn kan voldoen.

Leden moeten minimaal 21 jaar oud zijn.

De sponsor kan een individu zijn (bij voorkeur charterlid) of kan door een heel chapter worden gesponsord.

Sponsor – geef uw belofte niet af zonder hulp. Als je genoeg aan hem denkt om hem in deze club te sponsoren, is het aan jou om hem de juiste weg te leren, de BANDIDO MANIER. Als je niet bereid bent je tijd op te offeren en je kennis te delen, doe het dan niet. De simpele dingen: wie is de leukste MFer ter wereld? Of draag uw patch niet in een voertuig.

Triviale dingen waardoor een potentiële BROER ervandoor gaat.

Betaal $ 275,00 aan de nationale schatkist.

Beloftefiets en titel.

Zorg ervoor dat u per hoofdstuk als belofte wordt gestemd (100% stem).

Ontvang uw patch of rocker.

DOE JE TIJD.

Vooruitzicht: MINIMUM 6 maanden.

Proeftijd: MINIMUM 1 jaar.

Deze man heeft een belofte gedaan aan de hele BANDIDO NATIE, niet slechts aan één hoofdstuk of gebied, stad of staat. Hij zal elke vergadering,

DE ASSIMILATIE

feest, fietsevenement of bijeenkomst van welke aard dan ook in zijn omgeving bijwonen waar Bandido-patchhouders aanwezig zullen zijn.

Hij zal geen nationale of regionale runs missen, vooral geen begrafenissen. Deze club gaat over opoffering. Wen er aan! Zijn motorfiets moet gedurende de hele belofteperiode in werkende staat zijn, klaar om overal naartoe te gaan. Met andere woorden: GEEN DOWNTIME.

De belofte komt niet in aanmerking voor stemming als er openstaande schulden zijn, chapter, nationaal of privé (binnen club). Hij zou bij deze club moeten beginnen op een gelijk speelveld.

Nadat de verplichte periode is verstreken en de sponsor vindt dat de toezegging gereed is, moet er een vergadering worden belegd. Alle omliggende chaptersecretarissen moeten ook vooraf op de hoogte worden gesteld.

De belofte moet worden goedgekeurd via een stemming van 100% in het hoofdstuk. Clubleden buiten het chapter moeten de kans krijgen om hun mening te uiten. De sponsor van de belofte moet zijn beslissing op deze dingen baseren, want hij is degene die deze beslissing zal moeten laten varen als er iets fout gaat. Het is een levenslange verbintenis, HAAST HET NIET.

Charterlid is 10 jaar ononderbroken dienst.

Nationaal mag verlof verlenen – dit gebeurt niet automatisch.

Leden van twee (2) jaar komen alleen in aanmerking voor overplaatsing als beide betrokken presidenten ermee hebben ingestemd en er een vergoeding van $ 50,00 aan de nationale schatkist wordt betaald.

Elke broeder die zelfmoord pleegt, mag GEEN BANDIDO-begrafenis hebben.

Andere nationale vergoedingen:

Nieuwe patchkosten $ 275,00

DE ASSIMILATIE

Overboeking	$ 50,00
Nieuw charter	$ 1.000,00
30 dagen downtimeregel	$ 500,00

DE ASSIMILATIE

Bijlage C

Projecten & Opdrachten Voor El Secretarios

Maart 2001

01. Geld

02. Commissarisprogramma en gevangenenzaken

03. Amerikaanse website

04. Amerikaanse website – kerkhof

05. Amerikaanse website – geschiedenis van de club

06. T-shirts

07. Alle overige merchandise (behalve t-shirts)

08. Levensverzekeringen

09. Ondersteuningsclubs – ledenlijst & e-maillijst & telefoonlijst & clublijst/steden

10. Patches en stickers

11. Nieuwsbrief

12. Reisarrangementen voor de nationale afdeling

13. Wereld e-maillijst

14. Secretarislijst van de VS

15. Telefoonlijst VS

16. Tijd in club – leden en chapters – daadwerkelijke datum van toetreding tot de club

17. Juridische kwesties en toezicht op alle strafzaken

18. Public relations-kwesties

19. Clubtattoos – uniforme regels en voorschriften wereldwijd

20. Overhemden - uniforme regels en voorschriften wereldwijd

21. PBOL-richtlijnen – merchandise en patch

22. Lijst van overleden broers – elk hoofdstuk – graflocaties daarvoor

23. Bedrijf – oprichting en beheer van handelsmerken

24. Begrafenisrichtlijnen – één man uit elk hoofdstuk (hoe je hem daar ook kunt krijgen) voor elke begrafenis; twee jongens uit elk hoofdstuk binnen een straal van 800 kilometer op de fiets; elk hoofdstuk stuurt bloemen of geld voor elke begrafenis.

DE ASSIMILATIE

Bijlage D
Nationale Chapter Opdrachten Van CT Ed
Maart 2003

01. Bewaarder van de VS-telefoonlijst & VS-e-maillijst & VS 15-jarige ledenlijst & VS-ondersteuningsclubhoofdstuk/ledenlijst

02. Houd het handelsmerk Fat Mexican in de gaten

03. Monitor de meeste interne federale strafzaken voor Bandidos-leden en enkele staatsstrafzaken

04. Bied af en toe interne reisarrangementen wereldwijd aan

05. Af en toe nationale PR-diensten aanbieden

06. Geef suggesties voor vormen van communicatie tussen de nationale afdeling en de leden van de nationale afdeling

07. Geef suggesties voor vormen van communicatie tussen de nationale afdeling en alle Amerikaanse afdelingen

08. Geef suggesties voor ontwerpwijzigingen op de Amerikaanse website

09. Geef suggesties voor het juridisch structureren van de financiële zaken van de club

10. Zorg voor noodback-up voor het publiceren van de Amerikaanse nieuwsbrief

Bijlage E

Bandidos Actieve Hoofdstukken

Augustus 2007

BELGIË

Antwerp
Tongeren

DENEMARKEN

Aalborg
Copenhagen
FrederiksvÆrk
Gladsaxe
HelsingØr
HillerØd
Holbeck
Horsens
KØge
NÆstved
Roskilde
StenlØse

ENGELAND

ITALIË

Catania
Florence
Meran
Messina
Pisa

MALEISIË

Kuala Lumpur

NOORWEGEN

Drammen
Frederikstad
Kristiansand
Oslo
Stavanger

Jefferson County, TX
Kerrville, TX
Lafayette, LA
Lake Charles, LA
Laredo, TX
Las Cruces, NM
Las Vegas, NV
Lawton, OK
Little Rock, AR
Longview, TX
Lubbock, TX
McAllen, TX
Missoula, MO
Mobile, AL
Montgomery, AL
Mount Hull, WA
New Orleans, LA
Oahu, HI
Oklahoma City, OK
Panhandle, TX
Panhandle North, TX
Plainview, TX
Pueblo, CO

DE ASSIMILATIE

SINGAPORE

Guernsey

Jersey   Singapore

FINLAND **ZWEDEN**

Harjavalta Boras

Helsinki Falun

Hyvinkaa Gothenborg

Lohja Halmstad

Nokia Helsingborg

Tampere Seffle

  Stockholm

FRANKRIJK

  THAILAND

Annecy

Annemasse Bankok

Avignon Bankok Eastend

Cannes Pattaya

Grasse Samui

Marseilles

Nice

Strasbourg **VS**

  Albuquerque, NM

DUITSLAND Albuquerque N, NM

Rapid City, SD

Roswell, NM

Ruidoso, NM

Rupert, UT

San Antonio, TX

San Antonio Centro

San Antonio W, TX

San Antonio NW, TX

San Antonio SW, TX

San Leon, TX

Santa Fe, NM

Seattle, WA

Seattle S, WA

Seattle N, WA

Shreveport, LA

Skagit County, WA

Tacoma, WA

Toele, UT

Tres Rios, WA

Tri-Cities, WA

Truth/Consequence

Tulsa, OK

Tulsa N, OK

Waco, TX

Watertown, SD

Whatcom County, WA

Yakima, WA

DE ASSIMILATIE

	Albuquerque S, NM	
Aachen	Albuquerque W, NM	**CANADA**
Allersberg	Alamogordo, NM	
Berlin	Amarillo, TX	Calgary, Alberta
Berlin Centro	Austin, TX	Toronto E, Ontario
Berlin Eastgate	Baton Rouge, LA	Toronto N, Ontario
Bochum	Baytown, TX	Toronto S, Ontario
Bremen	Beaumont, TX	Toronto W, Ontario
Cologne	Bellingham, WA	Winnipeg, Manitoba
Cottbus	Birmingham, AL	
Dinslaken	Billings, MT	
Dortmund	Biloxi, MI	**AUSTRALIË**
Duisburg	Black Hills, SD	
Essen	Boot Hill, NE	Adelaide
Gelsenkirchen	Bremerton, WA	Ballarat
Hamm	Carlsbad, NM	Brisbane City
Ingolstadt	Centro, NM	Cairns
Kaiserslautern	Chelan County, WA	Downtown
Kassel	Cloverleaf, TX	Geelong
Lauchhammer	Corpus Christi, TX	Gold Coast
Madeburg	Dallas, TX	Hunter Valley
Mannheim	Delco, ID	Ipswich City
Munich	Denver, CO	Melbourne
Munich Northside	Denver Central, CO	Mid North Coast
Münster	Denver S, CO	Mid-State
Neubrandenburg	Dothan, AL	Noosa
Oldenburg	East River, SD	North-Vic
Osnabrück	Eastside El Paso, TX	Northside

DE ASSIMILATIE

Passau

Perleberg

Recklinghausen

Rheinbollen

Siegen

Starnberg

Stralsund

Ulm

Unna

Wanne Eickel

Wetzlar

Elko, NV

El Paso, TX

Everett, WA

Fort Worth, TX

Gallup, NM

Galveston, TX

Grand Junction, CO

Hill Country, TX

Houston, TX

Houston N, TX

Houston NW, TX

Houston SW, TX

Houston W, TX

Huntsville, AL

Jackson, MS

Sunshine Coast

Sydney

Toowoomba

ZUID-AMERIKA

Costa Rica

DE ASSIMILATIE

Bijlage F
Bandidos Steunclubs Hoofdstukken
Augustus 2003

Vereinsname/Staat	Stadt	Mitglieder
ALABAMA		
Pistoleros	Auburn	5
Pistoleros	Birmingham	6
CMA	Birmingham	2
Soldiers of the Cross	Birmingham	3
Wayward Wind	Birmingham	5
Pistoleros	Dothan	2
Pistoleros	Huntsville	
Pistoleros	Jasper	5
Iron Hawgs	Jasper	5
Pistoleros	Mobile	4
Soldiers of the Cross	Mobile	12
CMA	Mobile	2
Alabama Riders	Montgomery	5
Pistoleros	Montgomery	5
ARKANSAS		
Ozark Riders	Eureka Springs	7
Ozark Riders	Rogers	6
COLORADO		
Peligrosos	Denver	16
No Names	Grand Junction	5
Los Bravos	Denver	11

John's Guys	Pueblo	12

LOUISIANA

West Bank	Baton Rouge West	5
Louisiana Riders	Baton Rouge	6
Louisiana Riders	Bogalusa	4
West Bank	Point Coupee	7
Hole in the Wall	Lafayette	5
Road Shakers	Acadiana	7
Rat Pack	Lake Charles	12
Grey Ghosts	Minden	3
Grey Ghosts	Natchitoches	4
Louisiana Riders	New Orleans	6
Grey Ghosts	Shreveport	14

MISSISSIPPI

Asgards	Biloxi	6
Asgards	Gulfport	6
Pistoleros	Hattiesburg	5
CMA	Jackson	10
Pistoleros	Jackson	2
Asgards	Kiln	6
Asgards	Pascagoula	6
Mississippi Riders	Tupelo	5

MISSOURI

Hermanos	Jamesland	11

MONTANA

Hermanos	Kallispell	5
Hermanos	Missoula	4
Amigos	Ronan	1

DE ASSIMILATIE

<u>NEW MEXICO</u>

Native Thunder	Acoma	3
German MC	Alamogordo	9
Black Berets	Albuquerque	9
Native Thunder	Albuquerque	4
Bandoleros	Albuquerque	4
Pacoteros	Artesia	4
Native Thunder	Dine Nation	2
US Vets	Hobbs	10
Regulaters	Roswell	7
Bandoleros	Santa Fe	6
Bandoleros	Truth/Consequences	3
US Vets	Tucumcari	7
Native Thunder	Zuni	3

<u>OKLAHOMA</u>

OK Riders	Tulsa	9
OK Riders	Shawnee	8
OK Riders	Comanche	9
CMA	OKC	2

<u>SOUTH DAKOTA</u>

Hermanos	Sioux River	5
Ghost Dance	Pine Ridge	6

<u>TEXAS</u>

Iron Riders	Amarillo	28
Companeros	Austin	10
Iron Riders	Borger	29
Southern Pride	Beaumont	3
Border Brothers	Brownsville	20

DE ASSIMILATIE

Rebeldes	Corpus Christi	10
Macheteros	El Paso	4
Del Fuego	El Paso	5
Coyoteros	El Paso	6
Amigos	Estralla Sola	3
Rebel Riders	Fort Worth	14
Aces & Eights	Fredericksburg	12
Amigos	Galveston County	8
Macheteros	Hill Country	5
Los Dorados	Hill Country	5
Soldiers of Jesus	Houston	10
Amigos	Houston State	5
Amigos	Houston East	5
Amigos	Houston North	8
Amigos	Houston West	4
Southern Raiders	Houston West	5
Los Malos	Jefferson County	
Renegades	Laredo	4
Aces & Eights	Levelland	37
Desperados	Longview	8
Los Cabboleros	Killeen	5
Amigos	Montgomery County	13
Los Riders	Plainview	39
Macheteros	San Antonio NW	14
Southsiders	San Antonio SW	12
Westsiders	San Antonio	9
Campesinos	San Antonio	9
Malditos (Bad Lance)	San Antonio SW	9

Texas Wheels	Waco	80
Equestrians	Waco	12
WASHINGTON		
Warriors	Everett	7
Destralos	King County	5
Amigos	King County	8
Hermanos	King County	4
Hombres	La Costa	4
Hombres	Olympia	4
Amigos	Pierce County	10
Hombres	Seattle	6
Amigos	Snohomish County	9
Hombres	Snow Valley	4
Hombres	Tacoma	6
Hermanos	Tacoma	5
Destralos	Thurston County	5
Hombres	Wenatchee	4
Canyon Riders	Whatcom County	11
Unforgiven	Yakima	6
WYOMING		
Hermanos	Gillette	5
47 Steunclubs	**Totaal aantal leden**	929

Bijlage G
Bandidos Inactieve Hoofdstukken
Juni 2005

Atchison	Kansas	USA
Champaign	Illinois	USA
Cheyenne	Wyoming	USA
Devil's Mountain	Washington	USA
Elkhart	Indiana	USA
Edmonton	Alberta	Canada
Findley	Ohio	USA
Ft Smith	Arkansas	USA
Ft Wayne	Indiana	USA
Gillette	Wyoming	USA
Goshen	Indiana	USA
Haywarden	Iowa	USA

DE ASSIMILATIE

Juneau	Alaska	USA
Kingston	Ontario	Canada
Los Alamos	New Mexico	USA
Monroe	Michigan	USA
Montreal	Quebec	Canada
Opelika	Alabama	USA
Pascagoula	Mississippi	USA
Phoenix	Arizona	USA
Quebec City	Quebec	Canada
Silver City	New Mexico	USA
Springfield	Missouri	USA
Texas City	Texas	USA

DE ASSIMILATIE

Bijlage H
Krantenartikelen

DE ASSIMILATIE

Over De Auteurs

Edward Winterhalder is een Amerikaanse auteur die meer dan veertig boeken heeft geschreven over motorclubs en de outlaw biker-cultuur, gepubliceerd in de Engelse, Franse, Duitse en Spaanse taal; een televisieproducent die programma's heeft gemaakt over motorclubs en de levensstijl van outlaw biker voor netwerken en omroepen over de hele wereld; een zanger, songwriter, muzikant en producer; en scenarioschrijver.

Winterhalder heeft segmenten, afleveringen en documentaires voor televisie geproduceerd, zoals *Gangland, Outlaw Bikers, Gang World, Iron Horses, Marked, Biker Chicz, One Percenters, Recon Commando: Vietnam* en *Living On The Edge*; en is de bedenker en uitvoerend producent van *Steel Horse Cowboys, Real American Bikers* en *Biker Chicz.*

Hij was een prominent lid van de Bandidos-motorclub van 1997 tot 2003 en medewerker van 1979 tot 1996. Hij speelde een belangrijke rol bij het wereldwijd uitbreiden van de organisatie en werd aangesteld om de assimilatie van de Rock Machine in de Bandidos te coördineren tijdens de Quebec Biker War – een conflict dat veel kosten heeft gekost. ruim honderdzestig mensen hun leven.

Winterhalder wordt al bijna dertig jaar geassocieerd met motorclubs en outlaw-motorrijders en is te zien op Fox News (O'Reilly Factor met Bill O'Reilly & America's Newsroom), CNN, Bravo, Al Jazeera, BBC, ABC Nightline, MSNBC News Nation, Goedemorgen Amerika, History Channel, Global, National Geographic, History Television, AB Groupe en CBC.

Wil De Clercq woont in St. Catharines, Ontario, en heeft gewerkt als freelance schrijver en redacteur, als beeldend kunstenaar, en op uiteenlopende terreinen als sloop, de koopvaardij, namaak-schilderijen, reclame-copywriting en film en televisieproductie. Hij is al meer dan vijfendertig jaar een dynamische kracht in de wereld van de motorjournalistiek.

Milton Keynes UK
Ingram Content Group UK Ltd.
UKHW021044101023
430300UK00018B/404